U1003870

本书出版获中央民族大学世界民族学人类学研究中心
和国家社科基金青年项目“同性恋者生存现状研究”(13CSH082)资助

# 同性恋研究：历史、经验与理论

TONGXING LIAN YANJIU
LISHI JINGYAN
YU LI LUN

王晴锋◎著

中央民族大学出版社
China Minzu University Press

**图书在版编目（CIP）数据**

同性恋研究：历史、经验与理论／王晴锋著. —北京：中央民族大学出版社，2017.10（2023.8重印）

ISBN 978-7-5660-1409-2

Ⅰ.①同… Ⅱ.①王… Ⅲ.①同性恋—研究 Ⅳ.①C913.14

中国版本图书馆 CIP 数据核字（2017）第 172820 号

**同性恋研究：历史、经验与理论**

| | |
|---|---|
| 作　　者 | 王晴锋 |
| 责任编辑 | 李苏幸 |
| 封面设计 | 汤建军 |
| 出版发行 | 中央民族大学出版社<br>北京市海淀区中关村南大街 27 号　　邮编：100081<br>电话：68472815（发行部）　　传真：68932751（发行部）<br>68932218（总编室）　　68932447（办公室） |
| 经 销 者 | 全国各地新华书店 |
| 印 刷 厂 | 北京鑫宇图源印刷科技有限公司 |
| 开　　本 | 787×1092　1/16　印张：15 |
| 字　　数 | 280 千字 |
| 版　　次 | 2017 年 10 月第 1 版　　2023 年 8 月第 5 次印刷 |
| 书　　号 | ISBN 978-7-5660-1409-2 |
| 定　　价 | 56.00 元 |


**版权所有　翻印必究**

# 目　录

# 绪　论

## 一、研究目的与意义

同性恋者是以同性为爱欲对象的个体。通常认为，同性恋群体在特定社会的总人口中占有大致固定的比例，这在古今中外都是如此。无论一个社会对同性恋的态度是宽容还是严苛，都不会增加“绝对同性恋者”① 的人数。如果社会环境对同性恋的态度较为宽松，他们更容易公开自己的身份，即出柜；反之，同性恋者则竭力隐瞒真实身份，使社会忽略其存在。由于大都市生活方式的独特性，因此，城市同性恋者所占的比例会比农村相对高一些。在一些大城市，如香港，成立了“1/10会”这样的同性恋组织，美国也有“10%协会”（Ten Percent Society）。② 根据美国2000年人口普查和选举的选民登记信息，同性恋者占美国人口的近5%，即有1000多万人。③ 同一时期，有3/4的美国人承认至少有一个熟人是同性恋者。中国大陆的同性恋者数量一直是人们津津乐道的话题。2004年12月我国卫生部公布的数字显示，处于性活跃期的男同性恋者约占性活跃期男性大众

---

① 通常认为“绝对同性恋”（exclusive homosexual）由生理性因素造成，它又被称为“排他性同性恋”“素质性同性恋”“真性同性恋”等。而由社会心理因素造成的同性恋被称为“境遇性同性恋”，又称“可变性同性恋”，它通常因缺乏异性接触机会而以同性作为代替，这种情况在军队、监狱、单性寄宿学校和修道院、远航水手等单性环境和人群中较易发生。

② 李银河：《性文化研究报告》，南京：江苏人民出版社，2003年，第115页。

③ 章伯仲、习智明：“同性恋：常见问题解答.”周丹主编：《同性恋与法：“性、政策与法国际学术研讨会”论文及资料》，桂林：广西师范大学出版社，2006年，第3页。

人群的2%至4%，由此估算中国有500万至1000万男同性恋者。[①] 如果按照同性恋者占总人口3%的比例估算，那么中国大陆当前的同性恋者数量为4000多万人。[②] 如果再加上与他们密切联系的生物学家庭与选择性家庭，那么，同性恋者及其影响人群的规模将是非常庞大的。关于同性恋数量的各种说法，需要指出的一点是，如果性取向确实是一种如阿尔弗雷德·金赛（Alfred Charles Kinsey）所说的“动态连续谱”，那么同性恋者和异性恋者的人数将是无法确切统计的，因为每个人都具有不同程度的同性恋或异性恋的性取向“成分”。因此，有关同性恋人数的统计，其政治性的象征意义大于实际的科学价值。金赛及许多调查显示，同性恋者在社交及心理等方面与其他人并没有根本性的区别。

现代同性恋身份的诞生不仅涉及复杂的医学、司法、道德和宗教介入，而且也包含个体自身的自我定义。大体而言，医学、法律、宗教及其他各种非正式的社会力量相互作用和强化，共同参与“同性恋身份”这一世纪性的制造工程。大约从19世纪晚期开始，在医学机构与法律制度的作用下，同性恋逐渐成为不道德的行为、需要矫治的疾病或者社会秩序之破坏者，它对主流的异性恋文化及其设置造成了威胁。在我们的日常生活中，异性恋的支配性意识形态是社会控制的重要机制，它渗透在各个角落里，构成弥散性的社会规训之网。它通过不断地谴责同性恋，使之成为需要严加管控和惩治的社会问题。与此同时，随着“同性恋—异性恋”的二元对立成为支配性的话语，并将“自然”等同于“正常”，这种社会类别化对同性恋个体的生命历程造成深远的影响。

迈克尔·沃纳（Michael Warner）曾提出“异性恋统制”（heteronormativity）的观念，这种意识形态霸权将异性恋定义为自然发生的和规范

① 同一时期，刘达临、鲁龙光认为中国大陆至少有3000万同性恋者。参见刘达临、鲁龙光：《中国同性恋研究》，北京：中国社会出版社，2005年，第47页。另外，1999年至2000年，中国人民大学性社会学研究所进行了全国随机抽样调查，结果发现：在20岁至64岁的中国人里，2.0%的男性自我认同为同性恋者，女性则是0.7%。参见潘绥铭等：《当代中国人的性行为和性关系》，北京：社会科学文献出版社，2004年，第331-332页。潘绥铭认为，中国本科生里“绝对同性恋”的男生占3.7%，女生占2.2%。参见潘绥铭、杨蕊：《性爱十年：全国大学生性行为的追踪调查》，北京：社会科学文献出版社，2004年，第171页。

② 根据国家统计局公布的数据，目前中国大陆的人口数为13.8亿。参见国家统计局官方网站：http://data.stats.gov.cn/index.htm（2017年6月2日访问）。

性的性取向。[①] 异性恋统制在父权制的框架下运作，在它的价值体系里，同性恋和女性成为被贬抑和遭压制的对象。一直以来，异性恋统制如铁幕般笼罩着生活世界，同时它又不断地遭到被压迫者的抵抗与突围。早在 19 世纪之前，西方社会的权利结构及其运作模式发生了改变，也即从强调血统遗传、出身显赫、名望继承等转向重视个体后天的学习与勤勉，从权利的“自然”获得与“神授”转向强调权利的争取和个人成就，个体逐渐从阶序等级制度中解脱出来而迈向平等主义。在这种背景下，很多越轨类型不再被视为违反某种规范的罪或恶，而是被看作个体成长失败的表现形式。同性恋与疯癫一样，被视为生理或自我精神的缺陷，它们被纳入医学诊治的范畴进行矫正或规训。正是在这个过程中，同性恋个体取代了鸡奸行为。从这个意义上而言，19 世纪后期 *homosexual* 这个词的发明并不是“同性恋”这一身份类别的创造，而恰恰表明西方工业资本主义社会制造同性恋的宏大历史工程已接近尾声。[②] 20 世纪 70 年代以来，随着同性恋运动的蓬勃发展，西方社会经历了“同性恋化”（homosexualized）。[③] 大概从这一时期开始，同性恋者以社会学的方式而不再以心理学或精神分析学的视角来看待自身，[④] 他们将自己视为少数族群而不再是异常的个体，这种观念的改变深刻影响了异性恋社会及同性恋共同体的发展。

在中国，同性恋现象古已有之，但它一直是父权制体系下的附属物。到了明清时期，它曾一度成为“癖好”甚至“风雅”。在父权制中，女同性恋者、女性之间的爱欲更是被忽略或否定。清末民初，随着西学东渐（包括西方性科学的引入），中国的同性爱欲现象日益纳入西方话语体系而被病理化。在民国时期，伴随着“同性爱”这个词的产生，还逐渐浮现出“同性恋”这种崭新的个体身份。之后在民族危机不断加深等各种因素的影响下，公共领域里关于同性恋的否定性话语逐渐占据支配地位。在新中

---

① Michael Warner. “Introduction: Fear of a Queer Planet.” *Social Text*, Vol. 9, No. 4, 1991, pp. 3-17.

② Don Mager. “Gay Theories of Gender Role Deviance.” *SubStance*, Vol. 14, No. 1, 1985, p. 34.

③ Dennis Altman. *The Homosexualization of American: The Americanization of the Homosexual*. New York: St. Martin's Press, 1982, p. 224.

④ 这个时期的社会学家也开始对同性恋身份的形成和发展产生浓厚的兴趣。

国成立后的30余年里，同性恋被斥为资产阶级腐朽的生活方式和封建余孽而遭到严厉的压制。到了20世纪80年代中后期，由于艾滋病的出现及防艾形势的严峻性，同性恋者“因祸得福”，官方重新发现并重视同性恋社群的生态。① 到了90年代末，同性恋社群的生存处境明显改善，1997年的刑法修订取消了惩处同性恋的流氓罪，这被普遍视为我国同性恋的非罪化。2001年，《中国精神障碍分类与诊断标准（第三版）》（CCMD-3）将同性恋从精神疾病分类中剔除，标志着我国同性恋的非病理化。总体而言，中国同性恋已从中华人民共和国成立初期的“疾病”“变态”“政治上不正确的性关系”转变成今天的“非病理化”和“非罪化”的主体间人格关系。进入21世纪以来，随着现代化、全球化进程的加快，我国与发达资本主义国家在社会、文化和政治等层面的交往日渐频繁，同性恋话题也逐渐进入公共话语体系，并成为学术界的知识对象。在这一过程中，很多公众人物坦然出柜，同性恋社群（尤其是大都市的同性恋者）的生存面貌似乎焕然一新。

然而，在当代中国社会，仍然有很多人对同性恋抱有很深的误解和偏见。一方面，他们不愿意接纳身边的同性恋者，不少人依然认为同性恋是（心理）疾病、堕落的生活方式，甚至还有医生怀着各种目的试图“治愈”同性恋者。大多数家长更是难以接纳自己的同性恋子女，在以家庭为中心和主张“孝道”的儒家文化里，“家庭出柜”成为同性恋者在身份认同之后面临的又一极大难题。另一方面，同性恋者在公共话语中又经常沦为戏谑娱乐的话题和窥视、消费的对象。诸种现象表明，同性恋在非罪化和非病理化之后，又面临着被消遣、被娱乐和被庸俗化的窘境。在这种历史与现实的背景下，我们有必要严肃对待我国的同性恋社群，了解他们的历史、生存现状和诉求，并相应地进行理论上的探讨和阐释。

---

① 2016年8月8日“关于十二届全国人大四次会议第8414号建议答复的函”指出，近年来，我国男性同性性行为人群艾滋病感染率上升较快，艾滋病病毒抗体阳性率从2011年的6.3%上升到2015年的8.0%。截至2015年底，我国报告存活经男性同性性行为途径感染病例114803例，占全部报告存活病例的19.9%，已成为部分省份大中城市和青年学生艾滋病感染的主要传播途径。具体参见中华人民共和国国家卫生和计划生育委员会网站：http://www.nhfpc.gov.cn/zwgk/jianyi/201611/7bc260b3eda34bbcaf29ee6dc7b67b31.shtml（2017年6月11日访问）。

## 二、研究内容与方法

### （一）研究内容

由于历史和文化的原因，我国的同性恋研究相对较为滞后。但是近些年来，这种局面已经有所改观。本研究试图在梳理同性恋历史的基础上，对同性恋社群进行经验调查和理论阐释。在经验研究方面，主要关注同性恋社群的同直婚、认同模式及“家庭出柜”（也涉及“同妻”现象）。[①] 在理论研究方面，我们希望能够进一步梳理、探讨并反思关于同性恋的各种理论，这些理论包括标签—互动论、建构主义、酷儿理论以及晚近出现的“红色酷儿理论”。

“出柜”通常是指同性恋者在完成自我身份认同之后向他人表露自己的同性恋取向的过程，“家庭出柜”则是同性恋者向亲生父母表明自己的同性恋取向。出柜的过程及结果涉及同性恋者本人的身份认同状况以及社会、政治和文化等诸多因素。因此，身份认同和出柜作为一个中介变量，是联结和反映同性恋个体与社会之间关系的重要纽带。身份认同既影响同性恋个体的精神生活状态，也关涉与他人、社会之间的互动。同性恋者自我身份的产生是通过个体自我反思、考量及社会互动的过程完成的，它是一种关于个体与社会类别关系的理解，它亦包含他人（尤其是“重要他人”）所持有的态度与立场。一个人的自我身份与他的附属身份（如职业、阶级、种族和性别等）之间的关系是互构的，这些不同类别的身份被整合成相对固定和独特的生活史，它们既是个体自我创造又是自我束缚的结构。[②] 总之，身份政治是同性恋研究的重要议题，本书将深入探讨同性恋话语、亚文化和身份政治。

家庭出柜是绝大多数同性恋者必须直面的问题，即使是那些自我认同

---

① “同直婚”是最近几年国内同性恋共同体采用的术语，指同性恋者与“直人”（异性恋者）结成的婚姻。之前，这种婚姻经常被称为“异性恋婚姻”，但这种称呼不妥，因为婚姻双方并不都是异性恋者。“同妻”即男同性恋者的妻子。

② Steven Epstein. “Gay Politics, Ethnic Identity: The Limits of Social Constructionism.” In Edward Stein eds., *Forms of Desire: Sexual Orientation and the Social Constructionist Controversy*. New York: Garland Publishing, Inc, 1987/1990, p. 267.

良好但不向他人出柜的同性恋者，他们仍然面临成家立业、传宗接代的压力，因此，如何策略性地应对父母和家庭成为一个亟须解决的问题。此外，出柜可能影响同性恋者周围的人们的态度，这对公众支持同性恋权益可能起到重要作用。因此，家庭出柜对中国同性恋社群具有不可小觑的现实意义。本研究亦试图探讨在中国特有的政治、社会与文化背景下，“出柜”这一西方同性恋社群的专有术语和实践策略在中国的适用性以及本土化问题。

### （二）研究方法

在研究的视角上，我们采取“主体建构的视角”[①]。主体视角强调同性恋主体的话语生产，通过主体叙述来呈现其声音，从而尽可能地避免研究对象的客体化问题。因此，这也是一项同性恋主体性的文本生产，强调本土的“地方性知识”，我们希望在此过程中能够明辨、探求或反思一些中国本土的元素。康奈尔（R. W. Connell）认为，为解码个人实践中的结构性效应，研究的基本单位须是单个的个案。[②] 本研究亦结合生活史的研究方法，试图从个人生活轨迹展示约束和机会之间的相互作用以及个体与结构之间的互动。非结构性的个案访谈与实地调查在一定程度上可以不致流失实地调查中的情境性因素，从而兼顾具体情境的特殊性。具体而言，本研究采用个案访谈、（非）参与观察、实地调查等定性研究方法获得有关同性恋社群的第一手资料，同时借助于大量的文献研究及互联网信息（包括同性恋网站上的一些音频、视频等资料）。[③] 自2009年以来，笔者长期与北京、成都等地的同性恋者保持接触，因此，与被访者大多较为熟悉，对方明确知悉访谈的意图。通常情况下，访谈不设置固定的问题，而是开放式的交流与互动，以期最大限度地获得相关信息。本研究的另一个重要

① 潘绥铭、黄盈盈：“‘主体建构’：性社会学研究视角的革命及本土发展空间.”《社会学研究》，2007年第3期。

② R. W. Connell. “A very Straight Gay: Masculinity, Homosexual Experience, and the Dynamics of Gender.” *American Sociological Review*, Vol. 57, No. 6, 1992, pp. 735-751.

③ 原先的研究设计曾希望通过问卷调查来得出一般性结论，问卷设计的意图主要是研究影响同性恋子女家庭出柜的因素，将父母的基本情况以及家庭环境等作为自变量。但是后来通过访谈和文献研究发现寻找这样的关联意义不大，出柜无法简单地用人口学因素来解释；而且非随机抽样的问卷调查还存在样本的代表性、结论的普适性问题。因此，本研究没有进行问卷调查。

资料来源是参与同性恋社群组织的活动。北京的一些同性恋权益组织，诸如“北京同志中心”“同语”等，经常举办向公众开放的公益性活动，它们以讲座、沙龙、观影等形式传授同性恋知识，并提供心理咨询和法律援助。笔者参加了其中某些活动，尤其是“北京同志中心”组织的公开活动和“同性恋亲友会”① 的活动，本研究使用了这些非参与式观察的部分资料。② 非参与式观察法的优点在于不会对同性恋者产生干扰，能够较为真实地观察他们的行为、知悉他们的想法。缺点在于研究样本（个体或群体）的代表性问题，因为参加此类公众活动的同性恋者通常都自我认同良好，并具有强烈的参与与介入意识，其中有很多人是活跃的社会活动家。因此，他们的行为与观念可能并不能全面反映普通的同性恋者或整个同性恋群体。而且他们的很多想法直接来自西方发达国家，与中国传统的社会观念之间存在断裂与冲突，因而在（家庭）出柜过程中不可避免地导致更多的文化碰撞与阵痛。

我们是站在平等、理解的立场上搜集同性恋社群的经验资料并进行阐释的。尽管在研究过程中力求最大限度地保持客观中立，并避免将研究对象客体化，但仍可能存在未能意识到的各种偏误。为保护受访者的隐私，按照学术惯例，本书使用的人名都进行了匿名化处理。

## 三、研究框架与内容简介

本书分为“历史”“经验”和“理论”三大块，在具体论述时按照不同的主题分为五章，分别为：第一章《书写同性恋：历史与研究综述》、第二章《同性恋理论：争论与发展》、第三章《同性恋话语与经验》、第四章《家庭出柜的文化阐释》以及第五章《同性恋政治学之反思》。每章包含 2 至 3 篇论文，以下对这五个章节的论文内容进行简要的介绍。

---

① 2008 年 6 月 28 日，吴幼坚与阿强（被称为“坚强组合”）发起成立了草根组织“同性恋亲友会”，旨在为青年同性恋者与父母之间的沟通搭建一个平台。

② 这里的“参加某些活动”是指研究者在现场，但没有参与互动，因此，属于“非参与式观察”。

## 第一章　书写同性恋：历史与研究综述

该章是历史与文献梳理，包含3篇论文。其中《中西同性恋现象：一个简史》主要简单梳理了西方与中国的同性恋历史，旨在将当代中国具体的同性恋实践和关系置于宽广的时空脉络中进行探讨。概而言之，西方的同性恋史经历了从“行为”到“身份”再到“共同体”的转变，而中国的同性恋史则经历了从“男风”到“疾病”再到“亚文化”的转变。《后“石墙骚乱”时代的同性恋研究》一文主要探讨20世纪后半叶以来西方同性恋研究的理论脉络和关键的同性恋议题，这些议题包括：作为现代性产物的同性恋身份、同性恋与宗教、艾滋病与同性恋身份/共同体的建构、同性恋家庭与婚姻以及公众对同性恋的态度等。《国内同性恋研究文献综述》一文是对20世纪90年代以来中国大陆不同学科（主要是社会学领域）的同性恋研究进行述评，认为当前同性恋研究主要存在的问题包括：经验研究碎片化、缺乏本土理论建构、偏于同性恋行为与感知（有些仍执念于探讨成因）而忽略结构性议题等。这3篇论文试图对同性恋研究的历史脉络和研究现状进行总体性的梳理与把握。

## 第二章　同性恋理论：争论与发展

该章主要讨论同性恋理论，包含2篇论文。《同性恋研究的范式之争：本质主义与建构主义》一文主要探讨同性恋研究中的两大基本范式。本质主义认为性取向是自然的、内在的本质，它由先天决定，并独立于社会与历史，不同性态之间无法真正发生转换。本质主义通常以阶段论或线性模型解释性身份的形成过程，而建构主义认为现实是社会性的建构，它反对跨历史文化的性观念，认为性取向依附于文化，是关系性的和非客观的，同性恋是现代性的产物；建构主义否定规范性的社会类别和阶序等级。事实上，本质主义并不一定反对同性恋，建构主义也未必支持同性恋，不同的人群往往策略性地运用这两种范式进行自我辩护。在现实世界中，本质主义与建构主义均无法充分地阐释性取向，自然与文化、先天与后天、生物特质与社会环境共同影响着人类性取向的形成与发展。

《同性恋理论研究：从标签—互动论、建构主义到酷儿理论》一文主要探讨同性恋研究中的三种理论，即标签—互动论、建构主义和酷儿理论。与这三种理论相对应，同性恋作为研究对象也经历了“越轨者”、“身份—角色类别”和“酷儿”的转变。标签—角色理论主要包括霍华德·贝克尔（Howard Becker）的标签理论、玛丽·麦金托什（Mary McIntash）的“同性恋角色”以及约翰·盖格农（John Gagnon）和威廉·西蒙（William Simon）的“性脚本”理论。麦金托什的同性恋角色研究和米歇尔·福柯的性话语分析推动了同性恋研究领域建构主义的发展，认为同性恋是一种社会—历史—文化的产物。酷儿理论挑战传统的同性恋身份与主体政治，反对单一、稳定的性身份，它关注性知识与性实践压制差异的方式，从而试图将同性恋理论转变成一般性的社会理论。

**第三章 同性恋话语与经验**

该章涉及中国同性恋的话语演变以及当下的同直婚、亚文化等议题，包含 3 篇论文。《现代中国同性恋话语之发轫：嵌入性抑或本土性?》一文认为，传统中国社会关于同性爱欲之关系性的话语镶嵌在社会权力等级结构中。民国知识分子从实用主义的立场出发来看待同性恋现象，他们处于由西欧病理化的“性科学”话语和传统中国社会相对温和的同性爱欲话语构成的断裂式阐释链中，因此对同性恋的立场是模糊的。对民国时期同性恋话语的研究有两种视角，即强调内生性的本土文化观和强调外生性的现代性视角。民国时期尚未形成清晰的同性恋身份，同性恋者是作为熟悉而陌生的他者出现在公共领域的。

《背叛与救赎：男同性恋者的同直婚》一文主要探讨同性恋者与异性恋者之间的婚姻，该文亦涉及同妻问题。同性恋者进入同直婚是社会与文化等因素倒逼的结果，同时，女性传统的家庭观念、与同性恋丈夫之间悬殊的社会地位以及对同性恋现象的误解等又是造成当前同妻不利境遇的重要原因。同性恋共同体亦批判这种畸形的同直婚，然而婚内同性恋者有着一套自我阐释的逻辑，同时又深负罪孽感，他们陷于背叛与救赎的伦理困境，期望通过各种方式使肉体与灵魂得到救赎。

《文化缺失、代际差异与同性恋认同模式》一文认为，清末民初从西方传入的现代意义上的同性恋身份与传统中国的同性性行为之间存在断裂，这两者之间缺乏传承性。现阶段的同性恋社群缺乏自身独特的亚文化，并正处于代际转变期，它仍有待于过渡到“形而上”的阶段。20 世纪 50、60 年代出生的同性恋者与 80、90 年代出生的年轻一代同性恋者之间存在明显代际差异。同性恋文化缺失主要表现为：缺乏角色规范、家庭文化的缺失、称谓模仿、“白咖啡与黑咖啡”等方面。在文化缺失的状态下，性行为成为性身份形成的促变因素，并进而影响同性恋者的认同模式。老一代同性恋者的认同模式更多是“以性为中心”，而年轻一代则是“以身份为中心”。身份认同的代际差异可能预示着同性恋者行为和认知模式的转变。

**第四章　家庭出柜的文化阐释**

该章主要围绕“家庭出柜”这一主题，包含2篇论文。《家庭出柜的影响因素及其文化阐释》一文认为，家庭出柜不仅是同性恋者个人的“私事”，也是重要的“家事”。家庭出柜的影响因素包括出柜主体的个体特征、前期铺垫、时机选择、宗教因素以及父母的文化认知和家庭期待等。家庭出柜迫使同性恋者陷于同性欲望与家庭伦理的冲突之中。一方面，由于受传统伦理本位的、以“孝”为核心的礼制之约束，家族主义取向下的同性恋子女认为自己不孝，愧对父母与家庭。另一方面，从儒家关系主义的角度来看，相互依存的、关系性的自我观是导致同性恋者与其父母之间产生代际文化冲突的另一根源。孝道、关系伦理、家族主义、文化偏见等要素共同导致家庭出柜成为两代人之间的两难困境。

《仪式隐喻、社会拟剧与家庭出柜》一文进一步从理论上探讨家庭出柜，认为同性恋者家庭出柜的表现形态与“通过仪式”和“社会拟剧”有诸多相通之处。仪式情境（神圣与世俗）、仪式过程（“分离—过渡—重融”）及其反结构性揭示了家庭出柜的结构与过程，拟剧分析则将家庭出柜置于社会表演的理论范畴，并具体展示了出柜展演过程的各要素，从而使家庭出柜中的阈限状态不再成为认识论上的无结构状态。人类学的“阈限”概念隐含的非结构化、未定义的、突变的特性为探讨规范性的世俗社会结构中身份地位与角色的转变与复合提供了基础。同性恋者在家庭出柜仪式中通过与日常生活世界的分离、叙述、话语争辩与身份争夺等过程重新融入家庭。借助于仪式结构/过程、社会拟剧等理论工具可以展现同性恋者家庭出柜的内部结构及其动态演变过程。

**第五章　同性恋政治学之反思**

该章是对同性恋研究的反思，包含 3 篇论文。《同性恋身份、“橱柜”政治与消费主义》一文认为，在强制性异性恋的性政权中，异性恋被认为优越于同性恋，它创造了恐同症主体，甚至导致“自我憎恶的同性恋者”。以既定身份类别为中心的对抗性政治在挑战支配性政体的过程中可能只是一种有限的策略，因为过于强调同性恋身份会抑制其他身份类别。“反规范化”政治将身份理解为管控性欲与差异的手段，认为排他性的身份将产生本质化效应，而且对身份的聚焦难以抓住性政治的丰富内涵。“橱柜”（Closet）的争论和“石墙骚乱”（Stonewall riots）的历史神话也反映出身份政治的复杂性。同性恋消费主义与身份政治、社会运动的持续发展存在密切关联，它确实具有巩固和强化同性恋身份与共同体的作用，但个体性的私人消费无法取代进取性的集体政治。

《同性恋研究中的身份政治、亚文化及话语之争》一文认为，全球化背景下的酷儿研究主要有两种视角：一种是丹尼斯·奥尔特曼（Dennis Altman）提出的“全球酷儿化”观点，强调跨时空的超稳定结构与同一性；另一种是福柯式话语分析，强调内在特殊的身份与类型。跨国同性恋身份和主体性涉及本土性与植入性之争以及第三世界的同性恋社群在面对西方性话语和性实践时如何自我表达的问题。西方与非西方之间的同性恋关系并不是平面化、单向度的，而是具有多元性和异质性，西方并非同性恋身份/文化的原点，亚洲和中国的同性恋也非西方的镜像和拷贝。同性恋研究应避免简单的“刺激—反应”身份生成模式。在中国的语境中，“同志”的称谓并没有产生理想的解放效果，它仍然存在话语的竞争与反挪用现象。

《红色酷儿理论：对同性恋政治学的批判性反思》一文指出，在同性恋理论的发展脉络中，酷儿理论对反思同性恋研究起到关键作用，但酷儿理论本身亦充满张力。“红色酷儿理论”结合了马克思主义的经济—阶级分析方法和酷儿理论，是传统酷儿理论的补充和批判性重构。同性恋政治学的发展经历了从早期的道德神学到后来的医学规训再到后来的同性恋解放的历程，其中二元论是建构身份政治的基础。借助“红色酷儿理论”这一批判性视角可以重新审视同性恋身份政治、“橱柜”的政治神学以及同性恋压迫的本质。

# 第一章　书写同性恋：历史与研究综述

## 中西同性恋现象：一个简史

同性恋既是一种现实的社会现象，也是一种历史现象，它根植于特定的经济、政治、社会和文化背景之中。弗洛伊德曾指出，古代人和现代人在性欲方面最惊人的差别在于这样的事实："古人强调本能自身，而我们强调其对象。古人把本能看得至高无上，甚至不惜因此而抬高低级的对象；而我们贬低本能的活动本身，只因为对象的价值才找到本能存在的理由"。① 本文旨在简要梳理西方与中国的同性恋历史，以使后文将要探讨的当代中国具体的同性恋实践和关系置于广阔的时空脉络之中。

### 一、西方同性恋史：从"行为"到"身份"再到"共同体"

歌德曾说："对少年的爱与人类一样历史久远"。最古老的关于鸡奸的记载写在一张4500年前古埃及的莎草纸上，它表明当时在埃及鸡奸行为颇为盛行，而且人们认为天上的诸神也有这种癖好。② 在古希腊文学中，最

---

① 西格蒙德·弗洛伊德：《性欲三论》，赵蕾、宋景堂译，北京：国际文化出版公司，2000年，第15页。

② 汉斯·利希特：《古希腊人的性与情》，刘岩等译，桂林：广西师范大学出版社，2008年，第382页。

著名的关于同性恋的作品无疑是柏拉图的《会饮篇》，其写作背景可以追溯到公元前416年，当时的悲剧作家阿伽同为庆祝自己的作品取得成功，邀请了几位好友参加一个私人宴会，包括苏格拉底、斐德罗、保萨尼阿斯、爱吕克西马可和阿里斯托芬。根据斐德罗的提议，众人讨论爱神厄洛斯的重要性和力量，由此便有了柏拉图的这部名作。[①] 在古希腊，“求爱者”（eraste）与“被爱者”（eromene）的角色划分表明，男人与男童之间的性关系并非理所当然，它必须与习惯、行为准则、行事方式和各种附属关系相互作用并保持协调一致。在理查德·波斯纳看来，古希腊的男同性恋现象其实是一种娈童关系，即成年男子对青春期男孩的性欲望。但这并不意味着同性恋在当时是不成问题的。事实上，阿里斯托芬就非善意地嘲笑过同性恋者。而且，肛交和女同性恋都遭到反对，“被动”肛交者是被人所不齿的。柏拉图和苏格拉底都认可同性恋的欲望，但都希望不要把这种欲望付诸行动。[②] 古希腊女性也反对长者对少年的爱，对这种男性之间的爱情颇有微词或心生嫉妒。[③] 总而言之，在性爱上，成年男性被男孩吸引，这本身不是问题，但是他必须自制，不要用身体表达他的爱。这是苏格拉底在《会饮篇》中的立场。[④]

很多历史学家认为，现代同性恋的起源可以追溯到18世纪早期，当时的荷兰、法国、英国等西欧国家形成了独特的前现代同性亚文化景观。例如，伦敦的有些酒馆（*molly houses*）成为男性寻找同性性接触的重要场所。[⑤] 而在这之前，15世纪的佛罗伦萨曾成立特殊的机构监管男性卖淫现象。米歇尔·福柯认为，诸如中国、印度、罗马等社会都有一套“性爱艺术”，它的真相是从快感中抽象出来的，理解快感不是以绝对法律和有用

① 汉斯·利希特：《古希腊人的性与情》，刘岩等译，桂林：广西师范大学出版社，2008年，第415页。

② 理查德·A. 波斯纳：《性与理性》，苏力译，北京：中国政法大学出版社，2002年，第56页。

③ 汉斯·利希特：《古希腊人的性与情》，刘岩等译，桂林：广西师范大学出版社，2008。

④ 有人曾把苏格拉底和他的弟子的关系与萨福和她的学生的关系进行比较。萨福的生活和诗歌都是以同性爱为主题的，她是迄今为止最早身体力行女同性爱欲的人。她遭到当时希腊人的讽刺挖苦，但并非由于其行为不道德。人们对她浪漫率真的本性并不在意，但她对自我灵魂的坦白和追求妇女从家务中解放出来的思想却成为嘲讽的对象，因为这在当时显得很不合时宜。详见汉斯·利希特：《古希腊人的性与情》，刘岩等译，桂林：广西师范大学出版社，2008年，第279页。

⑤ Robert Beachy. “The German Invention of Homosexuality.” *The Journal of Modern History*, Vol. 82, No. 4, 2010, p. 802.

性为标准，而是根据快感的程度、特别的质量、延续的实践和对身心的影响。[①] 与这种性行为伦理相关的不是制定性行为规范、指向人之本性的本体论，而是一种把性行为、快感与性欲联系起来的本体论。在性行为的领域里，道德评价的首要标准不是性行为的本性及其可能的变化形式，而是性活动及其数量等级。另一个标准是在性实践中扮演主动/被动的角色，纵欲与被动是性活动的两种主要不道德的形式。古希腊人在伦理上否定的并不是男女两性间的爱情，也不是对某种性别的特殊喜好，而是快感的被动性。[②] 直到 18 世纪末，欧洲社会的教会法、基督教教士守则和民法才开始掌控各种性实践、确定合法与非法的界限。然而，这些法都是以夫妻之间的性关系为中心，它们并不管理和控制夫妻之外的性关系，鸡奸也没有明确的地位。[③] 在福柯看来，18、19 世纪的性话语爆炸使以合法联姻为核心的体系发生了变化。性经验领域里出现了一种“反自然”的特殊向度：人们越来越少谈论异性恋婚姻内的性实践和性快感，越来越多地拷问儿童、疯子和罪犯的性经验和同性之间的性快感。为此，人们设计了联姻法律和性欲秩序来管控这些性实践。[④] 在英国，对同性恋的立法经历过若干阶段。根据 1533 年的亨利八世法典，鸡奸行为被定义为“性反常的罪过”，其裁决是死刑，这种惩罚直到 1861 年才有所减轻：改为从十年到无期的监禁。但是这条法律并非专门针对同性恋者，它的首要目的是保护种族的繁衍，制止将男性的精子浪费于非生育的行为。也就是说，它监管的是性行为的某种具体形式，而不是针对特定类型的人。法国大革命最终废除了中世纪以来惩罚鸡奸的法律，1791 年，国民大会制定的新刑法典根据国家不干涉私人事务的自由原则而未提及鸡奸，这使法国成为第一个使同性爱欲非罪化的欧洲国家。[⑤] 此后，西班牙、意大利、荷兰和比利时等国也逐渐将鸡奸非罪化。

自 19 世纪中后期以来，性学家在将作为司法审判对象的鸡奸转变成作

---

① 米歇尔·福柯：《性经验史》，佘碧平译，上海：上海人民出版社，2005 年，第 38 页。

② 米歇尔·福柯：《性经验史》，佘碧平译，上海：上海人民出版社，2005 年，第 134-137、164 页。

③ 米歇尔·福柯：《性经验史》，佘碧平译，上海：上海人民出版社，2005 年，第 24 页。

④ 米歇尔·福柯：《性经验史》，佘碧平译，上海：上海人民出版社，2005 年，第 25-26 页。

⑤ Robert Beachy. “The German Invention of Homosexuality.” *The Journal of Modern History*, Vol. 82, No. 4, 2010, p. 807.

为医学诊治对象的同性恋的过程中扮演着重要角色。1885 年，在拉布谢尔《刑法修正案》之后，欧洲的形势又发生了变化：无论是公开还是私下，凡是直接违犯或参与违犯的男性，或为一个男性对另一个男性实施猥亵行为提供方便或试图提供方便的行为都是犯罪。[①] 从此，任何男性之间的性行为都可能招致判罚。鸡奸者不再仅仅是宗教罪过者，而成为罪犯。同性恋不再以性行为本身进行定义，而是以一种关系和身份来定义，进而成为本质上不同的特殊类型。1869 年，匈牙利裔的德国作家卡尔—玛利亚·凯特本尼（Karl Kertbeny）在柏林出版了一本反对普鲁士出台反鸡奸条例的小册子，其中首次提出 *homosexuality* 这个词。德国的政治、科学和结社文化等因素共同促成了“同性恋”这一新术语和性科学的诞生，当时很多活动家谴责将同性爱欲罪化，呼吁司法改革。在这个过程中，同性恋逐渐成为一种新出现的存在类型，并获得了建立在同性爱欲基础上的社会文化身份。

世界上第一个具有强烈自我意识的同性恋政治组织是 1897 年成立于柏林的“科学人道主义委员会”（Scientific-Humanitarian Committee），[②] 它在倡导公共性教育运动方面发挥了积极作用。1914 年，哈夫洛克·埃利斯（Havelock Ellis）[③] 和爱德华·卡彭特（Edward Carpenter）成立的“英国性心理学研究协会”（British Society for the Study of Sex Psychology）下设同性恋研究分会，但它并不试图挑战英国的反鸡奸法律，认为时机尚未成熟。

在纳粹政权时期，欧洲对同性恋的惩罚和毁灭性打击达到顶峰。1935 年，纳粹党卫军的首领海因里希·希姆莱（Heinrich Himmler）更是将所有男性之间的性行为罪化，并成立特殊机构专门惩治同性恋。在第三帝国时期，大约有 10 万男性因德国刑事法第 175 条（*Paragraph* 175）而遭到指控和逮捕，估计有 5000 至 15000 人死于监狱或集中营。[④] 然而，纳粹对待同性恋的态度并非是独一无二的，它采取的压制手段其实在英国和魏玛共和

---

① 弗洛朗斯·塔玛涅：《欧洲同性恋史：柏林、伦敦、巴黎 1919—1939》，周莽译，北京：商务印书馆，2009 年，第 388-289 页。

② 德语是 Wissenschaftlich-humanita res Komitee，简称：WhK。

③ 又译成“霭理士”，潘光旦曾翻译其著作《性心理学》，并作了大量注释。

④ Robert Beachy. “The German Invention of Homosexuality.” *The Journal of Modern History*, Vol. 82, No. 4, 2010, p. 837.

国时期早已存在，而且反同性恋的政治运动也并非是纳粹的发明，在某种意义上而言，“纳粹主义和对同性恋的镇压是欧洲传统的延续。”① 不同之处在于，同性恋者始终成为纳粹政权处心积虑的迫害对象，他们在焦虑和耻辱中度过这一时期。②

二战结束之后，同性恋在盎格鲁—撒克逊国家仍然是一种犯罪，这些国家淡化纳粹迫害同性恋者的历史。20 世纪 50 年代初，美国医学界“重新发现”同性恋者。1952 年，美国精神病协会制定《精神病诊断和统计指南》（DSM-1），宣布同性恋是反社会的病态人格。从 1947 年到 1955 年，美国先后有 21 个州通过针对性倒错者的法律，其设想的目的是为了更好地保护妇女与儿童。③ 50 年代末，西方同性恋者的社会境遇才出现转机。1957 年 9 月 3 日，《同性恋罪行和卖淫专门委员会报告》（*Report of the Departmental Committee on Homosexual Offences and Prostitution*）在英国出版，该报告亦被称为《沃尔芬登报告》，它认为罪、孽有别，建议将成年人之间私下合意的同性恋行为非罪化。1967 年，英国政府通过《性犯罪法》（*Sexual Offences Act*），同性恋在英格兰与威尔士被非罪化。这一时期，西方社会正式开启同性恋的非病理化和非罪化进程。社会政策的改变为同性恋者开辟了新的生存空间，但同时又不断地生成新的强制与规训。同性恋共同体的发展为个体提供了必要的社会、文化和政治空间，使创造集体性的身份得以成为可能。

在美国，早在 1961 年，成立于 20 世纪 50 年代的“玛塔辛协会”（Mattachine Society）解散其全国性的组织架构，这使各地的分会能够采取新的策略与目标。在这个过程中，有些组织为了增权的目的甚至将同性恋

---

① 弗洛朗斯·塔玛涅：《欧洲同性恋史：柏林、伦敦、巴黎 1919—1939》，周莽译，北京：商务印书馆，2009 年，第 506 页。

② 关于有多少同性恋者成为纳粹的受害者说法不一。当时为反同性恋而登记的同性恋者约为 10 万人，其中有 5 万人被最终定罪，5000 至 15000 名同性恋者被遣送到集中营。同时期德国的同性恋人口估计在 150 万至 200 万之间，大多数同性恋者在纳粹统治下得以幸免。也有一些研究者估计受害者人数达数十万甚至上百万之多，但是塔玛涅认为这些数字没有严格的依据。研究者不应夸大纳粹时期对同性恋迫害的特殊性，包括其采用的手段，这也是战后欧洲对纳粹时期的同性恋迫害保持缄默的原因。详见弗洛朗斯·塔玛涅：《欧洲同性恋史：柏林、伦敦、巴黎 1919—1939》，周莽译，北京：商务印书馆，2009 年，第 506 页脚注。

③ 安格斯·麦克拉伦：《二十世纪性史》，黄韬、王彦华译，上海：上海人民出版社，2007 年，第 274 页。

重新塑造成一种本质主义的身份。[①] 1969 年“石墙骚乱”事件之后，美国和西方国家的同性恋解放与权益运动风起云涌。1989 年 10 月 1 日，丹麦颁布世界上第一部确认和保护同性伴侣关系的法律：《注册伴侣法》（*Registered Partnership Law*），但同性伴侣与异性恋婚姻夫妇在权利享有方面仍存在差异，如同性伴侣无权获得政府提供的人工授精服务等。2005 年，西班牙议会通过同性恋婚姻法案，赋予同性恋伴侣在婚姻家庭等方面享有与异性恋伴侣完全相同的权利。与 19 世纪下半叶至 20 世纪上半叶欧洲引领同性恋实践和权益运动不同，20 世纪中期以后，同性恋研究和同性恋权益保障运动主要由美国的同性恋活动家和学术界领衔。这一时期，人类学、社会学、种族与族群研究、性别与性研究、历史学、文学等诸多学科都投入同性恋研究，它们挖掘同性恋历史，关注同性恋身份政治，共同推动同性恋运动的形成、发展和壮大。

## 二、中国同性恋史：从“男风”到“疾病”再到“亚文化”

### （一）民国以前的同性恋

先秦时代是“外宠”[②] 时代。当时有关同性恋的记载主要涉及国君与其嬖幸，除了我们耳熟能详的卫灵公与弥子瑕、魏王与龙阳君等故事之外，还有楚王与安陵君、赵王与建信君等。《逸周书》里还有“美男破老，美女破舌”的说法。诸子百家亦认为同性之间的爱欲是自然的。“分桃”“弥子”“泣鱼”“龙阳”“娄猪艾豭”和“鄂君绣被”等皆成为有名的典故。先秦文化对中国古代文化有重要影响，并在很大程度上影响了后世对同性恋的态度。秦汉时期则是“佞幸”时代，这一时期基本保持了先秦时的特点，著名的同性恋关系主要发生在帝王与他们的幸臣之间，如汉高祖与籍儒，文帝与邓通，武帝与韩嫣、李延年以及成帝与张放，哀帝与董贤等。上述幸臣中有宦者也有士人，他们都由于与皇帝的同性恋关系而在政

---

① Mary Bernstein. “Identities and Politics: Toward a Historical Understanding of the Lesbian and Gay Movement.” *Social Science History*, Vol. 26, No. 3, 2002, p. 543.

② 《周易·家人》：“女正位乎内，男正位乎外。”于是，外宠就成了男性受宠者的代称。它的具体含义有一个变化的过程，在春秋战国时期，外宠泛指国君的嬖臣。

治、经济上获得优厚优遇。[①] 尤其是汉哀帝与董贤之间的“断袖”更是成为中国古代同性恋史话的典故。明朝的谢肇淛写道：“邓通之遇文帝，臣不敌君也；董贤之遇哀帝，君不敌臣也；弥子瑕之遇卫灵公，陈子高之遇陈武帝，君臣敌也。而皆以凶终。夫男色天犹妒之，况妇人乎”。[②] 魏晋南北朝时期战乱频仍，人生如朝露，当时的社会逐渐形成了一种达观与放浪的风气。《宋书·五行五》记载：“自咸宁、太康之后，男宠大兴，甚于女色，士大夫莫不尚之，天下皆相仿效。或有至夫妇离绝，怨旷妒忌者。”这时期从高门到寒士都好尚清玄，讲求风度，竭力摆脱各种礼法规条的束缚。在这种大环境下，同性恋活动的流行程度有所提高。[③] 历史文献对宋元时期男风面貌的记述在数量上不多，但却反映出当时甚至已经出现职业性男妓，[④] 这在明清时期得到了进一步的发展。[⑤]

明代的同性恋气氛（尤其是明中期之后）随着纵欲之风而迅速形成。上自帝王公侯，下至庶民百姓，都热衷于这种风气；而士人则是其中最为活跃的阶层。当时社会上主要形成了京师、江浙和闽南三个同性恋中心区域；相应地，主要产生了京师官员与小唱、江浙间商贾士绅与小官、闽南的契兄弟契父子这样明显具有地域色彩的男同性恋关系。[⑥] 沈德符的《万历野获编》中的《契兄弟》曾记载：

> 闽人酷重男色，无论贵贱妍媸，各以其类相结，长者为契兄，少者为契弟。其兄入弟家，弟之父母抚爱之如婿，弟后日生计及娶妻诸费，俱取办于契兄。……近乃有称“契儿”者，则壮夫好淫，辄以多赀聚姿首韶秀者，与讲衾裯之好，以父自居，列诸少年于子舍，最为逆乱之尤。

在晚明和清代，男同性恋并不是个别的现象，而是一种普遍风气。在

---

① 张在舟：《暧昧的历程——中国古代同性恋史》，郑州：中州古籍出版社，2001 年，第 4 页。

② 谢肇淛：《五杂组》，郭熙途校，沈阳：辽宁教育出版社，2001 年，第 151 页。

③ 张在舟：《暧昧的历程——中国古代同性恋史》，郑州：中州古籍出版社，2001 年，第 4–5 页。

④ 张在舟：《暧昧的历程——中国古代同性恋史》，郑州：中州古籍出版社，2001 年，第 5–6 页。

⑤ 关于中国古代同性恋现象的研究，可能没有区分同性恋身份与同性恋行为之间的关系。

⑥ 吴存存：《明清社会性爱风气》，北京：人民文学出版社，2000 年，第 115 页。

酒楼戏园里，歌童陪酒是寻常的风景。这一时期甚至还出现了男同性恋卖淫的场所——男院，清代的京城更出现了著名的相公私寓制，有“不重美女重美男”“有歌童而无名妓”之说。以同性恋为题材的长篇小说《品花宝鉴》更是标志着这种同性恋风气发展到了鼎盛时期。明清时期的男旦业聚集了男同性恋者与非男同性恋者两方面的资源：“提供后庭服务吸引同性恋者，媚美的虚拟美女则可吸附非同性恋者。”① 明清时代的士人对同性恋非但持宽容的态度，而且还时加倡扬，认为它是与异性恋一样正常的性爱方式，“挟童畜优”成为风流快事。② 这股男风对明中晚期到清代的社会产生了深远的影响。一方面，它导致社会对男性的审美理想产生了巨大的变异，文弱纤瘦的白面书生成为公认的美男子，“面如冠玉，唇如涂朱”成为美貌的描述。汉唐时期峨冠博带、长髯飘拂的男性形象被多愁善感、清秀且尚带稚气的年青书生形象所取代。另一方面，这种带有性倒错意味的审美习惯导致了大量的异装癖现象，无论是小说还是戏曲，性别反串成为常见的情节和模式。③ 比较典型的是，民国之前京剧中所有的女性角色都由男性扮演。吴存存认为，中国戏曲在清中期以后的极大繁荣是与当时社会的男同性恋风气密切联系在一起的，同性恋、异装癖与戏曲三者在这个时期起着推波助澜的作用，它们不但深刻地影响了此后的中国戏曲，还广泛地影响了周边国家的戏剧形式，如日本的歌舞伎等，甚至泰国“人妖”都明显带有清代戏剧界的遗风。④

中西方传统性爱观念分歧的焦点之一是情与欲的融合还是分离。⑤ 西方文艺复兴之前的浪漫爱情观使西方文化产生了情欲分离、“贬欲褒情”的观念，尤其是通过与基督教教义的紧密结合，造成了沉重的性压抑，并且这种由“原罪”产生的深层压抑最终导致福柯所说的“灵魂成为肉体的监狱”。而中国传统的性文化基本是情欲合一的。明清时期的“情”内蕴

---

① 程宇昂：《明清士人与男旦》，上海：上海古籍出版社，2012 年，第 416 页。

② 吴存存：《明清社会性爱风气》，北京：人民文学出版社，2000 年，第 3–4 页。

③ 从情爱描写中可以发现，曹雪芹的《红楼梦》没有严格区分同性恋与异性恋，他并不认为异性恋高于同性恋或将异性恋视为唯一的性爱方式。吴存存认为，曹雪芹在情爱描写中注重的区别不是性的实质，而是爱的境界，也就是警幻仙子所谓的“皮肤淫滥”与“意淫”的不同层次的区别，并把它作为评价情爱高低优劣的准则。参见吴存存：《明清社会性爱风气》，北京：人民文学出版社，2000 年，第 204 页。

④ 吴存存：《明清社会性爱风气》，北京：人民文学出版社，2000 年，第 280 页。

⑤ 吴存存：《明清社会性爱风气》，北京：人民文学出版社，2000 年，第 9 页。

着性的因素，两者不可剥离。[1] 明清家训反对男性婚外性关系是基于实际的考量，即纵欲会令人玩物丧志，进而影响履行家庭职责。

在中国的同性恋历史上，第一次使男男性行为入罪是清乾隆五年的《大清律例》，它首次以法典的形式明确并全面惩罚男性之间的肛交行为。它规定：

> 恶徒伙众将良人子弟抢去强行鸡奸者，无论曾否杀人，仍照光棍例，为首者拟斩立决，为从若同奸者俱拟绞监候，余犯问拟发遣。其虽未伙众，因奸将良人子弟杀死及将未至十岁之幼童诱去强行鸡奸者，亦照光棍为首例斩决。如强奸十二岁以下十岁以上幼童者，拟斩监候，和奸者，照奸幼女虽和同强论律拟绞监候。若止一人强行鸡奸并未伤人，拟绞监候，如伤人未死，拟斩监候。其强奸未成者，杖一百，流三千里。如合同鸡奸者，照军民相奸例，枷号一个月，杖一百。倘有指称鸡奸诬害等弊，审实，依所诬之罪反坐，至死减一等。罪至斩决者，照恶徒生事行凶例发遣。

清末修律深受当时日本刑法典立法思想的影响，1911 年颁布的新刑律取消了“鸡奸”罪条款。大体而言，在民国以前关于同性恋的历史文献和文学典故中，我们看到的主要是关于男男爱欲和男同性恋关系的记载。在封建和帝国时代，等级制和父权制既为男男爱欲提供了保护，同时也制约着男男关系的进一步发展。男权社会的男性只要能够结婚生子、不危害家族的嗣续和兴旺并精忠尽孝，那么他们就是无可指摘的合格社会成员，不会受到社会的谴责。《论语·子张》曰：“大德不逾闲，小德出入可也”。民国以前的男性基本上是在异性恋制度的框架下实践同性性关系，它是一种行为、癖好，甚至风气，并不构成特殊的身份类别，同性恋并没有被污名化。

从晚清帝国和民国时期开始，女同性恋开始进入人们的视野。桑梓兰认为，虽然明清时期的情色作品极力渲染女性之间的性，但是这种性行为并不像男男爱欲那样被理解为构成独立的色情模式（如“风”“道”）或者个人的嗜好（“癖”）。在清末，有些男性评论者批评妇女形成的私密团

---

① 吴存存：《明清社会性爱风气》，北京：人民文学出版社，2000 年，第 11 页。

体，造成两性关系的冲突和紧张，如广东的自梳女和上海的磨镜党。[①] 然而，这些实践活动仅是孤立的地方性现象，描述它们的称谓也无法延伸和运用到其他地区的妇女。在晚期帝国体制下，除了试图建构一种符合父权制的女性气质，男性统治精英也采取明确的措施约束被认为对社会秩序构成威胁的女性实践活动。然而，忽视女女亲密关系并不意味着女性享有不受束缚的自由，它仅表明没有被男性视为威胁。[②] 简而言之，在桑梓兰看来，女女关系缺乏类似于男男爱欲的整合的类型。同样，儒家学说论及女性礼仪时也不关注妇女之间的爱和亲密关系，关于妇女的道德训诫甚至根本没有提及这一点。也就是说，在中华帝国晚期，妇女之间的爱恋和欲望只在非常特殊的情境下才浮出水面。[③] 从总体上而言，中国古代对同性恋持“比较稳定的、倾向于中立的反对态度”，同性恋者“在世人疑惑的目光下，以一种暧昧的状态存在于社会当中”。[④]

### （二）民国时期的同性恋

随着西学东渐，在西欧性科学话语的强势影响下，中国社会关于同性恋的观念逐渐发生了变化。中国在提倡新文化运动的时候，尤其在“五四运动”时期（1915 年—1927 年），刊印的杂志种类繁多，到民国八、九年间，新发行的杂志数量已有四五百种。这些杂志成为研究民国同性恋思想的重要依据和来源。在这些杂志中，我们可以发现，现代中国第一次普遍用于指涉同性性爱关系的词是“同性爱”，这发生在 20 世纪 20 年代。民国时期的同性恋话语经历了从包容到抑制的转变过程，与此同时，异性恋社会也日益关注女同性恋现象。桑梓兰细致地研究了 20 世纪早期中国同性恋的病理化过程，尤其是“五四时期”知识分子关于同性恋关系的论战。[⑤]

---

① 在中国古代，女同性恋者被称为“磨镜”，双方相互以厮磨或抚摸对方的身体得到一定的性满足，由于双方有同样的身体结构，好似中间放置了一面镜子而在厮磨，故称“磨镜”。

② Tze-lan Sang. *The Emerging Lesbian: Female Same-Sex Desire in Modern China*. Chicago: The University of Chicago Press, 2003, p. 22.

③ Tze-lan Sang. *The Emerging Lesbian: Female Same-Sex Desire in Modern China*. Chicago: The University of Chicago Press, 2003, p. 44.

④ 张杰：《趣味考据：中国古代同性恋图考》，昆明：云南人民出版社，2008 年，第 11 页。

⑤ Tze-lan Sang. *The Emerging Lesbian: Female Same-Sex Desire in Modern China*. Chicago: The University of Chicago Press, 2003, pp. 99-100.

民国时期，同性亲密关系在教育机构较为常见，因此，西方关于校园同性恋现象的讨论激发了许多中国知识分子的兴趣。对同性恋的问题化可能会导致歧视和压制，但它也可能是一种脱敏和增加社会可见性的形式。

1925年，《妇女杂志》发表了由薇生（笔名）翻译的古屋登代子（Furuya Toyoko）的文章：《同性爱在女子教育上的新意义》。在该文中，古屋登代子将同性爱定义为一种精神恋爱的形式，它将同性之间“肮脏的”交媾排除在外，同性爱被理论化为爱慕或情谊的现代形态。在古屋登代子看来，现代性的一个重要标志是男性特征与女性特征趋于相似。具有男性气概的女性会吸引充满女人味的女性，反之亦然。她同时提醒读者，女性之间对立社会性别的彼此吸引只是女同性爱多种可能性的其中一种。这一点释放了中国读者对男性阳刚—女性温柔这一固有模式的想象力。[①]这一时期，上海商务印书馆的《教育杂志》译介了弗洛伊德在20世纪初的访美演讲稿：《精神分析的起源和发展》。1930年，上海商务印书馆还出版了由高觉敷翻译的《精神分析引论》一书。1933年，黄华节在《东方杂志》上发表《人类学家所见同性爱的原因》一文，主要介绍爱德华·威斯特马克（Edward Westermarck）所著《道德观念的起源与发展》[②]一书中专门讨论同性恋原因的章节。该文的特点是偏重于女同性恋的讨论，这很投合当时的社会话题。作者认为有此种“癖好”的女子大多“心理的组织不甚健全，或者神经构造有点反常”。

1936年，《性科学》第2卷第4期还刊出“同性爱”专辑，里面收录的论文都是由美国、苏联和日本的学者论述同性恋的文章翻译而来。杉田直树的《学生间同性爱与父母师长的教育》一文主要讨论在当时颇为流行并引起社会关注的学生同性恋及其管教问题，文章认为对同性恋最妥当的解决办法是“诱导他们思想转变到运动、游戏或学问等方面”，从而“使他们自动地减退性的冲动，使他们恢复单纯的友谊关系”。作者还考虑到学校宿舍人数的安排对发生同性恋行为有很大影响，认为同性恋的起因“大多数由于境遇与经验不足”，并且通过“训谕”“隔离”等方法，这种

---

① Tze-lan Sang. *The Emerging Lesbian: Female Same-Sex Desire in Modern China*. Chicago: The University of Chicago Press, 2003, p. 113.

② 原文的文献为：Westermarck Edward. *The Origin and Development of the Moral Ideas*. New York: Macmillan and Co., Limited, 1906.

同性恋倾向“可向正常性爱途径走去……自然会逐渐消失的”。如果通过上述方法未能消除同性恋取向，那便是“精神病的变态颠倒症，应该委托特别专门医师施行治疗”。美国人普赖德写的《真正的同性爱可以治疗吗?》一文指出，结婚无法“医治”同性恋者，其理由是“假如让同性爱的人结了婚，接着再能发生成功的性的关系，产生的子女，有是属于他们的类型，这是更多地增添了同性爱的人口，我不能不想，这种结合是失败的”。因此，“同性爱的特质，是不能治疗的，而且对这种人，绳之以法，也是没什么成效的，把他们禁之于官署，反足以影响他人，染成同样的性向”。苏联人蓋利曼写的《女性的同性爱和性的变态》一文则强调女同性恋者“不是堕落，也不是颓废，更不是所谓交相自淫”，而是“在精神和肉体上都具备了一切要素的一种性的结合”，然而文章还是认为女同性爱“逃不了是变态的性欲”。还有一篇是 A. E. 朗（A. E. Long）写的《同性爱的研究和防止》。这些虽是翻译的文章，但集中反映了当时中国知识分子对同性恋的不同态度。

随着“五四运动”和妇女解放运动的发展，民国时期女性的社会地位和公共可见度大为改善。20 世纪一二十年代，中国文化中女同性欲望可见性的不断增长及话语生产的日渐增多反映出妇女的经济、社会和政治地位正在发生变化。尤其是中上层阶级的女性进入工资劳动体系，并前所未有地参与公共生活，她们从父权制的家庭中获得了一定程度的经济独立。[①] 女同性恋现象中较为引人注目的是清代和民国年间存在于珠三角地区的自梳女与不落家现象，它的形成有两点原因，一是妇女畏惧婚后在婆家受虐苦，二是珠江三角洲地区经济发达，妇女较易独立谋生。[②] 也就是说，经济上的自主性是女性决意成为自梳女的重要促成因素，不落家反映了当地妇女对家庭婚姻的深刻厌惧。萧凤霞（Helen Siu）认为，不落家和女性抵制婚姻是汉族儒家观念和少数民族文化之间的折中，是向上流动的家庭利用地方性的婚姻习俗提升他们的象征性地位。[③]

---

① Tze-lan Sang. *The Emerging Lesbian: Female Same-Sex Desire in Modern China*. Chicago: The University of Chicago Press, 2003, p. 7.

② 张在舟：《暧昧的历程——中国古代同性恋史》，郑州：中州古籍出版社，2001，第 768 页。

③ Helen F. Siu. “Where Were the Women? Rethinking Marriage Resistance and Regional Culture in South China.” *Late Imperial China*, Vol. 11, No. 2, 1990, pp. 32-62.

## （三）中华人民共和国成立以后的同性恋

中华人民共和国成立后，同性恋话语并没有立即陷入沉默。1950 年，上海时代书局还曾出版了张敏筠《唯物论性科学》。该书主要研究 19 世纪末以来西方和日本现代性科学的发展，其中讨论了同性恋和其他性变化形式（而不是将它作为性变态）。在此后的 30 多年间，文学和艺术领域一直主动规避同性恋话题。这个沉默的或失去的 30 年与五四时期由于新术语“同性爱”而引发知识分子在公共领域开展关于同性恋关系的讨论形成鲜明的对比。

这种局面直到 20 世纪 80 年代中后期才改变。1985 年，阮芳赋在《祝您健康》杂志上发表了《同性恋——一个未解之谜》[①]，它被认为是“国内第一篇公开表示对同性恋要加以理解和正确对待的文章”。[②] 在全球范围内，华人男同性恋运动可以追溯到 20 世纪 70、80 年代之交，当时在亚洲和其他地方的华裔聚集区出现了大量的同性恋组织。到 1981 年，世界范围内有四个主要的华裔同性恋组织，一个在香港，另外三个在北美。此后，华裔同性恋组织的数量继续增长。[③]

20 世纪 80 年代末以来，同性恋个体的生存状况明显改善，北京、上海、广州和成都等一些大都市出现了很多同性恋组织和亚文化，同性恋者开始形成一种世界主义的同性恋身份。[④] 随着同性恋社群逐渐在公共领域浮出地表，国内的同性恋研究也走向正常化。尤其是近些年来，同性恋成为经久不衰的公共话题，媒体、学者和同性恋活动家得以阐述同性恋关系和实践的丰富表现形态。尽管同性恋共同体仍然会遭受各种形式的限制，然而，这种限制却往往促使同性恋社区的存在公开化，并刺激组织化和社区的发展。[⑤] 需要指出的是，中国同性恋社群在总体上仍处于“认同而不出柜”的状态。

---

① 作者当时发表时用笔名“华金玛”。

② 阮芳赋：《性的报告：21 世纪版性知识手册》，北京：中医古籍出版社，2002 年，第 148 页。

③ Jack Kapac. “Culture/Community/Race：Chinese Gay Men and the Politics of Identity.” *Anthropologica*, Vol, 40, No. 2, 1998, pp. 169-181.

④ Tze-lan Sang. *The Emerging Lesbian：Female Same-Sex Desire in Modern China*. Chicago：The University of Chicago Press, 2003, p. 30.

⑤ Gerard Sullivan & Laurence Wai Teng Leong. *Gays and Lesbians in Asia and the Pacific：Social and Human Services*. New York：The Haworth Press, 1995.

# 后“石墙骚乱”时代的同性恋研究

在西方同性恋历史上，“石墙骚乱”是重要的集体记忆和历史事件，它引发了现代意义上的同性恋权利运动，开辟了西方同性恋共同体的新纪元。该运动肇始于美国纽约曼哈顿西村（West Village）的一家知名同性恋酒吧：“石墙酒吧”（Stonewall Inn）。当时，纽约的同性恋酒吧经常遭受地方警察的骚扰。1969 年 6 月 27 日晚间，警察突然对“石墙酒吧”采取搜捕行动，400 多位顾客聚集在外面的街道上，他们亲眼看见警察蛮横地逮捕酒吧侍者、门卫及一些“易装皇后”（drag queens）。随着聚集的人群越来越多，同性恋者再也遏制不住多年来被警察粗暴对待而积压的怒火，双方很快发生暴力冲突。接下去几天的夜晚连续爆发骚乱活动，反抗的浪潮一波接着一波，最终形成了声势浩大、遍及全美乃至整个西方世界的同性恋权利运动。

“石墙骚乱”改变了美国和其他西方国家同性恋社群的生存境遇，这也使后“石墙骚乱”时代的同性恋研究呈现出新的格局。为了纪念石墙骚乱事件，如今每年的 6 月份，世界各地的同性恋者会举行“同性恋骄傲大游行”（Gay Pride）。本文主要在论述同性恋理论脉络的基础上，探讨 20 世纪 70、80 年代以来西方同性恋研究的一些重要议题。

## 一、同性恋研究的理论脉络

在西方同性恋研究史中，同性恋最初是作为一种被建构的医学类别成为病理学的诊治对象，因此，对同性恋发生学的研究和讨论以及后来的本质主义与建构主义之争占了很大部分。然而，历史上对同性恋病源论（天生论或后天获得论）的争论并没有得出明确的结论。玛丽·麦金托什认为回答此类问题的研究之所以失败，并非是由于缺乏科学的严谨或证据不充分，而是它提出了一个错误的问题。[1] 传统的同性恋话语专注于成因分析，精神分析学对同性恋的态度显得激进而模糊，它一方面认为同性恋取向是因遗传退化而获得的一种“习性”，另一方面又将同性恋“病因”与家庭关系（童年期父母的角色扮演）或性别异常发展相联系。弗洛伊德认为，性倒错者具有双性恋倾向，其性对象反映了主体自身的双性特点，这在女性身上尤为明显，她们的生理和心理都频繁表现出男性的特征。[2] 尽管精神分析学未能彻底解释性倒错的起源，但它认为发现了产生性倒错的心理机制：

> 在这些性倒错者的童年早期，他们都经历了一个很短暂却非常强烈的对女性（通常是对他们母亲）的固置阶段，在脱离了这个阶段之后，他们把自己看作是女性，把自己作为性对象。也就是说，他们从一种自恋的基础出发，寻找一个很像他们自己的年轻男人，他们爱他的方式就像他们的母亲爱他们那样。不仅如此，我们还经常发现，所谓的性倒错者也并非完全不会受到女性的诱惑，只是他们继续把由女性引起的性兴奋转移到男性对象的身上。于是，他们一生中总是重复着生产性倒错的那种机制。事实证明，他们对男人的那种强迫性的渴望是由他们不停地逃避女性所决定的。[3]

弗洛伊德还对一位女性的同性恋特征进行了精神分析，尽管他认为心理和生理方面的两性同体不是同时发生的，从而挑战了先天性倒错的性学模式，但他仍然视该个案是性倒错的典型实例：她面部轮廓清晰，缺乏温柔的少女气质，具有敏锐的理解力和清晰的逻辑表达能力以及偏爱成为爱人（lover）而非被爱。[4] 所有这些特征都被解读为男性气质的体现。在弗洛伊德那里，爱人总是男子气的，被视为雄性力比多的体现。萨拉·艾哈

---

① Mary McIntosh. “The Homosexual Role.” *Social Problems*, Vol. 16, No. 2, 1968, pp. 182-192.

② 西格蒙德·弗洛伊德：《性欲三论》，赵蕾、宋景堂译，北京：国际文化出版公司，2000年，第11页。

③ 西格蒙德·弗洛伊德：《性欲三论》，赵蕾、宋景堂译，北京：国际文化出版公司，2000年，第11页。

④ Sigmund Freud. “The Psychogenesis of a Case of Homosexuality in a Woman.” In *The Complete Psychological Works of Sigmund Freud* (*The Standard Edition*), Vol. 18, translated by James Strachey. London: Hogarth Press, 1955, p. 154.

迈德（Sara Ahmed）对此分析认为，弗洛伊德将延续父系、繁衍家族后代的欲望投射到女同性恋者身上，这种观念使她渴望“父亲的形象”（an image of *him*）。同性恋是由于父亲无法回报她的爱（即拥有一个“像他模样”的小孩）而产生的。当试图繁殖父亲后代的欲望受阻时，她会产生失望和愤怒，并导致违背家族的叛逆行为。就此而言，女孩的欲望根本上是父亲的欲望，即父亲企图再生产自我的形象，正是这种欲望产生了同性恋欲望。因此，由于欲望实现受阻而导致的失望表达的并非同性恋女儿的感受，而是她的异性恋父亲以及其他占据类似位置的异性恋主体。① 简而言之，女性无法实现拥有父亲的孩子的愿望，这导致她转而拒绝父亲和其他男性。这种解释将女同性恋欲望作为一种异性恋愿望失败的补偿机制。弗洛伊德通过将同性恋的欲望指向异性而试图“扳直”同性爱欲。但是这拒绝了父亲形象的再生，因为她不再渴望拥有“他的形象”并且还威胁取代他的位置。正是在这种意义上，酷儿威胁是一种“死亡威胁”：酷儿欲望威胁父亲世系的终止。因此，纠正这种酷儿欲望不仅是为了延续父亲的血统，同时也是为了延续精神分析本身。②

弗洛伊德将神经官能症从性变态中分离出来，甚至认为神经官能症是性变态的否定形式。也就是说，神经官能症是由于不正常的性感知（包括酷儿对同性的感觉）受阻碍导致的，其结果是异性恋的成就经常需要付出神经官能症的代价。在弗洛伊德的解释模型中，性的目的可能是自然地趋向异性恋，但他同时认为，不是直接趋向这个目的的欲望不能因精神性损害而被否定：正是异性恋者阻碍了同性恋者的感受和其他反常的欲望形式，从而使他们面临神经官能症的危险。③ 因此，神经症（包括同性恋形式）是文明和道德压抑的产物，弗洛伊德最终将同性恋等偏态行为理解为现代文明的缺憾。1935 年 4 月 9 日，弗洛伊德在答复一位美国同性恋儿子的母亲的信中如此写道：同性恋“不是恶习，不是退化，也不是一种疾病。它是因性发育受阻而导致的性功能的偏态”。对于能否消除同性恋，

---

① Sara Ahmed. *Queer Phenomenology*: *Orientations*, *Objects*, *Others*. Durham & London: Duke University Press, 2006, p. 76.

② Sara Ahmed. *Queer Phenomenology*: *Orientations*, *Objects*, *Others*. Durham & London: Duke University Press, 2006, p. 77

③ Sara Ahmed. *Queer Phenomenology*: *Orientations*, *Objects*, *Others*. Durham & London: Duke University Press, 2006, p. 78-79.

弗洛伊德亦如实相告：“一般而言，我们无法保证一定能做到”，但精神分析对调适负面情绪能起到一定的帮助作用。[①]

尽管精神分析运动内部流派众多，但大体而言，精神分析实践与医学以及司法机构共同将同性恋视为“自然的”异性恋之“他者”。随着同性恋逐渐成为一种特殊的疾病或天生的病理学现象，同性恋—异性恋这种二元分类也深嵌于社会设置之中。直到 1948 年金赛出版《人类男性性行为》，它表明人的性取向不是只有同性恋与异性恋，而是一个“连续统”（continuum）。这种性取向的连续统理论认为，同性恋与异性恋不是截然对立和判然分明的，性取向是一种程度上的差异，它是逐渐过渡的，同性恋与异性恋之间可以划分为许多等级（金赛将它分为 6 级）。性对象的选择在强烈程度上存在差异，并会随着时间发生变化。也就是说，性取向并非是固定的。性身份是个体选择用来表明自己性取向的标签，人们也日渐意识到阐释与意义制造的内在精神过程对于性取向和性身份的发展具有关键的作用。[②] 然而，性连续统理论也遭到了许多批评，例如约翰·盖格农指出它有两大弱点：第一，它把性仅仅定义为对刺激做出反应的能力，忽略了性经验的过程和背景。第二，人们对外部世界的主观经验不是谱系式的，而是间断式的。人们不会根据自己行为的频率来划分性取向，而是通过自我认同完成的。基于同样的性行为，不同的人群会做出各自不同的判断。由性脚本差异导致对相同行为做出不同的认识，这决定了特定行为在个人性活动史中的意义。[③] 总体而言，性连续统理论没有为性的文化与社会关系留下多少空间。

20 世纪 60、70 年代，由于医学家未能在同性恋群体中发现特殊的病变现象，同时又由于人们追求个性解放和权利意识的日益增强，原先在病理学基础上精心建构的话语体系受到直接的挑战，这一时期的同性恋解放运动更是将试图“治愈”同性恋的精神分析视为同性恋压迫的首要原因。

---

① Sigmund Freud. “Historical Notes：A Letter From Freud.” *American Journal of Psychiatry*, Vol. 107, No. 10, 1951, p. 787.

② Liahna E. Gordon and Tony J. Silva. “Inhabiting the Sexual Landscape：Toward an Interpretive Theory of the Development of Sexual Orientation and Identity.” *Journal of Homosexuality*, Vol. 62, No. 4, 2015, p. 496.

③ 约翰·盖格农：《性社会学——人类性行为》，李银河译，呼和浩特：内蒙古大学出版社，2009 年，第 248 页。

同时，关于“同性恋角色”的讨论使同性恋从病因学问题转向对同性恋者的社会化类型和出柜的日益关注。[①] 建构主义将同性恋视为一种角色[②]、剧本化的性表演或是组织监控和类型化的结果。在人们的认知过程中，同性恋最初是作为同性恋—异性恋的二元类型学出现的，“性取向”的观念实质上并没有把同性恋放到与异性恋对等的位置。同性恋被看作是一种“倾向”，而异性恋则是无倾向性的。性取向的出现与作为身份的“同性恋者”的产生相一致。[③] 福柯在他的性史研究中表明，现代性学将所谓的性越轨实践（如鸡奸）从一种“暂时的异常行为”转变为一种“类型”，性成为社会关系的稳定化力量，或至少是实现社会控制的场域。性身份比那些居于支配地位的概念体系更加具有流动性，同性恋与异性恋之间的界限往往很难界定。在玛丽·麦金托什、肯尼斯·普卢默（Kenneth Plummer）以及福柯等人的影响下，同性恋研究中的建构主义思潮逐渐占据主导地位，并影响了后来人文社会科学研究的路径。譬如，有些学者将“性分化”和“支配系统”作为同性恋研究的核心；[④] 也有学者采用个体能动性视角研究同性恋者中 T（tomboy）[⑤] 的社会抵抗和遵从行为，在这种以实践为基础的视角中，能动性表现为事件进程中对事物状态的干预能力或变革力量。[⑥] 还有些学者则以性场域和性资本解释性的分层现象。[⑦]

关于性取向的研究方面，心理学家迈克尔·斯托姆斯（Michael Storms）提出了双维模型。她将男性化和女性化看作人格的不同侧面，同性恋与异性恋可能是分离的、呈正交的，因此，性取向并不是像金赛认为

---

① Barry Dank. “Coming out in the Gay World.” *Psychiatry*, Vol. 34, No. 2, 1971, pp. 180-197.

② 麦金托什曾指出，同性恋者应被视为在扮演一种社会角色，而不是患上了某种疾病。为了论证自己的观点，她将同性恋置于历史比较的框架中。在她看来，若要揭示同性恋行为和社会角色之间的联系，必须把同性恋行为和社会角色分开进行研究。具体可参见 Mary McIntosh. “The Homosexual Role.” *Social Problems*, Vol. 16, No. 2, 1968.

③ Sara Ahmed. *Queer Phenomenology: Orientations, Objects, Others*. Durham & London: Duke University Press, 2006, p. 69.

④ Kenneth Plummer. “Building s Sociology of Homosexuality.” In *The Making of the Modern Homosexual*, ed. Kenneth Plummer. London: Hutchinson, 1981.

⑤ “T” 通常指女同性恋关系中相对较为男性化的女子。

⑥ Clynn Carr. “Tomboy Resistance and Conformity: Agency in Social Psychological Gender Theory.” *Gender & Society*, Vo. 12, No. 5, 1998, pp. 528-553.

⑦ John Levi Martin & Matt George. “Theories of Sexual Stratification: Toward an Analyties of the Sexual Field and a Theory of Sexual Capital.” *Sociological Theory*, Vol. 24, No. 2, 2006, pp. 107-132.

的那样呈对立或两极的维度。也就是说，一个人的同性爱欲与异性爱欲偏好是相互独立地发生变化，由此产生四种性取向：非性的（同性和异性爱欲均很弱）、异性恋（同性爱欲弱、异性爱欲强）、同性恋（同性爱欲强、异性爱欲弱）和双性恋（同性和异性爱欲均很强）。① 在斯托姆斯的模型中，双性恋者对同性和异性的反应都很强，这一点与金赛的理论相似；而两种反应都很弱的人则是性冷淡。② 依据这个模型，同性恋和双性恋是两个彼此独立的维度，因而一个人的性取向可以在这两个维度上同时很高或很低。大多数人只在一个维度上高，而双性恋者在两个维度上都很高。

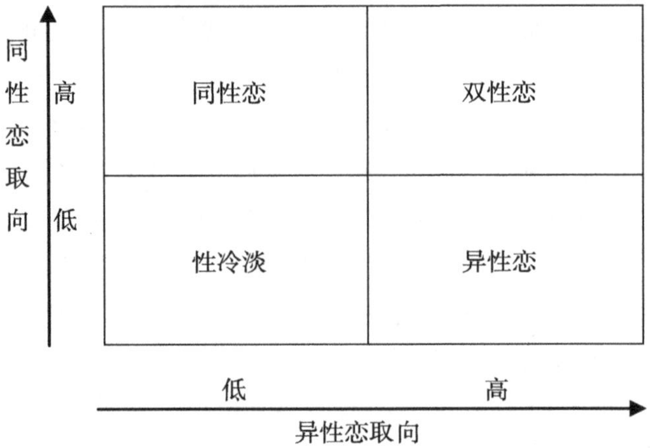


**图 1-1　异性恋和同性恋是两个相互分离的维度**

早期社会学对同性恋的研究主要关注行为，包括性行为和其他相关的越轨行为，并且将同性恋者归入越轨人群。随着西方同性恋运动的迅猛发展，社会学研究很快意识到其局限性，因而设法将同性恋研究从污名路径中挣脱出来。当今社会学领域的同性恋研究涉及从宏观到微观、从观念到行为、从理论到实践等诸多方面。尤其是 20 世纪 70 年代以来，性社会学家开始关注同性恋身份认同的发展，性学研究的建构主义与社会学理论中

① Michael D. Storms. "Theories of Sexual Orientation." *Journal of Personality and Social Psychology*, Vol. 38, No. 5, 1980, pp. 783-792.

② 男性的性取向更趋向于两极化，较适合金赛模型；女性则既有同性恋因素也有异性恋因素。参见斯潘塞·拉瑟斯等：《性与生活：走近人类性科学》，甄宏丽等译，北京：中国轻工业出版社，2007 年，第 208 页。

的符号互动论和标签理论密切相关，它们深刻改变了人们对性、身份认同、性政治和性史等的科学理解。

近些年来，人们也不乏对世纪之交的性学研究提出批评。例如，杰弗里·威克斯（Jeffrey Weeks）认为，当代关于性的论述出现遗忘其理论起源的趋势，它过于强调福柯的研究方法（即注重性的历史与文化特征），而忽略同性恋研究的其他思想来源。① 事实上，麦金托什在福柯之前已经论述了同性恋在19世纪成为类别化的对象，她的《同性恋角色》一文可谓现代同性恋研究的奠基之作。在该文中，麦金托什将标签理论运用于性类别的研究，提出同性恋不应被视为特殊的生理状况或心理疾病，而是一种社会角色或社会类别，并从历史的角度研究其起源与变迁。她探讨了非西方文化里不同的同性恋类型，有些社会将代际间的同性性行为视为“通过仪式”，有些社会则认可制度化的跨性别角色。一直到17世纪晚期，属于西方文明的英国伦敦才逐渐浮现出独特的同性恋亚文化。因此，麦金托什拒绝将同性恋视为一种疾病，原先的观点认为同性恋者在不同社会和不同时代的表现是不变的，它可以被专家诊断，科学研究在原则上可以根除其病源。麦金托什强调不同社会的性态具有文化多样性，她毕生的努力是将社会“去自然化”（denaturalize），挑战各种社会设置被赋予的理所当然的“自然性”。

在麦金托什分析的基础上，威克斯对同性恋行为和同性恋身份作了区分，他认为“同性恋行为是普遍的，而同性恋身份具有特定历史性，并且是相对晚近产生的现象”。② 在威克斯看来，19世纪晚期对于形成独特的现代同性恋身份和亚文化是一个关键时期。他将同性恋欲望的意义转变解释为工业资本主义重组家庭的结果。工业社会通过更清晰地定义社会性别角色，性态在意识形态上更加严密地控制人口再生产，由此也加深了异性恋社会对男同性恋者的敌意，这反映在法律上的严惩和医学上的诊治。通过历史分析，威克斯指出了一个正在变化的事实，而不是简单地将陈旧的事实贴上新颖的标签，从而确立了建构主义作为同性恋历史研究的典型

---

① Jeffrey Weeks. “The ‘Homosexual Role’ After 30 Years: An Appreciation of the Work of Mary McIntosh.” *Sexualities*, Vol. 1, No. 2, 1998, pp. 131-152.

② Jeffrey Weeks. *Coming Out: Homosexual Politics in Britain from the Nineteenth Century to the Present*. London: Quartet Books, 1977.

范式。

此外，也有其他学者认为，20世纪晚期以来的同性恋研究缺乏理论建构，这种窘境在整个性科学中都是如此。在戴维·魏斯（David Weis）看来，性科学是一个非理论的研究领域，只有数据的收集与分析，少有基于理论前提或检验假设的研究，而且它不关注性科学本身元理论的发展。①

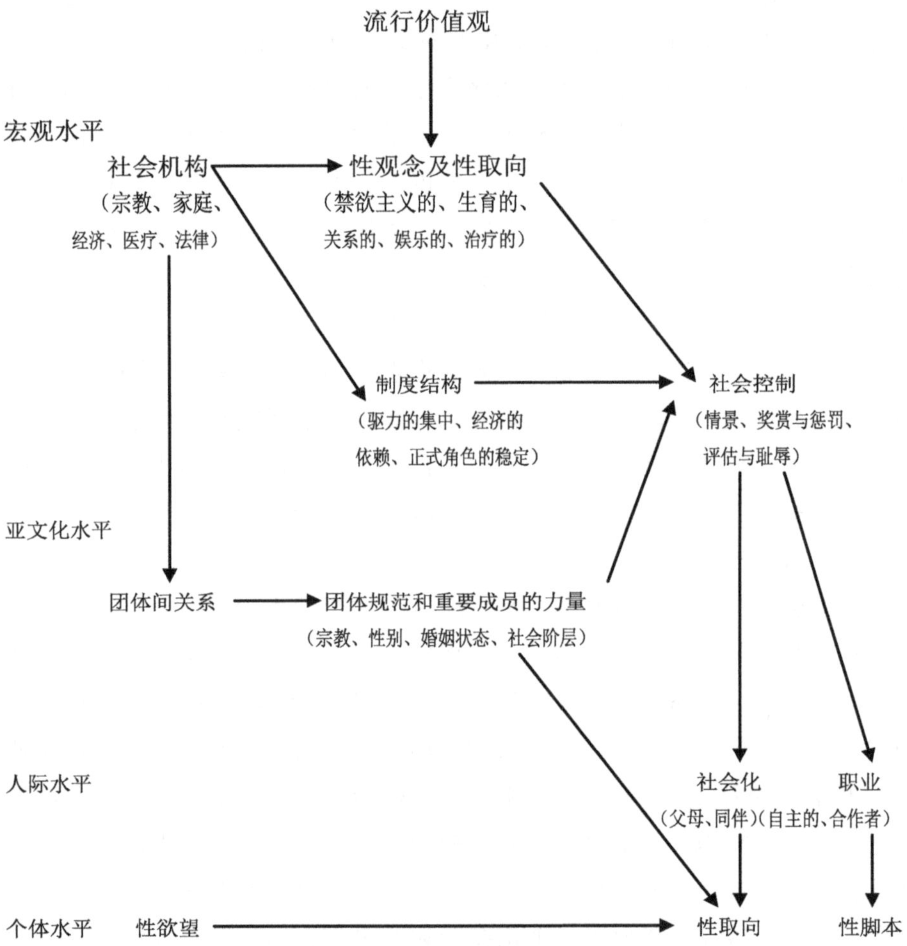


**图1-2　对人类性态的社会学理解方式②**

① David Weis. "The Use of Theory in Sexuality Research." *The Journal of Sex Research*, Vol. 35, No. 1, 1998, p. 7.

② 珍妮特·S. 海德 & 约翰·D. 德拉马特：《人类的性存在》，贺岭峰等译，上海：上海社会科学院出版社，2005年，第43页。

## 二、后“石墙骚乱”时代的同性恋议题

当今的性与性别研究领域的学者不仅探讨同性恋社群对正当化的要求，同时还研究关于同性恋的知识是如何在公共领域被生产、流传和接受的。后“石墙骚乱”时代的同性恋研究涉及诸多议题，诸如身份认同、家庭出柜、消费主义、自由主义、同化与多样化、地方性与全球性，诸如此类。对当下国内的情形而言，身份认同、同性恋与宗教、艾滋病、同性恋婚姻与家庭以及公众对同性恋的态度等是颇为重要而值得深入探讨的议题。

### （一）作为现代性产物的同性恋身份

50 多年来，现代西方同性恋历史上先后出现过三种关于身份认同的宏大叙事，分别为“沉默叙事”，即“石墙骚乱”以前的 20 世纪 60 年代，这种沉默涉及医学、司法与宗教共同体；“抗争与成功叙事”，主要是 20 世纪 70、80 年代，期间经历“石墙骚乱”后的同性恋权益运动以及艾滋病的出现；“解放叙事”，即 20 世纪 90 年代以后的叙事，以人们日益接受同性恋为主。①

20 世纪 50、60 年代，美国社会的一些同性恋组织，如“玛塔辛协会”与“比利提斯之女”（Daughters of Bilitis），以出柜的叙述关注同性恋身份的内在接受。“石墙骚乱”可谓是美国同性恋历史传统叙述与现代同性恋运动的分水岭。20 世纪 70 年代，同性恋权利运动以民权运动作为政治组织和同性恋身份概念化的新参照模式。在后“石墙骚乱”时代，同性恋组织视同性恋身份为重要的社会和个体身份构成，而出柜叙述在同性恋身份和共同体中占据着核心的地位。出柜叙述成为一种通过仪式，甚至成为同性恋解放运动的核心。由此，出柜第一次与“橱柜”的隐喻确立了关系。在前艾滋病时代，出柜的叙述主要集中在两个方面：告诉父母并寻找同性恋世界。“恐同症”（homophobia）的主流异性恋文化因制造了这个“橱

① Nic M. Weststrate & Kate C. McLean. “The Rise and Fall of Gay: A Cultural-historical Approach to Gay Identity Development.” *Memory*, Vol. 18, No. 2, 2010, pp. 225-240.

柜”而遭到谴责，某些同性恋个体也被谴责为“橱柜”的维护者。20 世纪 80、90 年代提出的口号“出柜！出柜！无论你身处何方”，要求同性恋者公开宣布其性取向，以确保同性恋共同体的持存。① 这一阶段关于出柜的叙述很少涉及告诉朋友或者确立公共性的同性恋身份。②

大体而言，随着“石墙事件”的爆发、同性恋运动的兴起以及性学研究中建构主义思想的浮现，西方理论家开始广泛关注同性恋者的身份认同过程，它被认为是“一种社会化了的个体感，一种有关个体与各种社会类别的自我感知的内在组织，同时也融合了关于他人感知的自我观”。③ 菲利普·格里森（Philip Gleason）对身份认同进行“语义历史”的考察中注意到，作为一个新出现的概念，它直到 20 世纪 50 年代才进入一般的社会科学文献中。④ 最初由精神分析学家埃里克·埃里克森（Erik Erikson）推广之后，“身份”通过社会学的各个分支，如角色理论、参照群体理论和符号互动论等得到了发展。到了 60 年代中期，这个术语的使用是如此广泛和松散，以至于很难在某种脉络下确定它的来源。因此，同性恋的身份认同具有历史特殊性，它相对晚近才出现。同性性行为在不同的历史时空以各种方式存在着，但是同性恋作为一种“身份”却是现代性的产物。现代化和工业化使男性和女性得以从家庭义务中解放出来，选择他们自己的生活方式，并在家庭角色之外尝试新的身份与角色，从而产生新的关系类型。男性尤其可以在相对匿名的公共领域中自由地选择就业，并通过他们的情感和性关系以及私人生活建构身份认同。⑤ 在发生这种身份转变之后，继而出现了同性恋共同体。

将同性性行为与性取向的不同文化表达进行分类，这方面广为人知的是巴里·亚当（Barry Adam）提出的跨文化的同性恋分类学，即年龄结构

① Abigail Saguy & Anna Ward. “Coming Out as Fat: Rethinking Stigma.” *Social Psychology Quarterly*, Vol. 74, No. 1, 2011, pp. 53-75.

② Jeffrey Grierson & Anthony Smith. “In From the Outer: Generational Differences in Coming Out and Gay Identity Formation.” *Journal of Homosexuality*, Vol. 50, No. 1, 2005, pp. 53-70.

③ Steven Epstein. “Sexuality and Identity: The Contribution of Object Relations Theory to a Constructionist Sociology.” *Theory and Society*, Vol. 20, No. 6, 1991, p. 827.

④ Philip Gleason. “Identifying Identity: A Semantic History.” *Journal of American History*, Vol. 69, No. 4, 1983, pp. 918-919.

⑤ Barbara Risman and Pepper Schwartz. “Sociological Research on Male and Female Homosexuality.” *Annual Review of Sociology*, Vol. 14, No. 1, 1988, pp. 125-147.

化的同性恋，如古希腊的娈童；性别界限明确的同性恋，如美洲原住民的“双灵人”；职业规定的同性恋，如易装的萨满、舞男等；平等主义的同性恋，这主要出现在现代欧美社会。其中年龄结构化的同性恋又可以分为两种亚类型，一种是“古代模式”，除了古希腊人的娈童之外，还有阿赞德人的童妻等；另一种是“美拉尼西亚模式”，男孩与长者之间的性关系是强制性的。① 但是这种分类存在一些问题，它的分类基础并不是非常明确，而且在理论上这些类别的数量可以不断增加。例如，有学者提出阶级结构化的同性恋，并认为年龄结构化的、性别界限明确的与平等主义的同性恋主要发生在以亲属制度为基础的社会。此外，这种分类学不加批判地将不同的文化和实践称为“同性恋”，尤其是“职业规定的同性恋”并不属于真正的同性恋。②

本质主义和建构主义对身份认同作了不同立场的阐释。本质主义将性视为生物力，认为性身份是根本性差异的认知体现。存在一种使同性恋者之所以成为同性恋者的“本质”，这是他们的存在、精神状态或遗传基因构造的“核心”，同性恋身份具有超历史和文化的稳定性。建构主义认为，同性恋和异性恋行为是普遍存在的，而同性恋和异性恋的身份与意识则是现代性的产物，它们并不是个体固有的本质特征。产生同性恋身份不仅需要个体的性取向或同性性活动，它还需要整个社会观念、独特的亚文化以及各种社会关系的建构。发生同性恋行为是一回事，成为同性恋者则又完全是另一回事。每一个社会的成员共同创造了他们的行动以及定义自身的性类别和性角色。这些类别和行动涉及的意义在不同的社会有所差异。③在建构主义看来，身份类型是社会的创造，它源自社会观念和实践，其本身亦是复杂的社会实践，并会根据其旨趣的变化而重新进行评估。因此，身份既可以是赋权的手段，也可以成为社会控制的方式。④

关于身份认同的定义很容易陷入对立的两极之中：即心理学还原论和

---

① Stephen Murray. *Oceanic Homosexualities*. New York：Garland Publishing，1992，pp. xv-xvi.

② Benjamin Dykes. “Problems in Defining Cross-Cultural ‘Kinds of Homosexuality’ —and a Solution.” *Journal of Homosexuality*，Vol. 38，No. 3，1999，pp. 4-5.

③ Robert Padgug. “Sexual Matters：On Conceptualizing Sexuality in History.” *Radical History Review*，Vol. 20，Spring/Summer，1979，pp. 3-23.

④ Daniel R. Ortiz. “Creating Controversy：Essentialism and Constructivism and the Politics of Gay Identity.” *Virginia Law Review*，Vol. 79，No. 7，1993，pp. 1833-1857.

社会学简化论。① 前者可以被称为“内在精神”（intrapsychic）的身份，它是一个人相对固定和稳定的特征，这种身份也是本质主义的：当我们谈论身份时就是在描述某个人真实的存在。后者是“习得”（acquired）的身份，它是内化或有意识地采用社会施加或建构的标签与角色。个体的内心没有深深地确立这种身份，并且可能在他的生命历程里发生改变。“内在精神”的身份和“习得”的身份这两极之间的中间状态使人们意识到性身份是可以转变的，并由此产生各种政治表达。正是由于传统的性身份观念通常具有固定、静态的特征，安德鲁·霍斯泰特勒（Andrew Hostetler）和吉尔伯特·赫特（Gilbert Herdt）提出“性生活方式”（sexual lifeway）的概念，以取代性取向和性身份，他们主张根据性生活方式的文化和历史变化重新考虑性分类法。②

在新社会运动的旗帜下，又出现了新的概念：“身份运动”（identity movement），它更多地通过寻求的目标、运用的策略和基于共享的特征（如种族或性的事实）进行定义。新社会运动的理论家们认为，身份运动可以通过表意性的策略改变居于支配地位的文化类型，或争取承认新的社会身份。③ 在强调身份认同的社会运动理论里，“身份”的概念至少有三个不同的分析层面：第一，共享的集体身份是动员任何社会运动的必要条件；第二，身份可以成为社会运动中激进主义（activism）的目标，它可以是对污名化身份的接受（如同性恋、双性恋等），也可以是对“男性”“女性”“直人”“黑人”或“白人”等身份类别的解构；第三，身份的表达在集体层面可以成为一种政治策略，从而致力于文化或工具性的目标。一旦身份的概念分解为这三个分析维度，我们就可以探究产生特定身份策略的政治条件。④

① Steven Epstein. “Gay Politics, Ethnic Identity: The Limits of Social Constructionism.” In *Forms of Desire: Sexual Orientation and the Social Constructionist Controversy*, ed. Edward Stein.. NY: Garland Publishing, 1990, p. 274.

② Andrew J. Hostetler & Gilbert H. Herdt. “Culture, Sexual Lifeways, and Developmental Subjectivities: Rethinking Sexual Taxonomies.” *Social Research*, Vol. 65, No. 2, 1998, pp. 249-290.

③ Jean Cohen. “Strategy or Identity: New Theoretical Paradigms and Contemporary Social Movements.” *Social Research*, Vol. 52, No. 4, 1985, pp. 663-716.

④ Mary Bernstein. “Celebration and Suppression: The Strategic Use of Identity by the Lesbian and Gay Movement.” *The American Journal of Sociology*, Vol. 103, No. 3, 1997, p. 536.

**表 1-1　“身份”的三个分析性维度①**

| 维　　度 | 描　　述 |
|---|---|
| 可赋权的身份<br>（Identity for empowerment） | 活动家必须利用既有的身份或建构一种新的集体身份以创造或动员支持者。选择特定的身份将对未来的行动产生影响。 |
| 作为目标的身份<br>（Identity as goal） | 活动家可能会挑战污名化的身份，重新组织新的身份，或将解构限制性的社会类别作为集体行动的目标。 |
| 作为策略的身份<br>（Identity as strategy） | 在施展策略上，身份可以采取集体行动的形式。身份配置（Identity Deployment），即身份的展现，个体的价值观、类别和实践受到争论；身份批评（Identity for Critique），即与支配性的文化价值观、类别和实践进行对峙；身份教育（Identity for Education），即挑战支配性的文化关于少数群体的认知或策略性地利用某些不受争议的主题获得正当性。 |

在全球化的语境中，真正的性革命既意味着传统解构，也包含着身份创造。在日益强调个体价值的多元化世界里，个人、族群的身份不再是理所当然的，“前工业时期基于地位、等级制、道德一致和地位意识的稳定社会身份早已荡然无存”。② 约翰·德埃米利奥（John D’Emillo）指出，“19 世纪晚期，现代同性恋身份的形成、医学模式的出现是社会经验变迁的结果”。③ 在他看来，关于同性恋身份的理论“并不代表科学的突破、之前未知领域的阐释，而是对一种新的组织个人生活的意识形态做出的反应。”④ 如今，对认同和差异的研究已成为后现代主义与后结构主义理论的重要标志。菲利普·史密斯认为，“认同”探讨的是人们在个体和集体这

① Mary Bernstein. “Celebration and Suppression: The Strategic Use of Identity by the Lesbian and Gay Movement.” *The American Journal of Sociology*, Vol. 103, No. 3, 1997, p. 537.

② 杰弗瑞·威克斯：《20 世纪的性理论和性观念》，宋文伟、侯萍译，南京：江苏人民出版社，2002 年，第 300 页。

③ John D’Emilio. *Sexual Politics, Sexual Communities: The Making of a Homosexual Minority in the U. S.*, 1940-1970. Chicago: University of Chicago Press, 1983, p. 105.

④ John D’Emilio. *Making Trouble: Essays on Gay History, Politics, and the University*. Routledge, 1992, p. 104.

两个维度认为自己是怎样的人以及这种认识是如何由文化建构而成的。[①]而“差异”这一概念所描述的则是人类身份认同与经验的多样性。个体和集体有许多特定的身份，包括种族、民族、性别、性取向、阶级及宗教等。自从20世纪70年代初以来，身份政治已经成为新兴社会运动的标志性特征，身份问题是同性恋者的日常生活、集体性自主乃至学术争论的核心议题。

最后需要强调的是，尽管同性恋行为与同性恋身份密切相关，但同性性行为并非同性恋身份认同的充要条件。[②] 很多具有同性性经验的人并不自我认同为同性恋者。正因如此，西方国家从20世纪90年代末开始使用“MSM”这一术语，[③] 以这个略显笨拙而又身份无涉的概念指涉参与男男性行为的复杂人群。进行男男性行为但又不认同同性恋身份的至少有三种情况：第一，追求性愉悦，如黎巴嫩的已婚男人等；第二，满足社会期待，如古希腊、新几内亚的部落等；第三，获取经济效益，如中国的“金钱男孩”（MB）[④] 等。

### （二）同性恋与宗教

世界各地的宗教对同性恋的态度不尽相同，宗教与同性恋之间错综复杂的关系并非三言两语能够表述得清楚，这里仅是作一些较为宽泛的论述。克丽丝蒂·彭蒂塞利（Christy Ponticelli）的研究表明，宗教皈依必需的一些社会条件也是性身份的重构所必需的，这些条件包括采用一种全新的话语体系、身世重构、全新的解释模型、从类比推理转向决断逻辑、接纳角色转换以及形成强烈的情感纽带等。[⑤] 在同性恋者的身份认同过程中，他们可能运用新的话语重新定义自我身份，其中情感纽带起着尤为重要的作用，性身份的重构过程类似于其他涉及个人特性的改变过程。

---

① 菲利普·史密斯：《文化理论：导论》，张鲲译，北京：商务印书馆，2008年，第365页。

② Limin Mao, John McCormick and Paul Van de Ven. “Ethnic and Gay Identification: Gay Asian Men Dealing with the Divide.” *Culture, Health & Sexuality*, Vol. 4, No. 4, 2002, p. 419.

③ MSM是men who have sex with men的简称，即男男性接触者。

④ MB是Money Boy（“金钱男孩”）的缩写，指专门提供性服务的年轻男性，俗称“小弟”。

⑤ Christy Ponticelli. “Crafting Stories of Sexual Identity Reconstruction.” *Social Psychology Quarterly*, Vol. 62, No. 2, 1999, pp. 157-172.

在人类历史上，对同性恋持负面态度的主要是比较保守的亚伯拉罕教（Abrahamic religions），[①] 此类宗教将同性恋视为一种罪恶，而非亚伯拉罕宗教通常认为同性恋是可接受的或对它持中立的态度，比如佛教、神道教以及其他一些宗教，它们将所有形式的性行为都视为对精神生活的扰乱，但是并没有强调性取向的对象。然而，在殖民主义和帝国主义扩张的年代，很多非亚伯拉罕宗教也开始接受了敌视同性恋的观念，这种影响一直延续到现代。在现代的美国社会，也不是所有的宗教都反对同性恋，许多宗教信徒公开接受同性恋，例如卫理公会、圣公会、唯一神教（Unitarism）和路德教等，都对同性恋表示容忍。在美国的许多州，尽管地方政府可能不承认同性婚姻，但有些教会还是会举办同性恋婚礼。[②]

按照传统的犹太教—基督教伦理，同性恋是一种“反自然的罪孽”，同性性欲望违背了自然法则，因而是非自然的。[③] 数世纪以来，伊斯兰教对同性恋的观念发生了巨大的转变。中世纪的西方基督徒出于偏见，他们认为穆斯林对待同性恋是宽容的。随着西方文明的世俗化以及对性出现的自由态度，西方世界关于穆斯林的竞争性话语逐渐削弱了它原有的道德含义。与此同时，现代西方自由的性道德反过来被伊斯兰世界视为西方正在颓废堕落的表现，它转而成为穆斯林道德优越性的有力证据。西方同性恋者日益增长的可见性以及对同性恋的非罪化和非病理化，被许多穆斯林看作是西方文明腐朽败坏的标志。因此，现代的伊斯兰国家对同性恋实践产生了更加贬抑的态度，并且任何形式的同性恋权益运动都被视为“西化”的表征。[④]

事实上，宗教信仰与同性欲望之间并不是必然矛盾的。例如，汤姆·波尔斯托夫（Tom Boellstorff）的研究指出，数以千计的印度尼西亚人同时自我认同为“同性恋者”和“穆斯林”。在这些穆斯林看来，只要结婚生

---

① 亚伯拉罕宗教又称“沙漠一神教”，即三种世界性的宗教：犹太教、基督教和伊斯兰教。之所以如此称呼是因为这三个宗教均奉《圣经·旧约》中的亚伯拉罕为先祖圣徒，且均发源于中东沙漠地区。

② 章伯仲、习智明：“同性恋：常见问题解答.” 周丹主编：《同性恋与法：“性、政策与法国际学术研讨会”论文及资料》，桂林：广西师范大学出版社，2006 年，第 7-8 页。

③ Sean Larsen. “Natural Law and the ‘Sin Against Nature’.” *Journal of Religious Ethics*, Vol. 43, No. 4, pp. 629-673.

④ Sabine Schmidtke. “Homoeroticism and Homosexuality in Islam: A Review Article.” *Bulletin of the School of Oriental and African Studies*, Vol. 62, No. 2, 1999, p. 260.

子，那么同性恋并不是一种深重的罪孽。许多穆斯林相信，成为同性恋者是一种来自上帝的考验，以检验人们是否能克服这种欲望而履行结婚生子的义务。① 类似地，这种观念也反映在儒家文化圈。在儒家思想中，家庭居于重要的地位。孝道更是超越其他一切伦理，控制着社会思想和人际互动，并提供道德准则。“在中华文化的不同情境中，受孝道管制的代际关系，其特征是结构性的和持久不变的。孝道可以被概化而运用于家庭之外的权威关系，因此，它不仅是代际间而且也是上下级互动的强有力的决定性因素”。② 尽管如此，儒家思想与其他宗教一样，也并不必然与同性恋欲望、性少数族群的权利冰火难容。儒家并不反对同性恋本身，而是它导致无法履行传统的家庭义务，如尽孝、传宗接代等。与之相类似，佛教在同性恋问题上的态度基本也是中性的。它首要关心的并非同性恋与异性恋这种身份类别，而是纵欲与禁欲。因此，佛教若谴责同性恋，是将它作为欲乱情迷的表征，而非同性性行为本身。③

### （三）艾滋病与同性恋身份/共同体的建构

在现代西方的同性恋历史中，艾滋病的出现与“石墙骚乱”一样，是重要的历史与社会事件。艾滋病曾被视为是一种同性恋疾病，人们嘲弄性地称之为“同性恋免疫缺陷症”（Gay-related Immune Deficiency，GRID）、“同性恋癌症”以及“同性恋瘟疫”等。要理解同性恋与艾滋病之间的这种关联，我们需要稍加回顾 20 世纪 60、70 年代美国社会关于性的意识形态。在“石墙骚乱”事件之后，同性恋越来越被人们视为是一种道德上中性的需要（need）或行为，而不再是独特的人格类型的呈现。同性恋者被认为是具有不同的性偏好或情感偏好的人群，这种社会观念使同性恋群体在政治赋权与社会包容中受益匪浅。可以说，在经历了同性恋运动的潮起潮落之后，20 世纪 70 年代西方的同性恋群体沉浸在社会宽容和性多元主义的时代。然而，这种好景并没有持续多久。性解放与对同性恋的宽容同

---

① Tom Boellstorff. “Between Religion and Desire：Being Muslim and Gay in Indonesia.” *American Anthropologist*, Vol. 107, No. 4, 2005, pp. 575-585.

② Phil C. W. Chan. “Stonewalling through Schizophrenia：An Anti-Gay Rights Culture in Hong Kong.” *Sexuality & Culture*, Vol. 12, No. 2, 2008, p. 77.

③ J. I. Cabezon. “Buddhism and Homosexuality.” In *Queer Dharma*：*Voices of Gay Buddhists*, Volume I, edited by W. Leyland. San Francisco：Gay Sunshine Press, 2000, p. 30.

时也伴随着诸多抵制与敌意，这与当时宏观的社会环境有关，具体包括：经济衰退、“水门事件”引发的政治合法性危机、对越南和伊朗的军事受挫以及各种民权运动导致的社会骚乱，这些事件给人造成社会危机重重和道德普遍衰败的印象。此外，又加上同性恋的可见性和政治目标上的专断性以及与社会解体（家庭解组与国家衰落）之间的象征性关联，这些都很容易使同性恋群体成为各类层出不穷的社会问题的替罪羊。因此，同性恋者再次被视为一种公共威胁，并且由于它倡导自我中心的享乐主义的价值观，被认为危及国家与公共安全。① 正是在各种因素的作用下，美国的主流社会出现了反同性恋运动，它们拒绝承认同性恋的合法性，试图解散培育同性恋亚文化的机构，欲迫使同性恋者退回到不可见的和边缘性的地位。

到了 20 世纪 80 年代初，艾滋病的出现大大增强了当时已经形成的对同性恋的反冲趋势。同性恋与艾滋病之间被确立为一种本质性的联系。人们认为艾滋病是由于同性恋者性生活混乱导致的，异性恋社会强烈谴责同性恋者向无辜的人们传播艾滋病。这一时期，关于同性恋的艾滋病话语充满了道德含义，认为同性恋者的乱性对异性恋爱情和纯洁的一夫一妻制构成了严重的威胁。在医学和科学话语的包装下，各种道德批判展开凌厉的攻势，指责艾滋病不仅暴露了同性恋的本质，是同性恋违背自然与变态反常的证据，并且彰显着对同性恋的天降惩罚。保守主义者利用艾滋病积极重塑同性恋者的污名化形象，艾滋病被解读成揭示了性乱的同性恋欲望之实质，是同性恋具有危险性和破坏性的佐证，从而竭力维护异性恋的纯正性和传统家庭婚姻伦理。艾滋病导致的公共健康危机使同性恋者成为众矢之的，同时也成为对同性恋者进行监控和压制的正当性理由，甚至出现了同性恋的再医学化和再罪化。同性恋重新被建构为道德上变态的、行为上越轨的和生理上病理化的个体，是对洁净的人性与社会秩序的破坏、颠覆。在这些激烈的道德措辞中，艾滋病被视为同性恋者违背上帝、自然和社会基本规律而招致的惩罚和报应。借由艾滋病，异性恋者再一次站在了道德制高点上，他们傲然审视着同性恋者，认为这种违背本性与自然的罪

① Steven Seidman. “Transfiguring Sexual Identity: AIDS & the Contemporary Construction of Homosexuality.” *Social Text*, Vol. 19/20, No. 3, 1988, p. 188.

恶行为遭到了天谴。在无法治愈的疾病面前，同性恋社群再次成为道德沦丧的共同体。在艾滋病问题的政治化和道德化话语里，同性恋者成为遭受疾病折磨和道德惩戒的双重受害者。同性恋者不仅在疾病中痛苦地死去，同时也在道德的审判中被羞辱性地宣判社会死亡。

总之，艾滋病的出现加深了人们对同性恋者的恐惧与偏见，人们害怕感染这种无法治愈又携带着社会污名的疾病。随着这种惧怕心理的蔓延，西方社会在医疗、教育和就业等领域掀起了新的歧视同性恋的浪潮，在公共领域又重新出现了诋毁同性恋的宗教话语和医学模式。在这个现代性的审判过程中，医学继续制造各种神话，或重新祭出先天性缺陷的论调而对同性恋者进行“矫治”，或采取共谋式沉默，以维护传统的道德规范。在这种情形之下，艾滋病成为恐同症的又一重要来源。

事实上，与艾滋病有关的危机，既是个人危机也是社会危机；既是医学危机也是道德危机，同时还是高度的政治危机。[①] 在这场危机之初，人们错误地在同性恋、乱性与疾病之间确立了一种本质关系，认为艾滋病是同性恋的病理性特质的体现，有些人甚至认为异性恋者不会染上这种疾病。我们知道，HIV 病毒极具选择性，只有当某个人群的行为给它提供了一个“生态位”时才会成为一种流行病。20 世纪 70 年代，男同性恋群体的性行为模式对 HIV 病毒的传播尤为有利。在艾滋病流行之前的时期，男同性恋者的行为在总体上发生了重要和深刻的变化，正是这些变化促进了 HIV 病毒的急剧蔓延。这些变化具体包括：骤然增加与多个性伴肛交的行为、出现进行高风险性行为的男性核心群体（风险群体）、该核心群体迅速增加与其他同性恋人群之间的性混杂等。与此同时，20 世纪 60 年代和 70 年代早期发生的一系列社会变革也影响了整个世界的社会生态，这些变革包括都市化的急剧膨胀、输血和血液制品的使用发生革命性变化、注射毒品的猛增以及性革命、同性恋革命等，这些变化带来了新的全球生态系统，使成千上万人的血液和性液流向其他人。[②] 因此，乱性并非艾滋病的唯一根源，它只是其中的一个风险因素，艾滋病与某种特定类型的生活方

---

① 杰弗瑞·威克斯：《20 世纪的性理论和性观念》，宋文伟、侯萍译，南京：江苏人民出版社，2002 年，第 175-176 页。

② Gabriel Rotello. *Sexual Ecology: AIDS and the Destiny of Gay Men*. New York: Plume, 1998, pp. 8-9.

式、性模式或性伦理之间并没有必然的联系。某些同性性行为确实是高风险的，但是这并不表明艾滋病是先天性地只针对某个特定的人群。简而言之，人类行为的大规模变化给 HIV 病毒提供了彻底的、全新的传播机会。

在医学界，艾滋病是否应该被归类为一种性传播疾病是存在争议的，因为它并非完全通过性交渠道而传播。而且，它本身并不是一种致命的疾病，只是使免疫系统丧失功能，使传染病得以乘机侵入人体。① 尽管如此，艾滋病还是获得了社会控制和道德杠杆的作用，它似乎表明一种生活方式的溃败。不同的群体对艾滋病的反应是多重的。在同性恋共同体中，最显著的反应是反思同性恋的行为和生活方式，并因此产生了一种新的为自身和他人负责的文化形态。在以同性恋共同体为基础对艾滋病做出反应的过程中，这种新型关系的发展促成了大量的集体努力。② 与此同时，同性恋共同体内部也有很多人认为，艾滋病的泛滥是由于社会和政府恐同、有意忽视的结果。对异性恋者（尤其是保守主义者）而言，艾滋病被认为是男同性恋者乱交的过错，甚至是同性恋的固有病理性态之铁证。还有些人认为，艾滋病是一场席卷整个人口过程而碰巧发生在同性恋者身上的意外。在探讨同性恋与艾滋病之间的关系时，将同性恋置于历史或结构性的视野中有助于同性恋的去艾滋病化，它将促使我们对艾滋病的责任认定从特定的个体或群体转向更为一般性的社会结构和文化，诸如形塑同性恋欲望与行为的现代性、大众文化等。③ 同时，人们意识到异性恋社会对同性恋的敌意会恶化同性恋社群的健康与社会问题。加布里埃尔·罗泰洛（Gabriel Rotello）从生态学的视角来讨论艾滋病，他认为任何一种传染性疾病既是生物性的也是生态性的。艾滋病像所有流行病一样，是人类的行为为某种特殊的微生物创造生态位时出现生态失衡所导致的。④ 这种生态学的思维方式有助于男同性恋者重新创造同性恋亚文化（包括行为与认知），从而

---

① 安格斯·麦克拉伦：《二十世纪性史》，黄韬、王彦华译，上海：上海人民出版社，2007年，第339页。

② 杰弗瑞·威克斯：《20世纪的性理论和性观念》，宋文伟、侯萍译，南京：江苏人民出版社，2002年，第305页。

③ Steven Seidman. “Transfiguring Sexual Identity：AIDS & the Contemporary Construction of Homosexuality.” *Social Text*, Vol. 19/20, No. 3, 1988, p. 200.

④ Gabriel Rotello. *Sexual Ecology：AIDS and the Destiny of Gay Men*. New York：Plume, 1998, pp. 1, 10-11.

降低总体性的危险。可持续性的同性恋亚文化通常既肯定同性恋的身份和性，又提供一种内在的安全措施，以防止艾滋病持续扩张和出现其他新的传染病。

艾滋病的出现对同性恋社群造成了不容低估的影响，它一方面引起了人们对同性恋新的敌意和歧视；另一方面，艾滋病也产生了诸多意外后果，主要表现在这样若干方面：第一，它促使同性恋共同体出现前所未有的动员，在这场空前的集体危难面前，男同性恋者和女同性恋者之间达成之前不可想象的合作。第二，面对艾滋病危机，性研究领域对同性恋的投入急剧增长。① 第三，艾滋病促进公共领域对同性恋进行大讨论，包括对同性恋的本质、同性恋的身份与文化以及他们恰当的社会地位等，这使同性恋社群的社会可见度大为提高。第四，艾滋病也使同性恋共同体意识到只关注性少数群体的权益政治具有局限性，它最终产生了全新的同性恋政治。这是一种关于对抗、建立联盟的政治，它将同性恋赋权与广泛的制度变迁结合起来。② 第五，艾滋病成为批判同性恋并倡导改革同性恋亚文化的契机，同时，它也成为同性恋者的一场自我救赎行为。同性恋共同体做出的其中一个反应是发扬“正派同性恋者”的形象，即生活节制、不乱性，主张一对一的同伴模式等。正是在这种意义上，艾滋病在导致灾难的同时也获得了它的社会意义，它使同性恋者在浴火中重生。同性恋共同体既没有将同性恋生活方式视为道德沦丧而彻底摒弃和一味地效仿异性恋的生活模式，他们也没有对艾滋病危机置若罔闻、我行我素。在艾滋病危机下，虽然并不是所有的同性恋者都遵循安全的性行为模式，但相当数量的人们改变了某些性行为，进行相对安全的性实践。最后，艾滋病是一次持久的、全球性的大众性教育启蒙事件。它使同性恋成为公共健康的重要话题，促使国家和政府机构搜集关于同性恋的知识并使之公开化，同性恋知识逐渐向整个社会广泛传播。在这个过程中，同性恋共同体也积极介入，他们揭示各种事实真相，以主体的视角阐释同性恋现象，这无疑为消除社会偏见与文化污名发挥了不可替代的作用。到了 20 世纪 90 年代，原本被

① 杰弗瑞·威克斯：《20 世纪的性理论和性观念》，宋文伟、侯萍译，南京：江苏人民出版社，2002 年，第 16 页。

② Steven Seidman. “Queer-Ing Sociology, Sociologizing Queer Theory: An Introduction.” *Sociological Theory*, Vol. 12, No. 2, 1994, p. 172.

视为道德威胁并且在公共话语中难以启齿的同性恋者成为人权关注的重要对象。

有必要提及的是，也有些研究表明，艾滋病对改变同性恋社群性行为模式的影响是有限的。例如，寇塔芭（J. A. Kotarba）和朗（N. G. Long）质疑艾滋病导致大量的男同性恋者趋于更保守的性生活方式的观点。[①] 在他们看来，得出此类结论的研究大多只关注那些艾滋病教育活动开展得最富有成效的城市或地区，如圣弗朗西斯科或者纽约等。而在他们的研究样本中，仍然有相当数量的群体没有停止高风险的性活动。寇塔芭和朗提醒公共卫生官员注意不要认为所有的男同性恋者彼此都类似。[②] 类似地，麦克库西克（L. McKusick）等人同样发现很多男同性恋者继续进行高风险的性行为（尤其是在浴室），他们甚至相信自己比其他人对艾滋病具有更强的抗感染性。[③]

### （四）同性恋家庭与婚姻

同性恋社群内部具有极为多样的生活理念，亦践行着多元的生活方式。有人寻求得到国家认可的婚姻和生育的权利，有人试图发展长期的、非一夫一妻制的和不同于异性恋性爱模式的关系，也有人拙劣地模仿或“表演”异性恋性爱。[④] 在北美文化圈中，家庭观念主要建立在生物性与血缘关系的基础上，人们在日常生活中对这些关系颇为重视。在当下的异质性社会里，主流的家庭文化开始遭遇多元文化的竞争，在家庭的构成形态上，已从过去的血缘联系扩展到其他可选择的形式。也就是说，家庭文化在意识形态上经历了从生物性家庭到选择性家庭的变迁过程，其中异性恋家庭属于前者，而同性恋家庭属于后者。

---

① J. A. Kotarba & N. G. Long. “Gay Lifestyle Change and AIDS.” In *The Social Dimensions of AIDS*, ed. F. Douglas & T. M. Johnson. New York: Praeger, 1985.

② 这种异质性也体现在权利斗争方面。例如，与美国不同，法国缺乏组织化的同性恋共同体，许多同性恋者和艾滋病活动家认为这是法国缺乏协调一致的纲领与艾滋病进行斗争的最重要原因之一。参见 William J. Poulin-Deltour. “French Gay Activism and the American Referent in Contemporary France.” *The French Review*, Vol. 78, No. 1, 2004, p. 118.

③ L. McKusick, W. Horstman and T. J. Coates. “AIDS and Sexual Behavior Reported by Gay Men in San Francisco.” *American Journal of Public Health*, Vol. 75, No. 5, 1985, pp. 493-496.

④ 安格斯·麦克拉伦：《二十世纪性史》，黄韬、王彦华译，上海：上海人民出版社，2007年，第368页。

同性恋者并不一定是反家庭制度的，他们也有强烈的意愿与彼此相爱的人举行庄重的婚礼、结成神圣的家庭，并通过领养或人工授精的方式拥有后代。因此，同性恋者组成的家庭关系未必是对异性恋家庭合法性的挑战，而是对传统的生物性家庭的有益补充。同性恋家庭也未必是对异性恋者的效仿，很多情况下也不是出于纯粹实用主义的考量，而是出于一种内心深处的情感和生理需要。"养育欲望"既是成年人的偏好与禀赋，同时它也是一种重要的社会角色。随着现代社会中结构性机会的出现和强制性约束的转移，这对同性恋者的生育意识造成了有利的影响。同时，生育意识也会随着生命历程而不断发展，它受各种机构和支配关系的影响尤深，诸如领养和代孕机构、社会对同性恋的态度、与代孕母亲和伴侣等重要他人之间的协商等。① 美国的一些研究表明，尽管同性恋者面临很多偏见与歧视，但是他们通常能够成功地创造和维持同性恋家庭关系。② 很多同性恋者在组建家庭之后，他们不满足于领养孩子，而是希望生育真正属于自己的后代。传统而言，同性恋伴侣之间无法通过性行为进行生育，但是如今科学技术的发展与社会的迅速变迁已经改变了传统生育模式和家庭的面貌，它所带来的新选择完全可以实现同性恋者养育后代的愿望。③ 具体而言，这主要得益于两点：第一，随着生物技术的迅猛发展，试管婴儿技术已经成熟，人工授精受孕、代理孕母和收养等现象已经屡见不鲜；第二，社会文化的变迁，同性恋者的生活环境变得更加包容，通过不断地争权与赋权，他们获得了更多的权利和自由。现在，美国的一些女性甚至更愿意给同性恋者捐卵、代孕。试管婴儿给同性恋家庭以圆梦的机会，使他们得以遗传自己的基因，真正生育生物学意义上的后代，实现为人父母的夙愿。美国的一些代孕机构还邀请相关法律专家，协助同性恋者完成亲权的确认等。

同性恋者面临的另一个问题是婚姻权。世界上许多国家都采用民事结合的方法保护同性恋伴侣的权利，同时避免由于法律不保护伴侣之间的长期关系而导致的各种不公正现象。民事结合是法律承认与保护关系双方之

---

① Dana Berkowitz and William Marsiglio. "Negotiating Procreative, Father, and Family Identities." *Journal of Marriage and Family*, Vol. 69, No. 2, 2007, pp. 366–381.

② Charlotte Patterson. "Family Relationships of Lesbians and Gay Men." *Journal of Marriage and Family*, Vol. 62, No. 4, 2000, pp. 1052–1069.

③ G. Wills & R. Crawford. "Attitudes Toward Homosexuality in Shreveport–Bossier City, Louisiana." *Journal of Homosexuality*, Vol. 38, No. 3, 1999, pp. 97–116.

权益的方法。这些权利包括医院探访权、继承权、健康保险权以及获得退休金等。[①] 对同性恋关系缺乏制度设置和意识形态的支持（尤其是同性婚姻法、财产继承法和宗教制裁等）会阻碍同性恋文化的发展。事实上，作为亚文化群体的同性恋并非完全以伴侣关系为导向，而是与异性恋家庭融合在一起的，美国的大多数家庭会接受其成员的同性恋身份。[②] 在今天的美国，很多州已经正式承认同性婚姻，尤其是2011年纽约州宣布同性婚姻合法化，更是引起了很大轰动效应。与盎格鲁—撒克逊文化的国家不同，中国的大多数同性恋者仍倾向于与异性恋者结婚，并由此引发诸多矛盾。

### （五）对待同性恋的态度

同性恋亚文化、同性恋社会地位的变迁以及公众对同性恋态度的变化，有赖于整个社会更广泛的社会变革以及公民权的不断发展，同时也受世界范围内少数族群的权益运动的影响。在美国，20世纪50年代的同性恋运动提出了融入异性恋社会的纲领，60、70年代的同性恋运动又抛弃了“融入论”，不断地肯定甚至发展同性恋社群的独特性。受黑人民族主义文化的影响，他们提出“同性恋是美好的”这一口号。同性恋解放运动也深受女权主义运动的影响，女权主义提供了分析压迫的思想框架。女同性恋者甚至更愿意将自己看作是女权主义运动的成员，而不是通常由男同性恋者支配的同性恋运动的成员。20世纪70年代的同性恋运动鼓励同性恋者出柜，坦然面对异性恋者。“出柜运动”被看作是同性恋运动的独特现象。这一运动也受到性革命的巨大影响。从20世纪60年代中期到70年代，美国社会发生了性行为和性模式的划时代转变。随着避孕药物的普遍使用，同居流行、离婚率骤升，人们开始将性关系看作是快乐的源泉和交流的方式。这一代人对性的公开态度，使同性恋者变得更加自信而大胆，促使他们公开性身份。在性革命的影响下，出柜最终成为这一变革最持久的标志。在之后的30余年里，大规模的出柜运动成功地使同性恋者的形象变得更加人性化，那些丑化同性恋者的偏见失去了说服力，也使很多异性恋者意识到同性恋者并不是异类。但同

① 章伯仲、习智明：“同性恋：常见问题解答.”周丹主编：《同性恋与法：“性、政策与法国际学术研讨会”论文及资料》，桂林：广西师范大学出版社，2006年，第9页。

② Bryan Robinson, et al. “Gay Men’s and Women’s Perceptions of Early Family Life and Their Relationships with Parents.” *Family Relations*, Vol. 31, No. 1, 1982, pp. 79–83.

时，同性恋者身份的公开和对平等权利的追求，也使他们成为各种试图恢复传统家庭价值观运动的首当其冲的目标。①

早期对同性恋的歧视与拒斥，主要是由于当时许多男异性恋者难以接受19世纪末以来男女性别角色发生的巨大变化。20世纪30年代，西方国家与社会的权力机构将注意力集中到同性恋问题上，当时，人们反对同性恋的直接原因是经济大萧条。在此后的数十年里，宗教、性别角色颠覆和艾滋病是西方社会反同性恋的三大主要原因。在后“石墙骚乱”时代的美国，公众对同性恋的态度夹杂着交叉性的影响因素，诸如种族、性别、年龄、国籍、地域和阶级等，其中性别差异是重要的因素。大体而言，人们更可能认为男同性恋者是精神病态的，并对他们做出负面的反应，人们也更倾向于赞成女同性恋者拥有抚养权。异性恋者对同性恋者的态度也存在显著的性别差异，例如，女异性恋者更加支持同性恋社群的职业保护、更愿意将社会福利扩展到同性伴侣，并较少对同性恋者持各种成见。而男异性恋者对男同性恋者抱有的负面态度较多，他们最不支持和认可男同性恋者的同性关系和抚养权，并最有可能认为男同性恋者是精神病态的，甚至会猥亵儿童。② 整体而言，与女异性恋者相比，男异性恋者明显对同性恋持更加负面的态度，也就是说，异性恋男性的恐同症程度更高。保守的意识形态和价值观与负面的偏见也有很大的关系。③ 在总体上，男性的同性性行为更可能被认为是无法接受的、不正常的和越轨的，男同性恋者被认为更加不符合既有的社会规范。此外，由于男同性恋者的社会可见度相对更高，因而更容易产生“内群体—外群体”的边界划分。同时，同性恋社群内部也存在分化。例如，来自农村的女同性恋者反对都市白人男同性恋者生活方式的“正常化”（normalization）。④ 对同性恋的态度还存在种族差异。例如，美国的黑人族群对同性恋者更普遍地持有恐惧心理，这阻滞了

① 黄兆群：《美国的民族、种族和同性恋——美国社会的历史透视》，北京：东方出版社，2007年，第363-369页。

② Gregory Herek. “Gender Gaps in Public Opinion about Lesbians and Gay Men.” *The Public Opinion Quarterly*, Vol. 66, No. 1, 2000, 40-66.

③ Patrick Heaven and Lisa Oxman. “Human Values, Conservatism and Stereotypes of Homosexuals.” *Personality and Individual Differences*, Vol. 27, No. 1, 1999, pp. 109-118.

④ Scott Herring. “Out of the Closets, into the Woods: ‘RED’, ‘Country Women’, and the Post-Stonewall Emergence of Queer Anti-Urbanism.” *American Quarterly*, Vol. 59, No. 2, 2007, pp. 341-372.

在非裔共同体中开展社会动员、对抗艾滋病蔓延，也削弱了黑人群体女性少数族群的自我认同，并影响整个同性恋权利运动的正当性。① 尽管美国社会整体上对同性恋的认知度较高，但是职场对公开出柜的同性恋者也会产生严重的歧视，尤其是那些强调传统的男异性恋特征的雇主，他们更可能歧视公开性取向的男同性恋者。② 在特定的社会中，歧视同性恋的合法性程度越高，越会增加对同性恋者的攻击，因此，降低歧视的合法性是减少外群体贬损同性恋者的有效策略。③ 平等主义、传统道德、对同性恋的感知、群派性以及意识形态等都会导致公共政策与舆论对同性恋的态度发生变化，也即观念结构会使公众对同性恋权益的态度产生显著影响。④

---

① Gregory Lewis. "Black-White Differences in Attitudes toward Homosexuality and Gay Rights." *The Public Opinion Quarterly*, Vol. 67, No. 1, 2003, pp. 59-78.

② András Tilcsik. "Pride and Prejudice: Employment Discrimination Against Openly Gay Men in the United States." *American Journal of Sociology*, Vol. 117, No. 2, 2011, pp. 586-626.

③ Angela Bahns and Nyla Branscombe. "Effects of Legitimizing Discrimination Against Homosexuals on Gay Bashing." *European Journal of Social Psychology*, Vol. 41, No. 3, 2011, pp. 388-396.

④ Paul Brewer. "The Shifting Foundations of Public Opinion about Gay Rights." *The Journal of Politics*, Vol. 65, No. 4, 2003, pp. 1208-1220.

# 国内同性恋研究文献综述

1997年3月14日，第八届全国人民代表大会第五次会议修订《中华人民共和国刑法》，删除了可使同性恋致罪的“流氓罪”，据此，很多人认为中国大陆已将同性恋非罪化。与此同时，关于同性恋非病理化的主张也提上议事日程。同年，《精神卫生通讯》杂志在全国范围内组织召开有关“同性恋诊断是否该取消”的讨论。① 2001年4月，“中华医学会精神科分会”出版的《中国精神障碍分类与诊断标准（第三版）》（CCMD-3）将同性恋从精神疾病分类中删除（但保留了个人对同性恋身份认同的“自我不和谐”诊断），这被普遍认为中国大陆实现了同性恋非病理化。在这之前，同性恋“治疗”可谓五花八门，通常有行为疗法（如厌恶疗法等）和药物疗法（如性激素治疗等）。根据媒体报道来看，实际治疗中采用厌恶疗法较为普遍。直至同性恋非罪化、非病理化十多年后的今天，公众、媒体、学界甚至同性恋者本人对同性恋现象的认识仍参差不齐，其中不乏将同性恋视为需要医治的疾病。事实上，如果将对同性恋者采取的各种“治疗”手段施加在异性恋者身上，可能同样产生性厌恶心理。如张北川所言：“一个人进入痴迷状态，其性取向是可以改变的，但这种改变不是一个爱同性的人变成一个爱异性的人，而是变成一个没有性的人。”② 而且，“治愈者”是否被永久改变性取向或者是否过着异性恋那样“正常”的生活，我们也不得而知。其中有些被“治愈”的例子很可能是双性恋者。这是一种对肉体和心灵施加的双重酷刑，也是医学建构的暴力。它类似于19世纪末20世纪初的西方，当时的医学界也将同性恋视为可以矫治的疾病，很多医生甚至将同性恋混同于恋童癖。

也有学者质疑“中国同性恋非罪化”这一说法，认为它是中国同性恋

---

① 有关这次讨论的情况和理论总结，可参见贾谊诚：“如何看待同性恋问题.”《临床精神医学杂志》，1998年第1期；王乃信：“当前国内对同性恋问题的不同观点.”《医学与哲学》，1998年第6期。

② 张北川：“同性爱相关理论与中国现实.”高燕宁主编：《同性恋健康干预》，上海：复旦大学出版社，2006年，第45页。

者为逃避流氓污名而挪用西方的一些象征性符号的结果，这种话语策略运用强势话语来论证同性恋权利的正当性。然而，该策略却遮蔽了中国对同性恋性行为的“罪”与“非罪”并不敏感的事实。[①] 而且，新《刑法》虽把流氓罪分解为若干罪名，但立法者的初衷并不是为同性恋正名。不管怎样，20 世纪 90 年代以来，尤其是中国大陆对同性恋“非罪化”和非病理化以来，涌现出大量同性恋题材的影视和文学作品，公众对这一现象本身的认识也有了显著提高。在学术界，不同学科从各自的研究视角出发对同性恋问题进行了探索，其中不乏有参考价值的结论和观点。如法学主要研究同性恋权益和同性婚姻立法；[②] 心理学对同性恋者的心理和精神状况进行了研究；医学则从早期对同性恋者的医治到现在的艾滋病预防，它在理论和实践方面都起着重要作用；社会学主要对同性恋社群进行经验调查，尤其是活动场所、生活方式和行为规范等。

已有的研究通过对同性恋现象进行历史追溯、临床总结、定性的个案描述与报告以及定量的社会调查统计等，使我们对中国大陆的同性恋生存现状有了一定程度的了解，它主要包括同性恋的本质和成因、性行为、社会交往模式、态度和认知、感情与性角色、形式婚姻与同直婚、出柜、身份认同以及与艾滋病相关的议题等。本文主要对当前中国大陆的同性恋研究现状进行文献回顾，并指出存在的缺憾及今后进一步可能的研究方向。

## 一、“同性恋”术语之辩

在《中国精神障碍分类与诊断标准（第三版）》（CCMD-3）中，“同性恋”是指在正常生活条件下，从少年时期就开始对同性成员持续表现性爱倾向，包括思想、感情及性爱行为；对异性虽可有正常的性行为，但性爱倾向明显减弱或缺乏，因此难以建立和维持与异性成员的家庭关系。[③]

---

① 郭晓飞：《中国法视野下的同性恋》，北京：知识产权出版社，2007，第 3 页。

② 最近的研究可参见何东平：《中国同性恋人权保障研究》，厦门：厦门大学出版社，2012 年；褚宸舸：《自由与枷锁：性倾向和同性婚姻的法律问题研究》，北京：清华大学出版社，2014 年。前者涉及中国同性恋人权保障的必要性、可行性及存在的困境等；后者主要探讨同性恋婚姻的法律问题。

③ 中华医学会精神科分会：《中国精神障碍分类与诊断标准（第三版）》，济南：山东科学技术出版社，2001 年，第 130 页。

有关同性恋的经验研究中，人们经常碰到的一个难题是如何将“同性恋者”这一概念进行操作化，因为它在意义上是模糊的，无法指明是性行为本身还是性取向。① 现实中没有所谓的“同性恋”和“异性恋”的绝对标准，“同性恋”这个词只有在形容某个人在特定时空的人际关系时才有意义。而且，“同性恋者”这个概念并不能全面涵盖男男性行为及其活动的状态，很多不认同自己是同性恋者的男性，同样发生着活跃的同性性行为。在这种意义上，“男男性接触者”这一称谓替代“同性恋者”具有一定的可操作性。但是，童戈等人认为，“男男性接触者”缺乏男男性行为及其活动的情感、社会以及人际因素，尤其是同性恋社群本身对这个充满医学色彩的表述没有形成一致的认同。② 潘绥铭、曾静亦强调澄清同性恋定义的重要性，在他们看来，通常的定义或强调心理倾向，或强调实际性行为，或注重对同性恋身份的认同，而这些定义在实际操作中都存在问题，他们认为应综合考虑性行为、欲望和自我认同等因素才能确定真正的同性恋者。③

实践研究者还对“homosexuality”这个词及其译法持有不同意见。有人认为将 homosexuality 译为“同性恋”或“同性爱”都未能充分表达原意，忽略原词并无“恋”或“爱”的含义。homosexuality 由 sexuality 加词头 homo 合成，表示相同性别的人进行“同性性交”，因此，它应译作“同性性爱行为”，以区别于“同性恋爱”。同时，应停止或有限度地使用“同性恋者”这种表述，尤其是“男同性恋者”应以“男男性接触者”代替更加合适。④ 也有观点认为，homosexuality 应翻译成“同性恋性态”，方能同时涵括行为意义上和身份意义上的同性恋。⑤ 此外，与之相关的还涉及

---

① 斯潘塞·拉瑟斯等：《性与生活：走近人类性科学》，甄宏丽等译，北京：中国轻工业出版社，2007 年，第 205 页。例如，小明雄认为，“同性恋”是用来形容人类的感情或行为，它是指“一个人对相同性别的人，产生一种爱慕的感觉，或性爱的吸引”。参见：小明雄：《同性爱问题三十讲》，香港：友禾制作事务所有限公司，1987 年，第 20 页。

② 童戈、郭雅琦：“同性恋人群的性状态.”潘绥铭编：《中国“性”研究的起点与使命》，高雄：万有出版社，2005 年，第 280 页。

③ 潘绥铭、曾静：《中国当代大学生的性观念与性行为：1991—1997》，北京：商务印书馆，2000 年，第 363、371 页。

④ 潘国森：“从语源学和语义学看‘Homosexuality’的中译谬误.”《中国性科学》，2004 年第 2 期。作者还认为，中国古代的“男风”或“男色”与当代的男同性恋活动之间存在重大差别。

⑤ 郭晓飞：《中国法视野下的同性恋》，北京：知识产权出版社，2007 年，第 11 页。

sexuality 和 sex 的译法。阮芳赋建议将 sexuality 译成“性”，认为 sexuality 是一种生物—心理—社会—文化现象，它至少包含四个方面的含义：第一，基于外生殖器解剖学上的雌与雄；第二，作为男女的性别认同；第三，与解剖学上的雌雄差异相适应的性别角色和行为；第四，被吸引的和所爱的性别。而 sex 可以根据上下文译成性事、性交和性生活等。[①]

国内有不少人反对“同性恋”这一称谓，认为它与变态和疾病联系在一起，已承载太多的社会污名，而且该称谓过于强调性，而忽略情和爱，使同性爱欲无法摆脱负面的形象。另一方面，“同性恋”这个称呼常被默认指男同性爱欲者，导致忽略对女同性恋者的关注。因此，不少人更倾向于用 gay[②] 或“同志”表示同性爱欲者或特指男同性爱欲者。此外，缩写词 LGBT 也逐渐为人们熟悉和使用，它由女同性恋者（Lesbian）、男同性恋者（Gay）、双性恋者（Bisexual）和跨性别者（Transgender）的英文首字母组合而成。

## 二、同性恋成因研究

我国古代文献中将同性恋的成因归结为“先天论”和“后天论”，前者也称为“夙命说”，包括淫恶果报说和因缘轮回说，后者包括环境劫诱说和意志堕落说。先天论即生理因素决定说，认为遗传基因、性激素和脑结构等因素决定同性恋的形成。例如，有研究认为，在主体的脑性别和客体的生理性别之间理解异性恋的对立关系同样可以运用于同性恋，而真正的同性恋是不可能发生的。[③] 由于相同性器官之间的性行为不能产生繁殖，因此，与能够生殖的异性恋相比，同性恋本质上是一种不能生殖的“亚异性恋”。而同性恋的发生基础是性情绪，它的本质是生理的而非政治或道德的。[④] 此类本质主义的观点在同性恋研究中很具典型性。不少研究都倾向于认为，同性恋取向受生理或心理本能影响的比例稍高于受后天社会环

① 阮芳赋：“试论 Sexuality 的汉译.”潘绥铭编：《中国“性”研究的起点与使命》，高雄：万有出版社，2005 年，第 13-30 页。

② Gay 这个词原来通常作为形容词使用，具有“轻松、无拘束”的含义。

③ 李玉玲：“同性恋——不能生殖的亚异性恋.”《中国性科学》，2004 年第 4 期。

④ 李玉玲：“同性恋合理性研究.”中国社会科学院研究生院硕士学位论文，2002 年。

境建构的比例。①

后天论也被称为心理社会因素决定说，它主要包括精神分析、行为主义学派等研究取向。李银河的“空白占据”理论强调后天经历对同性恋成因的重要性，大致也可以纳入该理论范畴。② 类似地，刘达临、鲁龙光认为，同性恋者受先天遗传影响的比率很低，绝大部分是后天习得，因所处环境与异性难以接触而以同性作为发泄对象；特别是反性别抚养，它是同性恋的重要成因。③ “选择”同性恋的具体原因包括：对陌生事物的好奇、异常经验的神秘感；同性吸引力大于异性，如异性间的感情没有同性间强烈；亚文化圈的归属感，而在社会、单位甚至家庭难以获得这种归属感，这既是“成为”（becoming）同性恋的结果，也是他们逗留在这个圈子内的原因。④ 关于女同性恋性身份形成的研究则发现，早期跨性心理及行为、青春期同性情感实践、第一次同性性经历等因素对形成同性恋性身份有重大影响；同时，拉拉圈亚文化对同性恋的身份角色起到重塑和巩固的作用。性身份的形成是连续发展的过程，是个人根据其生活经历做出的生活方式的选择。⑤

除了上述的先天说与后天说，也即本质主义与建构主义的观点之外，不少行为学家不认同异性恋或同性恋仅是某种选择。大部分研究者反对将遗传、荷尔蒙、性腺及生理的影响与性取向相联系。家庭不和、性爱发展过程受阻、童年期的同性恋经验等，这些解释都令人质疑。⑥ 许多学者对本质主义和建构主义提出了批评：首先，本质主义是一种还原论和决定论，它把性取向看作是不受外界因素限制、普遍适用的人类特征；其次，本质主义陷入了二元论，忽略性认同的多元性和差异性，尤其是把双性恋看成是掩盖同性恋本质的一种身份或过渡阶段。⑦ 而社会建构论被批评为

---

① 王苹：“女同性恋非规范性世界研究.”华中师范大学硕士学位论文，2008年。

② 李银河、王小波：《他们的世界——中国男同性恋群落透视》，太原：山西人民出版社，1992年，第37页。

③ 刘达临、鲁龙光：《中国同性恋研究》，北京：中国社会出版社，2005年，第237页。

④ 王静：“‘壁橱’管窥——青年同性恋现象试探.”《当代青年研究》，2002年。

⑤ 王群：“女同性恋者性身份的形成——基于女同性恋者T角色的生命自叙.”河海大学硕士学位论文，2007年。

⑥ 小明雄：《同性爱问题三十讲》，香港：友禾制作事务所有限公司，1987年。

⑦ 刘安真等：“‘我是双性恋，但选择做女同志’——两位非异性恋女性的性认同形成历程.”《中华辅导学报》，2002年第21期。

是激进的相对论，按照其观点，性认同有无限的可能性，但实际上性认同的形式有一定的限度，建构主义无法对此准确地进行解释。本质主义往往导致阶段论，用阶段模型来描述同性恋认同的发展过程；建构主义关注认同发展过程中各种因素的相互作用，用影响因素模型探索它们之间的结构模式。长期以来，这两种理论观点争论不休、各有利弊。目前，一些研究者开始从生态理论、生命历程理论等当代发展心理学的视角出发尝试整合这两种理论取向。对很多研究者而言，与其纠缠于同性恋的定义、人群规模以及同性恋成因等，不如研究同性恋社群的认知与行为模式等与社会—文化—政治相关的议题。

## 三、性行为与交往模式

1989年至1990年间，上海性社会学研究中心在全国范围内进行了两万例“性文明”调查，这被认为是中国大陆首次大规模地调查同性恋者的人口比例。[①] 该调查使用的问卷对同性恋的界定是：“过去与他人有过同性性行为（指广义的性行为，即包括接吻、拥抱、抚摸、口淫、性交等），而这种性行为是在性驱动下进行的。”结果发现，在25~45岁年龄组的城乡已婚居民中，有过同性性行为的约占2%。[②] 鲁龙光、陈建国研究了1987年至1990年间向其寻求咨询与心理辅导治疗的近2000名男同性恋者的行为特点，他们将素质性同性恋分为四种类型：[③] 第一，意向型同性恋，这类人群的性意向是同性，但从未发生过同性性关系。他们采用性幻想、性想象的形式发泄性欲，包括性梦、自慰等。第二，情感型同性恋，该人群有较稳定、专一的恋爱对象，并有过性接触。该类型多见于女同性恋者或男同性恋者中的被动角色，他们大多长时间相互接触，在深入了解的基础上产生恋情。情感型同性恋者特别重视性对象的选择，他们会因感情问题引起嫉妒、仇恨甚至自杀等极端行为。第三，性乐型同性恋，他们以追求

---

① 刘达临、鲁龙光：《中国同性恋研究》，北京：中国社会出版社，2005年，第134页。刘达临在1991—1992年间又对同性恋社群进行问卷调查，主要采取偶遇抽样和“滚雪球”的方法。

② 在2005年出版的《中国同性恋研究》一书“前言（三）”中，刘达临表示：“这些调查数据所反映的情况至今没有多大变化”。

③ 刘达临、鲁龙光：《中国同性恋研究》，北京：中国社会出版社，2005，第49-61页。

强烈的性刺激为主，彼此间无感情色彩，性关系不稳定。相对于意向型和情感型同性恋而言，性乐型同性恋的择偶标准较低，他们的目的是寻找性发泄对象，这种类型的同性恋以男性为主。第四，复合型同性恋，他们对同性的爱恋具有特殊的性心理定式，如恋老、娈童、恋物、虐恋、易装或其他偏好等，这种性偏好能够增强他们的性兴奋程度。复合型同性恋也主要见于男性。

20 世纪 80、90 年代之交，李银河和王小波采用“滚雪球”的抽样方法，对男同性恋社群深入进行个案访谈和问卷调查。[①] 他们通过探讨男同性恋者的形成原因、感情生活、性生活、婚姻生活、入道方式、价值观念和社会地位的改变等，勾勒出我国男同性恋社群的概貌。他们在研究中发现，认同男性角色的男同性恋者大多有自恋主义的倾向，形成自恋的最重要因素是最初的性经历，即青春期的遭遇和经历。而产生认同女性角色的男同性恋者的原因包括：俄狄浦斯恋母情结，对母亲的依恋使这些男孩在社会化过程中缺乏男性认同；女性化的后天教育；先天体质柔弱等。总体上，男同性恋者的特征包括：第一，交往以性满足为主要目的，感情关系所占的比例很少；第二，纯粹以追求快乐为目的，容易受先天性特质吸引，如相貌、年龄、气质等，而较少在意个体的社会地位，如职业、家庭背景等；第三，性行为方式以抚摸和接吻最为常见，其次是相互手淫和口交。第四，多数同性恋者可以互换主动、被动的角色，这是一种互惠行为，属于同性恋关系的一般行为规范。[②] 在李银河和王小波看来，同性恋者的感情生活与异性恋者很相似，只是恋爱的对象是同性。

潘绥铭通过对男同性恋聚集场所进行调查发现，参与社会交往的男同性恋者性行为非常活跃，同性性关系的建立要比维系更为容易。潘绥铭比照研究了同性恋者与双性恋者在首次性交、性伴侣数量、性关系维系、婚姻的作用等方面的差异，得出结论认为女性参与程度越弱，性关系就越不符合社会规范，并由此推论：社会对性关系的规范是通过女性对男性产生

---

① 全部调查在 1989 年至 1991 的三年间进行，之后出版《他们的世界——中国男同性恋群落透视》。1998 年李银河出版《同性恋亚文化》（2002 年再版），该书增加了后来陆续得到的一些国内同性恋个案，使样本增加至约 120 人，并增补了一些西方同性恋理论，主要是福柯的性学思想和酷儿理论。

② 李银河、王小波：《他们的世界——中国男同性恋群落透视》，太原：山西人民出版社，1992 年，第 63-64 页。

作用。社会排斥男同性恋者，不仅仅是因为他们不结婚不生育，否则既结婚又生育的双性恋者就不会遭排斥。这种排斥体现了社会对女性的保护，它既为了更好地贯彻社会对性交往的规范，也为了维护“阴阳相合”的根本宇宙模式。因此，同性恋者与双性恋者本质上是社会性别问题。①

关于男同性恋者性行为的一般性研究发现，他们的文化程度普遍较高，但缺乏艾滋病知识；安全套使用率低，不使用安全套的原因主要是自己或性伴侣不喜欢或性行为时无安全套；做过艾滋病病毒（HIV）检测的比例较低；性伴侣数较多；近一半的调查对象在半年内有过女性性伴侣，绝大多数人在半年内有过男性性伴侣。② 从 1999 年到 2001 年间，张北川先后主持 3 次调查，他发现约半数的男同性恋者与自认为是异性恋者的男性性交过，人均为 4 至 5 人。他估算出我国男男性行为者占男性人口的 10%至 15%。2001 年，中国城市男性（包括进城务工人员）中男同性恋者/双性恋者的数量为 524 万至 1024 万，均值为 774 万。根据张北川等以往的研究，约一半的青年男同性恋者/双性恋者与女性有性关系，至少 70%的男同性恋者/双性恋者已婚或将要结婚，因此，有 369 万至 717 万女性因男男性活动而生活于高危环境。③ 其他关于男同性恋者的爱情特征、婚姻状况、互动场域（渔场、同志酒吧、网络社区等）等方面的研究也得出类似的结论，诸如爱情成功率低，一夜情现象严重；大多数同性恋者选择和异性结婚，对异性恋者和孩子造成不同程度的伤害。④ 男男性行为由于其隐蔽性、性伴侣更换频繁、无保护的剧烈性行为等原因，较易受艾滋病感染。⑤ 男男性行为及其活动还可能是由于无法接触异性的境遇性条件所致，

---

① 潘绥铭：《中国性现状》，北京：光明日报出版社，1995 年，第 416-417 页、第 426-427 页。

② 曲书泉、张大鹏等：“东北某地男同性恋者艾滋病病毒/艾滋病的知识态度行为调查.”《中国性病艾滋病防治》，2002 年第 6 期。该研究采用横断面调查设计，主要对进出某酒吧的男同性恋者进行问卷调查。

③ 张北川等：“对中国男同/双性爱者人口数量与艾滋病病毒感染率的初步估测.”《中国性病艾滋病防治》，2002 年第 4 期。

④ 庾泳：“同性恋人群的生存状况研究——以长沙男同性恋人群为例.”中南大学硕士学位论文，2006 年。

⑤ 与阴道粘膜覆有多层鳞状上皮细胞不同，肛门及直肠下部仅覆有一层柱状上皮细胞，因而易于破损。男男之间剧烈的性行为在生殖器伸展受限的状况下可能引起撕裂、出血，或另一方直肠粘膜受破坏，如果有一方受 HIV 感染就会导致精液或血液中的病原体直接通过伤口传播。因此，危险的是某种性行为，而不是同性恋本身。

纯粹以性宣泄为目的自愿发生同性性行为。这种情况除了监狱、军队等环境之外，农民工群体中也普遍存在。也有男性自愿向同性提供商业性性服务，即通常所说的“职业 MB”“半职业 MB”等。①

同性恋社群在城镇的活动中心被称作“点”。这些“点”包括以某些公厕为中心形成的活动区域以及人流活动频繁的广场、公交车站或环境比较偏僻的公园、较大的机关和工厂附近的活动区域。这些活动较为松散，缺乏任何组织机制。“点”上的人际交往、性活动等完全是个人以隐蔽、随意、自愿、少有后续联系的状态存在，而且发生性行为的意图较明显。②王曙光认为，性在不同的制度、阶级、经济、亚文化社群中为建构独特的生活形态和历史扮演着重要角色，性实践包含了再建构其自身的社会过程。③ 0 或 1 的性角色是社会经济权力的产物，“小弟”（MB）在社会经济生活中的弱势地位决定了他们处于被插入的角色。尽管许多男同性恋者倾向于选择做 1，但在非商业性的协议性行为中，总体上没有明显的 0 与 1 的差别。然而，“小弟”在非商业性的性行为与固定性伴间仍略为倾向于做 0，在临时性伴间则明显倾向于做 0。因此，做 0 以及与之相关的实践、体验、欲念和快感是被“小弟”的圈子生活再建构出来的。也就是说，阶级、制度和权力建构了“小弟”作为 0 的性角色的存在方式，而性的社会实践自身又再构了“小弟”的性文化，这并非简单的“社会脚本”规定某种性角色。

近些年来，关于同性恋者的交往模式、性关系与社会性别关系的研究进一步细化。例如，魏伟研究了同性恋圈里的“名人”，他们是圈内活跃、众人皆知的人物，这些人交际广泛，是同性恋社交网络的中心，在日渐发展的同性恋社区扮演着重要角色。他们也是同性恋者公开身份的先行者，为后来者提供新的生活模式。因此，“圈里的名人”是同性恋社群寻求公

---

① 童戈、郭雅琦：“同性恋人群的性状态.”潘绥铭编：《中国“性”研究的起点与使命》，高雄：万有出版社，2005 年，第 280 页。《刑法》第 358 条规定：“组织他人卖淫行为”中的“他人”通常指女人。一些法律专家认为不应该对法律条文中没有明确内涵的概念随意解释和扩大法律的适用范围，因此对 MB（“金钱男孩”）卖淫的法律追究问题仍处于悬置状态。

② 童戈、郭雅琦：“同性恋人群的性状态.”潘绥铭编：《中国“性”研究的起点与使命》，高雄：万有出版社，2005 年。

③ 王曙光：“男-男‘0’与‘1’的性实践对于当代性学构造主义的挑战.”潘绥铭编：《中国“性”研究的起点与使命》，高雄：万有出版社，2005 年。

共空间的先锋，并为日后同性恋社区的动员提供了潜在的领导者。“名人”身份也会给其本人带来影响，如降低与他人发生性关系的机会，带有污名的“名声”常会影响到他们的个人生活，甚至在圈内被其他同性恋者孤立和排斥。① 张根福、吴维对男同性恋者的访谈发现，他们较少依赖传统交往方式进行沟通，更多的是通过微信、同性恋网站等新型的交往方式。这些社会互动方式对建构男同性恋者的自我身份认同有着重要作用。在择偶标准方面，相比职业、收入、教育水平等社会经济属性，男同性恋者更注重长相、性角色以及年龄等先赋性属性或生理特征。② 也有研究者探讨了社会性别规范与男同性恋者性身份认同之间的关系，发现男同性恋者普遍认同 1 和 0 的划分代表了性行为模式的差异，但是这种划分并不意味着认同相应的社会性别特征。③ 有些研究对同性恋关系持委婉的批判态度，例如，认为女同性恋者虽然从性爱对象而言构成对传统性关系的挑战，但是从社会性别的视角来分析，却发现主流的异性恋语境对女同性恋话语模式有着深刻的渗透，女同性恋关系在一定程度上表现出对主流异性恋关系的回归。④ 即使是大都市的中产阶级男同性恋者在现实生活中也透过异性恋正统主义去看待和审视同性恋伴侣关系，尤其表现为对异性恋婚姻的想象和对传统性别刻板印象的遵从。因此，同性恋社群自身也成为异性恋正统主义霸权的维护者与实践者。⑤ 魏伟等还研究了同性恋伴侣关系和家庭生活实践，认为同性恋选择的家庭是基于友情、爱慕和个人选择等，这类家庭既是一种创造性的改变，更是对社会变迁的独特回应，它还提供了传统亲属关系的补偿或替代性方案。⑥

最后，有研究者注意到中国同性恋社群发生的结构性变化。景军等人的研究发现，在过去的 20 年来，中国城市男同性恋者的生活环境发生了结

---

① 魏伟：“城里的‘飘飘’：成都本地同性恋身份的形成和变迁.”《社会》，2007 年第 1 期。

② 张根福、吴维：“交往方式与择偶标准——一项基于 J 市男同性恋者的实证研究.”《浙江师范大学学报（社会科学版）》，2014 年第 6 期。

③ 白璐等：“社会性别规范与男同性恋者性身份认同.”《中国性科学》，2013 年第 3 期。

④ 杨志红：“女同性恋话语的社会性别分析——是超越，还是另一种回归.”《中国性科学》，2013 年第 4 期。

⑤ 魏伟：“圈内人如何看待同性婚姻？——内化的异性恋正统主义对‘同志’的影响.”《华东理工大学学报（社会科学版）》，2010 年第 4 期。

⑥ 魏伟、蔡思庆：“探索新的关系和生活模式：关于成都男同性恋伴侣关系和生活实践的研究.”《社会》，2012 年第 6 期。

构性剧变，具体表现在男同性恋者交友规模的急剧扩大、交友场所的成倍增多以及交友手段的多元化。越来越多的男同性恋者使用互联网交友，其结果是形成大量由陌生人建构的朋友关系，这成为当前城市男同性恋者交友的基本格局。景军认为，当下中国城市的情况与20世纪80年代不同，次属群体而不是首属群体内的行为在城市男同性恋者中“具有比较纯粹的男同性恋文化特征。”①

## 四、女同性恋研究

在中国历史上，对女同性恋者的记载相对较少。由于历史的编撰者大多为男性，在男权社会里，他们只关心、歌颂、记载男人间的友谊和爱情，而有意无意地忽略了女性。在封建礼教的影响下，对性感兴趣的女性被认为是“淫荡的”，因此女同性恋者的隐秘性远大于男同性恋者。尤其在古代社会，女性被认为是无性的，或不应该有性的欲求，这也使人们不相信她们存在同性恋取向。② 由于这些原因，女同性恋者被隐藏在历史的深处。

有研究指出，女同性恋者具有与女异性恋者类似的性爱关系与频率，而男同性恋者与男异性恋者一样，受社会传统的影响，他们以性作为娱乐或者炫耀个人精力。大多数女同性恋者视性关系是爱的表白，这也是异性恋社会教化不同性别角色影响的结果：男性凌驾在女性之上，只有男性可以享有性的欢乐。③ 李银河通过调查发现，与男同性恋者相比，女同性恋者的交友方式有些差别，她们不愿意到公共场所寻找伴侣，而较多在朋友、熟人圈中寻找伴侣。她们与同伴相处的时间更长，感情投入更多。在异性恋眼中，她们较少具有攻击性，因而更容易得到同情和容忍。④ 女同性恋者的性快感频率及强度均高于女异性恋者，因为女同性恋者进行容易产生快感的行为（如口交等）更频繁，女性知道如何唤起同伴的性欲，而

---

① 景军等：“亲密的陌生人：中国三个城市的男同性恋交友格局.”《开放时代》，2012年第8期。

② 刘达临、鲁龙光：《中国同性恋研究》，北京：中国社会出版社，2005年，第25页。

③ 小明雄：《同性爱问题三十讲》，香港：友禾制作事务所有限公司，1987年，第135-136页。

④ 李银河：《性文化研究报告》，南京：江苏人民出版社，2003年，第129-130页。

且女性之间的交流比两性之间更容易、也更充分。[①]

陈亚亚通过对某网络女同性恋群体的观察，认为虽然女同性恋者是一个面临共同压力的群体，但对环境和群体的认同仍是多元化的，有些立场甚至相互对立。女同性恋者是差异性极大的群体，任何把女同性恋者看作是固定不变、有着相同思维方式和言行，或者有着共同利益驱动的想法都有失偏颇。这种多元化态势模糊了她们与所谓正常人群的区别。[②] 大体而言，女同性恋世界具有这样一些特征：在性观念上，将情感置于性的需求之前，希望得到属于自己的爱情。在性生活中，心理角色对性爱模式有显著影响：T 较为主动，P 较为被动，H 则处于均衡状态。在性行为方式方面，除了抚摸、接吻、手指代替阴茎插入等之外，还有利用工具模仿异性性方式的情况，但她们在心理上不能接受传统异性恋的男性插入方式。在身份认同方面，女同性恋者在私人场合的身份公开度非常有限，家庭出柜的比例不高。在交友方式上，女同性恋者以网络为结识同性的主要途径，另一途径为生活圈。从交友频率看，女同性恋者之间的关系比较稳固，大多数女同性恋者重情义。在对同直婚的态度上，绝大多数女同性恋者对婚姻持排斥态度。婚姻给她们带来巨大压力，未婚者不愿结婚，已婚者想离婚。[③]

## 五、同性恋与身份认同

目前已有相当多的文献探讨同性恋的身份认同，其中有些文献综述非常全面，并区分了同性恋者的自我认同与社会认同。[④] 在经验研究方面，魏伟从建构主义的视角考察了地方性语境下三种男同性恋身份——“飘飘”“同志”和 gay 的形成和变迁，这三个称谓隐含着不同的文化参照和政治内涵：“飘飘”身份在本地的同性恋历史传统和现代西方“gay”以及受西方影响的“同志”身份之间扮演了关键性的承上启下作用，而“同

---

① 李银河：《性文化研究报告》，南京：江苏人民出版社，2003 年，第 92 页。

② 陈亚亚：“多元化女同性恋给我们带来的启迪.”潘绥铭编：《中国“性”研究的起点与使命》，高雄：万有出版社，2005 年。

③ 王苹：“女同性恋非规范性世界研究.”华中师范大学硕士学位论文，2008 年。

④ 刘靖、王伊欢：“同性恋者身份认同研究综述.”《中国农业大学学报（社会科学版）》，2011 年第 1 期。

志”身份则极大地推动了中国当代同性恋者的表现形式从行为向身份的转变，促进了同性恋社区的形成和壮大。[①] 魏伟的研究指出了历史上的文化多元性、本地的宗教以及重视休闲娱乐的都市文化对相对宽松和公开的同性恋生活环境有着重要影响，而国家经济、政治和文化的变迁是同性恋表现形式发生转变的最根本原因。

关于女同性恋者性别认同和身份认同过程的研究发现，女同性恋者最初的性别意识是在男性—女性的性别社会化框架里进行的，当意识到自己的爱恋对象是同性时，她们的性别认同开始出现障碍。性别认同越是固化，同性恋身份认同越困难。自我认同的女同性恋者往往以中性行为调和男性与女性角色之间的冲突，但根深蒂固的二元性别框架仍影响着家庭生活。[②]

在身份认同与互动方式方面，互联网深刻改变了同性恋的交往模式，并进而影响日常生活中的身份认同。[③] 在互联网出现之前，同性恋者将公园、公厕、浴室等场所作为“点”，与其他同性恋者接触、交流。互联网的出现改变了这些传统的互动方式，它具有的方便、快捷、隐秘等优势为同性恋社群提供了全新的互动模式。同性恋者在网上建立了众多的网站、QQ 群等，它们成为虚拟空间里的精神社区，在很大程度上满足了同性恋者对群体归属感的需求。

关于大学生的研究指出，男同性恋者大学生对性身份认同是以年龄为线索、以认同发展中的重要事件为标志的一系列过程。[④] 环境、个人经历和个性是影响同性恋性身份认同的三大因素。[⑤] 环境因素根据与个体的心理距离差异又可分为宏观环境、中观环境和微观环境。个人经历因素根据个体的成熟阶段分为童年期、学龄期、青少年期和成年期。个性因素中，对性身份认同产生重要影响的是价值观、能力和性格。环境、个人经历和个性这三者对性身份认同的影响是层次性的，同时这三大因素之间也相互

---

① 魏伟：“城里的‘飘飘’：成都本地同性恋身份的形成和变迁.”《社会》，2007 年 1 期。

② 栗晓红：“女同性恋性别认同和身份认同研究.”《中国性科学》，2007 年第 5 期。

③ 白相辉：“互联网对同性恋互动方式与身份认同的影响——以高学历青年同性恋为例.”吉林大学硕士学位论文，2008 年。

④ 王中杰等：“男同性恋大学生性身份认同的定性研究.”《中国心理卫生杂志》，2012 年第 8 期。

⑤ 刘颋颋：“同性恋者性身份认同的影响因素研究.”华东师范大学硕士论文，2008 年。

影响。个性和环境间接地对性身份认同产生影响，个性决定个体从环境和个人经历中筛选信息、解释信息以及对信息做出反应的方式。而环境作为容器，影响着个体的生活经历以及个性的形成。同时，性身份的认同程度也会反作用于个性和个人经历。

## 六、出柜、婚姻与同妻

最近几年，关于同性恋出柜、同直婚、形式婚姻以及同妻的研究日益增多。在当下中国，很多自我认同良好的同性恋者进入婚姻已是不争的事实。相关研究表明，性取向自我评估为同性恋者的已婚率为32%，而双性恋者的已婚比例更是高达58%，这表明很多同性恋者迫于社会、家庭的压力而选择与异性结婚。① 金晔路对上海女同性恋社群的研究表明，家庭和父母对子女婚姻的期待是女同性恋者面临的最大压力。② 富晓星、张可诚指出了中国男同性恋群体的三种隐性婚姻形态，即婚外有"婚"、两个儿子的"婚姻"以及形式婚姻。这些婚姻形式既不违反现有的婚姻制度，又能满足同性恋者自身的欲望和感情需要，这些婚姻形态被归结为同性爱欲与异性恋婚姻制度之间协调和文化适应的结果。③ 也有研究探讨了同性恋者结成形式婚姻背后的动机，包括家庭主义者、个人主义者、务实主义者、理想主义者等，而性别、独生子女和本地人身份等因素对同性恋者的婚姻认知以及对形式婚姻的倾向有显著影响。④ 景军等亦研究了同性恋者的出柜与家本位之间的矛盾，指出同性恋者即使被家庭接受，但是他们可以迂回的社会空间仍然十分有限，因而认为周华山提出的"回家"策略（相对于"出柜"策略）存在商榷的余地。⑤ 还有研究涉及同性恋伴侣间的暴力现象，指出伴侣暴力并非是单向度的，"被逼暴力"表明暴力角色

---

① 倪志敏等："男男性接触者异性性行为特征及影响因素研究."《浙江预防医学》，2015 年第 1 期。

② 金晔路：《上海拉拉：中国都市女同志社群与政治》，廖爱晚译，香港大学出版社，2014 年。

③ 富晓星、张可诚："在隐性'婚'与制度婚的边界游走：中国男同性恋群体的婚姻形态."《华南师范大学学报（社会科学版）》，2013 年第 6 期。

④ 王颖怡："合作婚姻初探：男女同志的婚姻动机研究."《中国青年研究》，2014 年第 11 期。

⑤ 景军等："同性恋的出柜与家本位的纠结."《青年研究》，2014 年第 5 期。

的流动性和对暴力生成的交互影响。①

关于同妻的研究主要包括社会适应和社会支持网络。社会适应涉及同妻在心理上完成由“男同性恋者的妻子”“骗婚的牺牲品”到社会普通女性的转变。由于社会对同性恋社群和同妻群体的污名化导致同妻对生活状况的不满，对自我身份甚至社会制度难以产生积极的认同。② 出于情感亲和与寻求社会支持等原因，同妻进入网络虚拟空间进行多种形式的互动，并在互动实践中通过“类化”“认同”和“比较”等确认自我身份、形塑群体边界及其社会认同感。虚拟互动扩展了同妻群体的社会关系网络，补偿了现实生活中无法满足的情感亲和与社会支持愿望。但是，同妻群体的互动过程中也存在对同性恋及其文化的误解与诬蔑，甚至存在敌视和怨恨。③

## 七、公众对同性恋的态度

李银河曾在全国大中城市按照随机抽样的原则调查公众对同性恋的态度。结果发现，中国公众对同性恋的接纳程度相当高，原因可能是没有普遍信仰的宗教。在调查中，只有 7.5%的人报道他们认识的人中有同性恋者，说明我国城市生活中同性恋的可见度仍相当低。在关于同性婚姻立法的问题上，城市人的看法比较保守，仅有不到三成的人赞成，七成的人表示反对，这个数字比美国略高，但低于中国香港。中国城市居民中支持同性婚姻的人占 27%，高出香港 10 个百分点。与尊重和宽容同性恋相关的因素包括年轻、职业地位高、未婚、收入高、教育程度高、家庭地位高、城市规模大等。相反，年龄大、职业地位低、已婚、教育程度低、家庭地位低以及城市规模小等与对同性恋的不宽容和歧视态度联系在一起。④

此外，有研究比较了 2000 年与 2010 年大学生对同性恋态度的认知变

---

① 董晓莹、方刚：“同性恋伴侣分手暴力的质性研究.”《中国性科学》，2015 年第 10 期。

② 唐魁玉、张晔：“‘同妻’社会适应问题的虚拟社会人类学分析.”《黑龙江社会科学》，2013 年第 6 期。

③ 刘冬、唐魁玉：“同妻群体的虚拟互动实践研究.”《江汉学术》，2014 年第 5 期。此外，关于同妻问题的论述还可参见邢飞：《中国“同妻”生存调查报告》，成都：成都时代出版社，2012 年。

④ 李银河：“公众对同性恋的态度.”《社区》，2008 年第 8 期。

化，结果表明随着同性恋在我国的非罪化和非病理化，大学生肯定同性恋是“少数人的正常行为”的比例明显上升。① 也有研究区分了对待同性恋的外显态度与内隐态度，内隐态度不受外在压力的影响，且具有跨时空的稳定性，它与外显态度之间存在差异，因此不能排除人们对同性恋存在刻板印象与偏见。② 同性恋者的公众态度感知存在性别差异，男同性恋者比女同性恋者更加消极，并且性关系中“从属者”的孤独感要强于“支配者”，公众态度感知对已出柜同性恋者孤独感的影响要显著大于未出柜者。③ 最后，同性恋者自我概念的清晰度会在同性恋者内化“恐同症”与抑郁之间起到调节作用，自我概念的清晰程度可以缓冲内化“恐同症”对抑郁的影响。④

## 八、其他的研究

目前国内关于同性恋的研究继续朝着深入、细化的方向发展。尽管仍有研究关注同性恋成因，诸如遗传、生物神经、发育及内分泌以及社会心理等因素，⑤ 但更多的研究转向关注同性恋文化。童戈以男男性行为及其活动产生的俚语为标本，探讨历史、文化和社会转型因素的影响以及由此形成的语境状态。中国古代对“顽童”“娈童”“娈臣”“嬖臣”等称谓体现出男男性关系双方的社会身份、人格等级、性权力以及性义务等。20世纪50年代中期以前，男男性行为及其活动没有被贴上意识形态、政治和阶级的标签，因此也没有发生过法律的普遍惩治和道德的严厉批判。“分桃”“断袖”“泣鱼”等称谓指向双向存在的性和情感，它们强调男男性关系中深层次的情感，而不是表面的性。另外一些俚语俗称，如“契兄”“契弟”“兔子”“相公”“小官”“飘飘”“屁精”“同单”等，体现出世俗社会对

① 胡珍、吴银涛：“新世纪中国大学生同性恋状况的变化——基于他人认知和本人态度行为的比较研究.”《中国青年研究》，2013年第3期。

② 刘婉娜等：“大学生对同性恋内隐及外显态度的比较研究.”《中国健康心理学杂志》，2010年第12期。

③ 李黎明、赵必华：“同性恋者的公众态度感知对孤独感的影响：出柜状况的调节作用.”《中国临床心理学杂志》，2015年第5期。

④ 李放等：“同性恋者内化同性恋嫌恶与抑郁的关系：自我概念清晰度的中介及调节作用.”《中国临床心理学杂志》，2016年第3期。

⑤ 于茂河、王栩冬：“男性同性恋成因的研究进展.”《中国性科学》，2015年第6期。

男男性行为及其活动反对正统、体现人性的多元文化认同。① 最近，有研究探讨了“同志”这一称谓在语义和语用方面的演变过程，表明受社会背景的影响，语言内部范畴的发展变化最终使“同志”的语义发生扩展或变迁，它由最初的具体人群称谓获得了更抽象和一般性的意义，其语义在非范畴化的过程中演化为“同性恋者”。② 也有研究对“基友”这一称谓的认同和泛化现象进行分析，认为该称谓的泛用不仅是同性恋社群不断抗争而逐渐“去污名化”的结果，也是新兴网络亚文化群体获取身份认同的需要。③

另一个新兴的主题是关于同性恋空间的演化与变迁研究。我国同性恋空间发生了从传统性公共空间、商业性公共空间到政治权利公共空间的转变，这种空间变化在同性恋身份认同、社会交往和权利意识觉醒中具有重要作用。④ 魏伟和富晓星以空间—文化为主线，探讨同性恋与城市空间两者之间的关系以及这种关系在当代中国城市化进程中的演变过程。他们比较了成都与沈阳同性恋公共空间的生产，强调本土文化的深刻影响，并借此批判性地反思西方“同性恋聚居区”模式在中国情境下的适用性。⑤ 富晓星对沈阳同性恋社群的研究也突出了空间分布和文化生产。⑥ 与空间问题相关的是关于同性恋社区的讨论。童戈、郭雅琦认为除了“同志网站”和以艾滋病预防为核心的“同志社群志愿者”初步形成同性恋社区之外，其他同性恋社群活动方式还不能被视为社区，他们认为这对于借鉴国外针对公开或半公开的同性恋社区开展艾滋病行为

---

① 童戈：“男男性活动的俚语俗称：折映和分划社会解构的多元性文化状态的鲜活标本.”潘绥铭编：《中国“性”研究的起点与使命》，高雄：万有出版社，2005年。

② 程丽霞、寇芸：“基于语料库探究‘同志’的历时演变.”《海南师范大学学报（社会科学版）》，2015年第4期。

③ 黄君、周云水：“‘基友’称谓认同与泛化：网络时代性别文化变迁研究.”《思想战线》，2015年第4期。

④ 边防：“‘酷儿地理学’视角下中国同性恋空间演化与变迁研究.”《中国性科学》，2015年第3期。

⑤ 魏伟、富晓星：“城市、空间和同性恋——中国本土经验以及区域差异.”《青年研究》，2013年第1期。

⑥ 富晓星：“男同性恋群体的城市空间分布及文化生产：以沈阳为例.”《工程研究》，2010年第1期。富晓星：“市场经济、空间演变与性：东北男同性恋群体的人类学观察（1980~2010）.”《开放时代》，2012年第4期。富晓星：《空间—文化—表演：东北A市男同性恋群体的人类学观察》，北京：光明日报出版社，2012。

干预的方法具有重要意义。①

关于同性恋的理论研究也得到进一步的发展，如富晓星勾勒出20世纪初以来人类学关于同性恋研究的理论轨迹，即从最初的本质主义视角逐渐转向文化研究和建构主义，而酷儿理论的兴起则为同性恋研究提供了新的批判性视野。② 荣维毅以人权和社会性别理论为分析工具，尝试建立性取向/同性恋歧视的研究框架，探讨同性恋歧视的根源与对策。③他认为针对同性恋的歧视是制度性的，它被掩盖在"客观""中立"的政策法规里；另一种是非故意的歧视，如许多父母潜意识地无法接受子女的同性恋取向。性本身并不存在性别和性取向歧视，但当它被理解为生理性别或社会性别时，文化解释和性别制度就产生了性取向歧视的可能性。

公共媒体中的同性恋呈现也是同性恋研究的重要议题。例如，杨天华对2000年至2006年间有关同性恋议题的报道进行了全面的内容分析，从主体内容、态度立场和消息来源等方面考察媒体报道同性恋议题时采取的策略。④ 媒体通常使用贴标签、误用概念、刻意丑化等手段对同性恋群体采取污名化实践。它抹杀个体和群体间差异，将同性恋者概化为具有某些特征的对象，从而塑造同性恋群体僵化的刻板印象。媒体的这种形象建构和话语实践影响着同性恋定义、同性恋者的社会身份、与其他社群之间的关系、社会规范的性意识以及公众认知等。媒体对待同性恋社群的态度由最初的避之不及到如今的主动再现，这一方面赋予同性恋社群一定的社会可见度和权益表达渠道，另一方面也在不断地操控与强化同性恋污名。

---

① 童戈、郭雅琦："同性恋人群的性状态."潘绥铭编：《中国"性"研究的起点与使命》，高雄：万有出版社，2005年。

② 富晓星："疾病、文化抑或其他？——同性恋研究的人类学视角."《社会科学》，2012年第2期。

③ 荣维毅："同性恋歧视根源及对策——人权框架和社会性别视角分析."潘绥铭编：《中国"性"研究的起点与使命》，高雄：万有出版社，2005年。

④ 杨天华："同性恋群体的媒介形象建构——中国内地传统媒体同性恋议题报道研究."黄盈盈、潘绥铭主编：《中国性研究》，高雄：万有出版社，2007年。

## 九、总结与讨论

从以上文献回顾来看，国内同性恋研究涉足的议题越来越深入和细化，并且抱着猎奇、偏见、污名、病理化或罪化的态度与立场越来越少，大多数研究秉持中立、客观的立场以反映同性恋社群的生存现状。总体而言，同性恋研究趋于良性的发展势态，但同时它也存在一些缺憾。

首先，不少研究是基于地方的、零散的经验研究。定量分析大多是描述性的统计，缺乏因果关系的统计模型，而且重复性较高，反复得出雷同的结论，诸如：同性恋者的学历较高、家庭离异、首次性行为对同性恋关系有影响、多性伴以及存在心理问题等。这些结果或是为了验证原本就值得商榷的预设，或是以偏概全。其次，对同性恋认知较为隐性的盲点是不少人仍然凭借某些案例探讨其成因，而且对同性恋的阐释局限于以医学为核心的“性科学”话语体系，使同性恋活动成为“解剖标本”。[①] 这涉及的并非个案、定性研究是否具有代表性的方法论问题，而是研究方向和认知问题。自美国精神病学协会于 1973 年将同性恋从精神疾病分类里删除后，西方国家同性恋研究的焦点早已不再是其病理学机制。[②] 而本质主义与建构主义的争论已经进行了上百年而没有定论，现在基本处于搁置争议的状态。再次，缺乏本土特色的理论建构，不少研究不自觉地成为中国语境下对西方同性恋理论的经验表述、附和或验证。最后，较多关注同性恋个体的行为、认知与感受，较少关注结构性议题。

因此，有些议题仍存在进一步深入研究的空间。例如，关于同性恋性关系模式、亚文化及其反思，同性恋者采取不同的性行为方式，但它并不一定产生角色认同问题。[③] 李银河曾认为，同性恋行为中主动、被动两种角色与性别角色认同中的男性、女性这两种角色之间有区分，男同性恋者的性行为方式与男异性恋者不同，但在性别角色认同方面无明显差异。[④]

---

① 童戈：“男男性活动的俚语俗称：折映和分划社会解构的多元性文化状态的鲜活标本.”潘绥铭编：《中国“性”研究的起点与使命》，高雄：万有出版社，2005 年。

② 刘俊、张进辅：“同性恋认同发展的理论模型述评.”《心理科学进展》，2009 年第 2 期。

③ 李银河、王小波：《他们的世界——中国男同性恋群落透视》，太原：山西人民出版社，1992，第 36 页。

④ 李银河：《同性恋亚文化》，北京：中国友谊出版公司，2002 年，第 164 页。

总之，同性恋者的性角色和性别角色是一个复杂的话题。同性恋性关系模式及其对传统性/别关系的挑战是另一个重要的议题，中国情境下的同性恋者是否创造了新的关系模式？同性恋社群是否对异性恋关系、婚姻模式、伦理观念甚至社会结构造成了冲击？它是对传统异性恋文化的颠覆和反叛？抑或中国情境下的同性恋者可能产生自我异化，其性行为与文化深受异性恋制度的规训？现实生活中，很多同性恋者的生活以异性恋为模本，自觉不自觉地接受主流社会规范的影响。也就是说，虽然同性恋冲击了传统性别界限，但它是否真正超越了既有的异性恋规范仍是值得深入探讨的问题。

还有一个问题是关于同性恋社群的抗争。尽管中国同性恋社群的自我权益意识明显改善，社会可见度显著提高，但是除了少数参与、领导同性恋组织的活动家之外，大多数普通同性恋者仍处于孤立、自我隔绝的境地，这种分散状态不利于组织化的抗争。由于个体的高度隐匿和原子化式存在，同性恋社群难以形成集体认同感，更难以产生集体行动和社会运动。如果同性恋社群确实存在如活动家所称的“社会运动”，那么这种运动和抗争方式是怎样的？例如，“同性恋社区”的建构有助于强化同性恋者的我群意识并形成利益群体，那么可以将它视为抗争过程中的一种必要的策略。

最后涉及宏观的结构性议题。同性之间的性关系突显出公民与社会、个人行为与社会结构之间的关系。中国家庭结构的反哺模式使普通家庭难以接受子女的同性恋性取向，这也是为何公众相对容易接受同性恋名人的原因，因为较高的经济收入和社会地位可以使同性恋者少受异性恋规范的束缚。中国社会对同性恋的态度较西方国家宽容，鲜有残酷迫害同性恋的记录，但为何在同性婚姻立法的问题上迟迟未能向前跨一步？许多同性恋者对同性婚姻权益态度漠然，反而寄希望于异性恋婚姻改变自己的生存处境，由此产生的同直婚与形式婚姻现象是当前同性恋研究的重要议题。①

① 形式婚姻是男女同性恋者双方在相互知悉性取向的基础上结成合法婚姻，其目的是为了应对家庭和社会加诸的压力。同直婚与形式婚姻是同性恋者在无法应对周围压力又不愿意公开性身份情况下的权宜之计。

# 第二章　同性恋理论：争论与发展

## 同性恋研究的范式之争：本质主义与建构主义

在西方同性恋研究史上，性学、心理学、生物学以及社会科学等先后介入这个复杂的领域。早期的同性恋研究者主要是心理学家与精神病学家，他们的著作构成了19世纪日益增长的对性进行社会控制的重要组成部分。① 到了19、20世纪之交，关于同性恋的理论主要是先天决定论和心理发展模型。理查德·克拉夫特·埃宾（Richard von Krafft-Ebing）、马格努斯·赫希菲尔德（Magnus Hirschfeld）、卡尔·海因里希·乌利齐（Karl Heinrich Ulrich）、卡尔·韦斯特法尔（Carl Westphal）、哈夫洛克·埃利斯以及爱德华·卡彭特等性学家大多从性别倒错的角度探讨同性恋，认为它是先天决定的。弗洛伊德则从内在精神发展的角度解释个体性别对象的选择，认为同性恋是个体无法解决俄狄浦斯情结所导致的。② 大体而言，西方社会关于同性恋的观念是19世纪晚期的产物，当性学、心理学确立起权威与秩序之守护者的地位时，作为“性变态”的同性恋之诞生既是必要

① Dennis Altman. “Taking Gay Studies Seriously.” *The Australian Quarterly*, Vol. 58, No. 1, 1986, p. 88.

② Christian Klesse. “Polyamory: Intimate Practice, Identity or Sexual Orientation?” *Sexualities*, Vol. 17, No. 1/2, 2014, p. 84.

的，也是无可避免的。[①] 而作为一种“自然状态”的异性恋也是在这种性病理学的话语中逐渐确立的。

随着西方社会政治环境的变化，人们对同性恋生活方式的研究逐渐取代了对同性恋病理性成因的探讨。[②] 20 世纪 60、70 年代，美国的同性恋运动深受民权运动的鼓舞，同性恋活动家借鉴“族群模型”争取和改善自身的生存权益。同性恋运动深刻地改变了世人对性的认知，它使人们重新审视由性别、种族和性取向等分类范畴建构起来的社会生活。与此同时，性、性别和性取向等不再被想当然地认为是生物性的自然法则，它们也是政治和文化的建构。这种观念的变革不仅形塑同性恋个体的身份认同，也影响同性恋共同体的赋权与解放。[③]

一直以来，本质主义与建构主义是同性恋研究的两大基本范式，两者之间的争论几乎伴随着整个同性恋研究的历程。即使在今天，不同研究取向的学者仍站在本质主义或建构主义的立场上进行辩护。本文主要论述同性恋研究中本质主义与建构主义的核心观点，在此基础上将两者进行比照，并探讨这两种基本的范式立场与同性恋权益之间的关联。

## 一、本质主义的观点

本质主义的基本观点认为，本质（essence）由自然（nature）生成。现实世界存在某种内在的真相、本质或深层结构，或者说，存在由自然统一规定的基本类型，这些类型与范畴是自然秩序之反映。性态是稳定一致的实体，性体验、意义和性主体的根本要素是个体内在的，具有稳固性与连续性，并伴随着个体终生。个体偏爱的性对象的性别/生殖器是其性认同的最显著标志，构成个体身份和社会文化差异的也是超越历史的本质性因素。

性取向是一种不可化约的自然事实，它根源于非历史文化的要素，是

---

① Don Mager. “Gay Theories of Gender Role Deviance.” *SubStance*, Vol. 14, No. 1, 1985, p. 39.

② Paula C. Rust. “‘Coming out’ in the Age of Social Constructionism: Sexual Identity Formation among Lesbian and Bisexual Women.” *Gender and Society*, Vol. 7, No. 1. 1993, p. 50.

③ Morris B. Kaplan. “Constructing Lesbian and Gay Rights and Liberation.” *Virginia Law Review*, Vol. 79, No. 7, 1993, pp. 1877-1902.

先天决定而非后天的选择。本质主义通常以基因遗传、孕期荷尔蒙水平、下丘脑结构差异与脑组织等生物学特征或某种形式的内在精神解释同性恋成因。在本质主义看来，性取向是非关系性的属性，尽管其表达方式有赖于历史与文化，但它基本上独立于个体所处的社会环境，与其他人或事物无甚关联。人类有且仅有两种类型的性取向，即同性恋与异性恋。这种二元分类是分离的、非连续性的范畴，不同性态之间不能发生真正意义上的转换。① 总之，本质主义认为性取向是真实的、本质化的存在，它是被预先决定的，并存在于任何历史和文化时期，当代纽约的格林尼治村犹如古希腊的雅典。同时，性身份也是一种根深蒂固的基本属性和与生俱来的个体特征，它根植于生物机制，不受个体所处的社会历史形塑。在本质主义提出的性分类系统中，性身份具有明晰的边界和定义，任何人必须被归类为同性恋—异性恋这种非此即彼的性身份。

本质主义的观点在19世纪的性学家那里表现得较为显著，当时的不少性学家认为同性恋是非自然的或病理性的状态，他们常从心理或生理上寻找产生同性恋的原因。例如，马格努斯·赫希菲尔德曾提出*Uranisn*（das Urning）的概念，这是一种第三性或双性人的思想，即“男人身女人心”或“女人身男人心”。男同性恋者具有“女人心”，他们遵循着本性而以男性作为性对象，男同性恋者也因此显得柔弱娇气，并有异装癖。在他们的天性里，女性行为显得更加自然。这种观念实质上是将跨性别行为与同性恋欲望相等同，但它又不同于现代意义上的雌雄同体理论。② 值得注意的是，赫希菲尔德并不认为同性恋者是无法适应异性恋规范的结果，因为就其实质而言，他们仍然遵循着传统的性别角色。而理查德·克拉夫特·埃宾则区分了两种不同的同性恋形式及应对措施，他认为，由于道德观念薄弱而产生的性变态应施以严厉惩戒，而由于生物学因素先天决定的变态应该进行心理治疗。这其实是关于同性恋性取向是先天决定的还是后天选择的较早表述形式。

弗洛伊德强调某种独立于社会结构的固有性冲动，这种性冲动具有跨

---

① C. Lynn Carr. “Cognitive Scripting and Sexual Identification: Essentialism, Anarchism, and Constructionism.” *Symbolic Interaction*, Vol. 22, No. 1, 1999, p. 4.

② Don Mager. “Gay Theories of Gender Role Deviance.” *SubStance*, Vol. 14, No. 1, 1985, p. 35.

越时空与文化的稳定性。在弗洛伊德看来，无法用解剖学事实来代替心理学问题，因此，“心理性的阴阳人假设”无法成立。他将“性变态”定义为这样一些活动：第一，在解剖学的意义上，它们扩展到了身体用于性交的区域之外；第二，它们流连于与性对象的中间性关系，而在正常情况下会很快越过这些关系实现最终的性目标。[①] 弗洛伊德认为，与男孩进行“娈童”性爱的根源在于“它很像与女性进行的类似行为”。[②] 在弗洛伊德生活的年代，除了以病理学的态度对待同性恋现象之外，已经出现了大量跨文化的人类学研究。事实上，弗洛伊德并不认为性取向是由某种单一的因素决定，但他承认尚不清楚同性恋取向的作用机制：

> 一个人最终的性倾向在青春期以前是不确定的，它是多种因素共同作用的结果，我们还不了解所有这些因素；有些是天生的，有些是偶然的。无疑，这些因素之中的某一些特别显著，具有压倒性的影响。但是总的来说，人类性倾向的复杂多样反映出了其确定因素的多重性。[③]

弗洛伊德随即指出，在同性恋者身上，“远古的体质和原始的精神机制占了明显的优势”。他还将性本能的压抑与现代文明联系起来，认为神经官能症根源于性本能，同性恋者的性能中存在一种“文明升华的特殊能力”。[④]

在关于性身份是如何形成的问题上，本质主义通常持阶段论的立场，它的核心观点是：性身份是个体发现真实性取向后的自然结果。性身份的形成过程包括若干阶段，比较典型的诸如敏感化（发现自己是同性恋者的某些证据）、内化/接受、身份公开以及整合等，也即从最初的怀疑、自我标签和定义到最终确立同性恋关系，并形成同性恋共同体。阶段论一般呈

---

① 西格蒙德·弗洛伊德：《性欲三论》，赵蕾、宋景堂译，北京：国际文化出版公司，2000年，第16页。

② 西格蒙德·弗洛伊德：《性欲三论》，赵蕾、宋景堂译，北京：国际文化出版公司，2000年，第18页。

③ 西格蒙德·弗洛伊德：《性欲三论》，赵蕾、宋景堂译，北京：国际文化出版公司，2000年，第11页脚注。

④ 西格蒙德·弗洛伊德：《性欲三论》，赵蕾、宋景堂译，北京：国际文化出版公司，2000年，第227页。

线性演化，同性恋身份的形成是个体逐渐意识到自己潜在性取向的过程。也就是说，存在着某种真实的同性恋取向和本质，它等待着个体有朝一日去认领。一旦个体的同性恋取向得到确认，其结果便是产生稳固的性身份，并最终将这种身份整合到个体自我的组成部分，身心健康的同性恋者应该充分接受他的性身份。早期的心理学家尤为偏爱阶段论模型，因为它能协助预测、阐述并规范化“同性恋”这种污名化身份的共同经验。①

大体而言，本质主义包含四种不同的形态，即生物决定论（“天生如此”）、同性恋经验的跨历史与文化的连续性、精神分析学（诸如内在双性恋或力比多的解释）以及固定或统一的性身份。② 概而言之，与本质主义相关的特征包括自然、稳定、范畴与边界明晰以及类别构成的恒定性等。在社会意义上，本质主义至少具有两个功能：一是作为因果力或解释力，即将某种实体的本质用于解释其行为特征；二是作为分类基础，即“本质属性”成为对实体进行分类和身份鉴别的标准。③

本质主义招致很多批评，尤其是它忽略文化历史的维度，无视性取向与性身份的复杂性，而关于性身份形成的阶段论模型过度简化了人类经验的多元性。很多学者认为，自我身份的变化并非不成熟的标志，它是个体对不断变迁的社会环境做出的必要反应。对此，不能用“进步”或“倒退”进行评判。性身份的形成过程并不是按照某种可明确预期的阶段论或线性模型进行的，它是与内化的异性恋主义进行斗争的过程，个体可能跳跃某些步骤，甚至（暂时）退回到原先的阶段。在现实生活中，个体的生命经验远比简化模型复杂，而且在不同的个体之间，身份形成的时间与顺序存在巨大的差异。此外，本质主义还被视为异性恋社会遏制同性恋的新殖民主义策略，它对支配、控制采取简单化或普遍化的假定，或基于某种集体性身份形式不加批判地设想抵抗的可能性。④

---

① S. R. McCarn & R. E. Fassinger. “Revisioning Sexual Minority Identity Formation: A New Model of Lesbian Identity and Its Implications for Counseling and Research.” *The Counseling Psychologist*, Vol. 24, No. 3, 1996, p. 508.

② Scott Bravmann. “Invented Traditions: Take One on the Lesbian and Gay Past.” *NWSA Journal*, Vol. 3, No. 1, 1991, p. 82.

③ Charlotte Witt. “Anti-Essentialism in Feminist Theory.” *Philosophical Topics*, Vol. 23, No. 2, 1995, p. 321.

④ Edward Fischer. “Cultural Logic and Maya Identity: Rethinking Constructivism and Essentialism.” *Current Anthropology*, Vol. 40, No. 4, 1999, p. 473.

随着当代生物科技的迅猛发展，关于性取向的生物学解释仍然在继续，它主要关注基因、脑结构、荷尔蒙以及某些普遍性的心理特征或这些因素之间的结合。然而，对于生产与维持某种本质主义的类型结构而言，重要的是在范畴本质（category essence）与其可观察的表征之间确立因果联系。① 但本质主义一直无法以科学的方式建立这种联系。例如，有研究认为性取向以心理认知系统为基础，人类的这种认知系统位于大脑，但目前尚不清楚它具体的发生机制。近年来，有学者指出本质主义是一种程度化问题。也就是说，在本质主义的阶序等级中，特定要素的普遍性、可变性在不同的文化、社会里存在差异，它们的本质化程度也有所不同。最具本质性的类别特征包括性别、种族、年龄、性取向和体质等，而兴趣、政治、信仰和阶级等则是本质化程度较弱的特征。② 这种本质主义将连续统思想带入分类范畴，在一定程度上淡化了原先僵硬、非连续性的并且是彼此对立排斥的分析范式。

## 二、建构主义的观点

建构主义探索知识的起源和意义制造的过程，尤为关注人们如何解释经验和描述他们的生活世界。1966 年，彼得·伯格与托马斯·卢克曼出版的《现实的社会构建》（*The Social Construction of Reality*）一书被公认为建构主义的标志性著作。法兰克福学派、福柯的研究、文学理论、女性主义、知识社会学以及科学的社会研究等都为建构主义的发展奠定了思想基础。与经验主义不同，建构主义强调理论建构而非经验传统的首要性，认为没有理论视角无法进行经验观察。在建构主义的视野下，思维被重构为修辞行为，记忆成为社会产物，而情感行动则是具有文化特殊性的关系场域之构成。③ 建构主义认为，理解现实可以有多重方式，从阐释学的角度而言，并不存在真正的、单一的实在。人的身体是文化用来悬挂意义的框

---

① Deborah A. Prentice and Dale T. Miller. "Psychological Essentialism of Human Categories." *Current Directions in Psychological Science*, Vol. 16, No. 4, 2007, p. 205.

② Deborah A. Prentice and Dale T. Miller. "Psychological Essentialism of Human Categories." *Current Directions in Psychological Science*, Vol. 16, No. 4, 2007, pp. 202-203.

③ David Middleton & Steven D. Brown. *The Social Psychology of Experience: Studies in Remembering and Forgetting*. London: Sage, 2005.

架或脚手架，个体对现实的理解是社会互动之结果。同时，个体建构现实的方式也会影响他人对现实的建构。① 个体通过互动将身份嵌入社会结构，而这些社会互动又将随着时空的不同而发生改变。个体与集体身份通过复杂的政治、文化和物质等因素及其交互作用而形成，这些影响因素也具有历史特殊性，并处于不断变化之中。②

建构主义反对原生主义（primordialism）、自然主义和本质主义，认为不存在真实的本质，现实是社会性地建构的。文化并非静止、同质、纯粹或非政治性的。③ 社会赋予性以意义，并使之高度组织化。性态并非人类生活的普遍特征，行动者通过受文化限制的各种性象征来建构其意义。在不同的文化以及同一文化的不同历史时期，性的意义不尽相同，特定的历史文化对应着特定的性认同。性取向是关系性的和非客观的，它依附于文化，是社会文化设置的结果。也即，性取向受社会形塑、视情境而定，是个体掌控其生活世界、意义和欲望过程中产生的特质。④ 简而言之，同性恋是独特的文化、语言以及制度发展之产物。建构主义反对跨历史和文化的性观念，不同文化的同性性行为具有不同的含义，并指向不同的身份。"性态""性欲"和"同性恋"等词汇并非客观的描述，而是阐释性话语，这些现实的分类模式发挥着维护性特权和性秩序的功能。激进的建构主义甚至认为性欲本身也是社会建构的，而不是个体内在的或自然发生的。

建构主义认为，现代同性恋身份源自西方的工业化和城市化、迅猛的经济发展以及家庭等社会设置的结构性变迁。在制造同性恋的过程中，作为一门科学的性学之诞生发挥着重要的推动作用。到了19世纪晚期，西方国家普遍出现了可辨识的现代同性恋身份，同时出现的还有同性恋与异性恋二元对立的范畴。作为现代性的后果，同性恋身份仅存在于特定的文化时空，其中最明显的是19世纪中后期的欧洲，在此之前类似的实践或选择

---

① Amy Dellinger Page & James R. Peacock. "Negotiating Identities in a Heteronormative Context." *Journal of Homosexuality*, Vol. 60, No. 4, 2013, p. 643.

② Scott Bravmann. "Invented Traditions: Take One on the Lesbian and Gay Past." *NWSA Journal*, Vol. 3, No. 1, 1991, p. 81.

③ Veit Bader. "Culture and identity: Contesting constructivism." *Ethnicities*, Vol. 1, No. 2, 2001, p. 251.

④ Janet E. Halley. "Sexual Orientation and the Politics of Biology: A Critique of the Argument from Immutability." *Stanford Law Review*, Vol. 46, No. 3, 1994, p. 516.

并不会产生这样的特定身份。因此，这种新建构的知识体系不仅仅是一种分类工具，而且还指涉新的欲望类型，并反过来影响个体的自我认知。在建构主义看来，医学定义是为了管控新出现的亚文化而做出的反应。在任何历史时期，特定的社会都不是以统一的方式定义同性恋，而是存在多元的和不断变化的分类模式。建构主义尤为反对性态的二元划分或梯级模型，因为在它看来，性身份是流动的，并随着个体与社会结构之间的互动、对生命事件的感知而发生变化。同性恋是一种主体间性的行为，个体通过类型化和比较，在社会情境中定义自我的性身份。因此，同性恋身份的形成是个体与社会环境之间持续进行双向互动的结果。① 总之，在建构主义看来，同性恋是个体的一种存在方式，它是选择性的社会角色和性偏好，并深刻地影响着人们的生活与生存意义。

建构主义并不是统一的流派，它的涵盖范围非常广泛，包括不同的学科及其分支。在广义的社会学领域，建构主义的理论取向至少包括历史主义、符号互动论、常人方法学和唯物主义女性主义（Materialist feminism）等，它们的核心分析概念是偶然性、意义、互动和社会结构等。② 建构主义受阿尔弗雷德·金赛性学研究的启发颇深，金赛认为“同性恋—异性恋”不是对立的两极，而是性连续统的两端。越轨社会学的标签理论认为，个体被他人定义为越轨者，他们占据着社会赋予的各种意义，并不断自我建构和管理污名身份。约翰·盖格农和威廉·西蒙的性脚本理论指出，社会对性行为的影响主要作用于三个不同的层次，即个体内心、人际间以及文化。性脚本是嵌入在社会设置中的指令，它规定了发生性行为的对象、时间、地点甚至具体行为等。性脚本理论主要用于描述和解释特定亚文化和社会场域里性行为的模式变化，但很少被用于研究身份。③ 生命历程理论也支持建构主义的观点，表明个体的性行为会因生命经历和社会期待而发生改变。在福柯的影响下，建构主义认为知识与权力暧昧地纠缠在一起，社会范畴/类别或社会身份可以成为非正当性权力的工具和压迫

① Janna Horowitz & Michael Newcomb. “A Multidimensional Approach to Homosexual Identity.” *Journal of Homosexuality*, Vol. 42, No. 2, 2001, p. 1.

② Chris Brickell. “The Sociological Construction of Gender and Sexuality.” *The Sociological Review*, Vol. 54, No. 1, 2006, pp. 87-113.

③ C. Lynn Carr. “Cognitive Scripting and Sexual Identification: Essentialism, Anarchism, and Constructionism.” *Symbolic Interaction*, Vol. 22, No. 1, 1999, p. 2.

性束缚的根源之一。①

无疑，建构主义为理解性态、性关系以及性主体提供了新的认知框架，也改变了人们对性身份、性政治以及性史的科学理解。概而言之，在话语、认识论和本体论三个层面上，建构主义认为，在某个特定的历史时期（19世纪）之前，并不存在 *homosexual/homosexuality* 这样的词汇，人们没有关于同性恋或同性爱欲的知识，因此，也根本不存在“同性恋”这种独特的社会类别。同性恋是特定历史进程和社会条件的产物，它并非某种本质，也无法脱离具体的历史和社会背景来谈论某种性身份。也就是说，在19世纪晚期之前，人们无法真正谈论同性恋身份以及它们与社会类别化之间的复杂关系。不仅是同性恋，而且异性恋与性态等亦是历史的发明。建构主义表明，很多“不证自明”的人类特征事实上是社会力量导致的，它进而解构了传统分类图式，并在不同时空或异文化中寻找替代性的分类体系。建构主义揭示出各类“真相”和“信仰”是脆弱的社会建构，排他性的异性恋并不是普遍性的规范，正因如此，它不断地需要人为地进行维护。

建构主义也面临诸多批评，尤其是忽视社会不平等、相对主义以及否认社会实在等。大体而言，建构主义的立场有极端和温和之分。极端的建构主义强调历史、文化和社会条件等宏观因素的建构作用，而没有给个体能动性留下很大的空间。温和的建构主义强调个体及其互动的建构能力，认为个体在身份建构过程中扮演着重要角色。由于成为同性恋是不断学习的过程，这赋予个体在性身份形成进程中发挥更多的能动性，个体能够积极地制造意义、建构身份并进行表达。但是，个体的身份选择及其表达形式受社会制约和文化形塑。温和的建构主义并不反对性取向的生物学阐释，认为个体的感知、内化和同化等经验与生物学因素相互作用、密不可分，但它不将其视为决定性的因素。也就是说，性取向主要不是一种生物学现象。②

---

① Janet E. Halley. “Sexual Orientation and the Politics of Biology: A Critique of the Argument from Immutability.” *Stanford Law Review*, Vol. 46, No. 3, 1994, p. 552.

② William Byne. “Why We Cannot Conclude That Sexual Orientation is Primarily a Biological Phenomenon.” *Journal of Homosexuality*, Vol. 34, No. 1, 1997, p. 74.

## 三、争论的幻象

本质主义认为存在天生的、固有的和不可改变的性态，性取向是人类无法选择的客观属性，它不受历史文化的制约。建构主义认为性身份是在社会中创造、获得并维持的，自我身份是个体对现实进行认知阐释的结果，它是持续进行的过程。建构主义质疑本质化的文化概念，它对既有的规范性社会类别和阶序等级提出挑战，认为从根本上而言，这些设置是任意的、不公平的和不稳固的，性态是社会范畴而非自然范畴。相应地，“异性恋”也是一种人为建构的范畴，而不是自然状态，它服务于父权制意识形态下的核心家庭。作为西方工业社会之发明的同性恋—异性恋并不具有文化普遍性，在不同的性政治中，这些性身份类别具有不同的地方性表述和含义。

简而言之，本质主义强调性取向及其能动性根源于自然，建构主义则认为它根源于社会文化。本质主义经常与保守性的观念相连，诸如发现/揭示、恢复、经验主义、有机体论以及物化、固化等；建构主义则经常与抵抗、差异、革命、解构、进步等相连。[①] 本质主义与建构主义相互纠缠、依附在一起，建构主义需要本质主义方能确立其自身的相对位置，反之亦然。本质主义在方法论上是封闭性的，而建构主义则是开放性的。[②] 本质主义也称“唯实论”，它关注的是实体、本质；建构主义也称“唯名论”，它关注的是范畴、命名和社会形式等。这两者之间的关系也是自然事实与社会事实、遗传决定论与环境决定论之间的关系。但是，环境决定论并不完全等同于建构主义，因为它无法证伪本质主义。[③] 关于本质主义与建构主义在个体性—集体性层面的不同表述可以参见表 2-1。

---

① Chris Bartle. “Gay/Queer Dynamics and the Question of Sexual History and Identity.” *Journal of Homosexuality*, Vol. 62, No. 4, 2015, p. 534.

② Chris Bartle. “Gay/Queer Dynamics and the Question of Sexual History and Identity.” *Journal of Homosexuality*, Vol. 62, No. 4, 2015, p. 535.

③ Edward Stein. “Sexual Orientations, Rights, and the Body: Immutability, Essentialism, and Nativism.” *Social Research*, Vol. 78, No. 2, 2011, p. 637.

**表 2-1 本质主义—建构主义的不同维度**

| | 本质主义 | 建构主义 |
|---|---|---|
| 个体性 | 性取向是一种本质属性，它是个体与生俱来的固有生物本性。 | 性取向是一种选择、品位与生活方式。 |
| 集体性 | 任何社会中个体性取向的构成独立于该社会的设置，尽管其表达方式有赖于该社会的历史与文化。 | 个体的性取向以他生活的社会世界为条件，它是特定历史时期的产物。 |

性取向不是某种纯粹单一的现象，它无法仅用某种因素就可以完全解释得清楚。到目前为止，没有充分的证据表明本质主义是错误的，但是行为遗传学的研究也没有支持同性恋取向是先天决定的、是不可改变之属性等观点。而且很多生物学证据缺乏科学性，无法被重复验证，它们与性取向之间仅存在某种关联性，未能展示某种明确的因果作用机制。因此，建构主义对本质主义继续持批判态度。但是，我们也没有足够的证据能够表明建构主义比本质主义更具优势。关于性取向的形成与作用机制仍有待进一步地深入研究。早期的性学家也没有在先天与后天的因素之间作截然二分。例如，弗洛伊德关于童年期的俄狄浦斯情结导致同性恋取向的学说其实很难被完全归类为本质主义，但他的思想也不是纯粹的后天说。弗洛伊德认为：

> 在孩提时代、原始社会和早期的历史阶段当中那种不分性别的对象选择——即对男性对象和女性对象自由选择——正是本来的基础。在这个基础上，由于对这种或那种倾向的限制，才形成了正常的和倒错的类型。所以，从精神分析学的观点看，为什么男人只应该对女人有兴趣，这也是一个需要研究的问题，而不是一个归根结底基于化学性质的不证自明的事实。①

在这里，弗洛伊德质疑了异性恋的合法性，认为性本能和性目标是被

① 西格蒙德·弗洛伊德：《性欲三论》，赵蕾、宋景堂译，北京：国际文化出版公司，2000年，第11页。

我们人为地联系在一起的，这一点经常容易被忽略，因为在正常人身上，性本能和性对象是统一的，对象似乎构成了本能的一部分。同时，他又认为，男同性恋者“最基本的特征似乎是自恋对象选择在发挥作用，以及对肛门快感区的持续使用”，“性本能本身很可能是独立于其对象的，它的起源也不可能是由于其对象的吸引力”。[①] 性本能还受厌恶感、羞耻心和道德感等外部因素压制，而这些都是由历史的积淀形成的。在弗洛伊德看来，恶心、厌恶感等是一种限制性目标的力量，正是因为厌恶才把这种性目标视为性变态的现象。

在长期相持不下的情况下，不少学者对本质主义—建构主义之争采取搁置争议或折中的态度。很多建构主义者并不否定生物学因素对性身份的形塑作用，认为它无疑影响性的表达形式。而有些本质主义者也承认环境因素影响生物学潜质，即使个体的智商水平也受后天环境的影响。没有一种人类特质是严格意义上遗传或环境影响的结果，遗传与环境因素共同决定着个体的存在特质。[②] 尽管如此，本质主义与建构主义在性取向的核心或决定性因素方面仍持不同的立场。建构主义者虽然认为性身份同时受社会环境和生物特质（即自然与文化）的影响，但他们更多地强调社会因素而不是生物学归因。也有学者指出，与建构主义相对的并不是本质主义。例如，C. 林恩·卡尔（C. Lynn Carr）认为建构主义采取的是无政府主义与本质主义之间的中间立场，建构主义持“多性观”（polysexuality），它既不同于本质主义的“单性观”（monosexuality），也不同于无政府主义的“乱性观”（omnisensuality）。[③]

随着金赛量表在社会研究领域的广泛运用，它逐渐发展成更为复杂的模型。例如，弗里茨·克莱因（Fritz Klein）提出“克莱因性取向格网式测量”（Klein Sexual Orientation Grid，KSOG），其测量维度整合了性吸引力、性行为、性幻想、情感偏好、社会偏好、自我认同、异

① 西格蒙德·弗洛伊德：《性欲三论》，赵蕾、宋景堂译，北京：国际文化出版公司，2000年，第12、13页。

② Edward Stein. “Sexual Orientations, Rights, and the Body: Immutability, Essentialism, and Nativism.” *Social Research*, Vol. 78, No. 2, 2011, p. 635.

③ C. Lynn Carr. “Cognitive Scripting and Sexual Identification: Essentialism, Anarchism, and Constructionism.” *Symbolic Interaction*, Vol. 22, No. 1, 1999, p. 1-24.

性恋/同性恋生活方式等多重因素。[①] 在克莱因看来，性取向不是某个固定的位置，而是动态的生命历程。也有学者对性取向本身进行了反思，例如：

> 性取向主要并不是一种生物学现象；确切地说，它是一种简略的表达方式，有时甚至是一种欺骗性的方式，它用来指向极其复杂、易变的现象。这种现象涉及自我的经历、我们与世界之间的关系，尤其是我们的人际间关系。[②]

因此，不少学者尝试以更加综合的方式理解性取向，认为它是个体的性吸引、想法、感觉、幻想和行为的集合以及个体对这些要素的阐释。[③] 最近有学者提出“性景观”（sexual landscape）的概念，它涉及个体生命历程、人际间、社会、文化、政治和历史的背景，涵括多重的意识形态、话语、社会设置以及结构关系等，而性吸引的生物潜质则是构成性景观的重要基础。[④] 由于个体之间互为“景观”，并随着不同时点的景观位置发生改变，个体的性感知与性体验也颇为不同；同时，社会运动和历史事件也持续不断地形塑着性景观。由此，“性景观”引入了一种动态的和更具开放性的观念来探讨性取向和性身份。

大体而言，目前学术界关于性取向的研究认为，个体的生物学特质、人际互动、生命历程、社会结构以及政治文化等因素共同形塑着性取向、性身份的形成和发展。这种立场包含了生物和环境的因素，可以被视为是本质主义与建构主义的某种调和。

---

① Fritz Klein. “Are You Sure You're Heterosexual? Or Homosexual? Or Even Bisexual?” *Journal of Bisexuality*, Vol. 14, No. 3/4, 2014, pp. 341-346.

② Terry Stein. “Deconstructing Sexual Orientation: Understanding the Phenomena of Sexual Orientation.” *Journal of Homosexuality*, Vol. 34, No. 1, 1997, p. 85.

③ Liahna E. Gordon and Tony J. Silva. “Inhabiting the Sexual Landscape: Toward an Interpretive Theory of the Development of Sexual Orientation and Identity.” *Journal of Homosexuality*, Vol. 62, No. 4, 2015, pp. 515.

④ Liahna E. Gordon and Tony J. Silva. “Inhabiting the Sexual Landscape: Toward an Interpretive Theory of the Development of Sexual Orientation and Identity.” *Journal of Homosexuality*, Vol. 62, No. 4, 2015, pp. 507.

## 四、范式立场与同性恋权益

本质主义者和建构主义者对同性恋及其权益保障有着不同的态度，但这并不意味着本质主义者一定强烈反对同性恋者，而建构主义者则全力捍卫同性恋者。自19世纪中后期以来，很多性学家、心理学家视同性恋为需要矫治的生理或心理疾病。与这种观念相对应，有些支持同性恋的人士认为，既然同性性吸引是天生的、无意识的和不可改变的天性，那么同性恋者应该得到宽宥与同情，而不是施以道德谴责、心理治疗或身体监禁。例如，赫希菲尔德为了保护同性恋者获得合法权益，曾力倡“天生同性恋者”的观点。在维护同性恋权益方面，这种策略性的本质主义观念一直是有力的辩护手段。因此，20世纪中后期当建构主义日益兴盛之时，本质主义者批评建构主义毁坏了同性恋者作为合法的少数族群的有力证据，使多年来争取同性恋权益的集体努力付诸东流。

通常而言，对同性恋持较为积极态度的异性恋者倾向于认为同性恋是不可改变的，认为这种现象并非是孤立的，而是存在于所有不同的文化和时代。换句话说，认为性取向是个人选择的异性恋者对同性恋的态度可能更为负面。但是，这方面的研究结论并不一致，性偏见与本质主义抑或建构主义的立场之间并没有必然的联系。① 一项针对美国社会学家的调查显示，大多数人认同性取向的本质主义立场，认为生物学倾向与童年期经历共同导致同性恋。② 本质主义强调同性恋是人类之本质属性，然而，这种建立在生物学基础上的同性恋权益并不是一劳永逸的有效政治策略，它不但未能彻底避免同性恋者的污名化，而且关于性取向的生物学机制的研究经常以治疗与预防为导向。在这种情况下，一旦真的发现性取向的某种作用机制，那么对同性恋社群而言很可能是一场空前的灾难。例如，基因工程可能被用于改造个体的性取向。因此，本质主义在捍卫同性恋权益的同

---

① Katherine Hubbard & Peter Hegarty. “Why is the History of Heterosexuality Essential? Beliefs About the History of Sexuality and Their Relationship to Sexual Prejudice.” *Journal of Homosexuality*, Vol. 61, No. 4, 2014, pp. 471-490.

② Michael Engle, et al. “The Attitudes of American Sociologists toward Causal Theories of Male Homosexuality.” *The American Sociologist*, Vol. 37, No. 1, 2006, pp. 68-76.

题上只是一种有限的策略。

由于建构主义过于关注同性恋取向的社会管控，尤其是个体如何自我认同并标签为同性恋者，因此，当涉及道德问题时，尤其是群体权利与个体自主性时，建构主义存在明显的缺陷，它无法捍卫特定的文化权利。①

由此观之，无论是本质主义还是建构主义，它们既可能肯定同性恋，也可能反对同性恋。反同性恋的保守主义者既利用本质主义也利用建构主义，使他们的歧视性政策合法化；而同性恋的支持者也利用本质主义或建构主义进行反驳。本质主义与建构主义的理论话语提供了不同的合法化或罪化的可能性，并成为政治策略的重要构成。大致而言，本质主义者与建构主义者在同性恋权益问题上有四种不同的立场：②

第一，支持同性恋的本质主义。由于同性恋取向是固定不变、定义清晰的，因此应保护他们免遭歧视。这是一种“感知合理性”的免罪策略，即同性恋者本人无法抵制和拒绝自己的性取向，他们不应该为先天性的生物学属性而遭受任何形式的不公正待遇，包括法律制裁或道德谴责，不应该将同性性行为和性关系罪化。这种本质主义也是一种实践策略，宣称惩罚同性恋没有任何益处，它根本无法阻止或带来改变。

第二，支持同性恋的建构主义。无论在个体的生命历程里还是不同的历史时期，一切性取向形式都是可以改变的。因此，关于性取向的社会政策不应该阻碍这种变化。

第三，反对同性恋的本质主义。同性恋取向是定型的、不可改变的，无论就其本身还是表现形式看，同性性行为都是病态，违背社会规范和道德。社会应制定反对同性恋的政策，以表达规范性的价值观和立场，从而及时制止同性恋取向的肆意表达，或对同性恋这种疾病进行诊治。

第四，反对同性恋的建构主义。一方面，由于异性恋取向具有可变性和易塑性，因此，必须通过反对与批评同性恋，使之成为众矢之的，让大多数人意识到同性恋是道德败坏的，从而支持和巩固异性恋规范。另一方面，由于同性恋取向亦是可改变的，成为同性恋是一种（错误的）选择，

---

① Veit Bader. “Culture and identity: Contesting constructivism.” *Ethnicities*, Vol. 1, No. 2, 2001, p. 251.

② Janet E. Halley. “Sexual Orientation and the Politics of Biology: A Critique of the Argument from Immutability.” *Stanford Law Review*, Vol. 46, No. 3, 1994, p. 517-520.

是缺乏自我控制和纵欲的表现。因此，必须反对和歧视同性恋，并促使他们转变成异性恋。宗教和保守人士通常持这种立场，他们谴责同性恋，认为它是一种腐朽、堕落的生活方式。

## 五、总结与讨论

20世纪70年代以来，同性恋身份与主体性成为西方学术界的重要论述对象，同性恋研究也成为生物管控与文化抵抗的重要场域。性取向的生物学模型强调自然特征的首要性，但忽略产生性取向的社会与文化背景。建构主义模型认为历史与文化形塑个体的欲望、亲密关系和主体性，从而试图解构同性恋—异性恋的“自然”分类法。在建构主义看来，个体并非毫无自我意识的有机物和完全受文化操控的玩偶。话语、意义、实践和权力关系等深嵌于社会设置之中，性取向的定义会随着历史文化的不同而发生改变。

事实上，本质主义和建构主义是人们理解性取向的途径之一。人类的性经验极为丰富多彩，它无法进行本质主义抑或建构主义这样的截然二分。因此，对任何以非此即彼的方式对待性取向的态度都应该保持审慎的态度。即使在19世纪中期，有些性学家对性态的认知并不是简单地区分为同性恋与异性恋或变态与正常，他们在性取向问题上没有进行先天与后天的对立划分。① 精神分析学最反对把同性恋者与其他社群分离而视之为特殊的群体。这些早期的性知识创造者们提出了颇为复杂的性分类图式，在他们那里，性态是未分化的，因而更具多元性并充满矛盾。但是，在此后西方科学知识的演进过程中，逐渐确立了二元对立的性话语体系。这种排斥性的分类既限制了其他现实可能性，也自我削弱了人类的认知能力。同性恋—异性恋以及其他形式的二元划分在自然界并不存在，它们是人类为了赋予其自身的行为与欲望以意义而产生的话语体系。同性恋观念建立在性别以及性别角色二元划分之基础上，缺乏了这个二元论，“同性恋—异性恋”这对范畴也将不复存在。而异性恋主义也与性别主义密切相关，在

① Chris Brickell. "Sexology, the Homo/Hetero Binary, and the Complexities of Male Sexual History." *Sexualities*, Vol. 9, No. 4, 2006, p. 424.

父权制的体系下，性别、性取向不仅是二元对立的，而且是阶序等级化的。[1]

人们对现实的理解受制于话语体系，诸如性取向、性身份和性别等范畴是人类认识和理解世界（包括自然与社会）的概念工具。与纷繁复杂、时刻处于不停流变之中的经验事实相比，这些认知工具显得粗陋不堪。因而，在不断通往理解世界、提升自我的人类认知之旅中，概念仅是一些临时搭建的、权宜性的“脚手架”。操弄概念本身并非人类认知之目的，它们更无法取代经验事实本身。随着认知的演进与深化，这些概念应适当地被扬弃或进一步精细化，否则，它们很可能成为人类自我设置的认知禁锢与实践之羁绊。这是通过同性恋研究得出的对人类认知和社会科学研究具有一定普遍意义的反思。

自 20 世纪中后期以来，性类别具有流动性、易变性的观念逐渐流行，有些学者，诸如丹尼斯·奥特曼等，认为真正的同性恋解放应该是每一位社会成员都欣然接受自己多形态的性征，“每一个人既是同性恋者，也是异性恋者”，从而彻底消解两者之间的固有界限。[2] 近些年来，尤其是随着酷儿理论的发展，人们日益认识到传统性话语的局限性。在后现代的性态景观中，人们的性体验更具多元性和不确定性，以至于认为作为 19 世纪末之发明的“现代同性恋”以及相关的 *gay/lesbian/bisexual* 等稳定范畴正在逐渐消失。在这种情况下，同性恋共同体应“去少数族群化”（Deminoritizing），[3] 尤其是摆脱在特定历史条件下的类别化产生的狭隘限制，从而为创造新的认知与实践开辟可能性。

---

① Jeffrey Weeks. “The ‘Homosexual Role’ After 30 Years: An Appreciation of the Work of Mary McIntosh.” *Sexualities*, Vol. 1, No. 2, 1998, p. 141.

② Chris Brickell. “Sexology, the Homo/Hetero Binary, and the Complexities of Male Sexual History.” *Sexualities*, Vol. 9, No. 4, 2006, p. 438.

③ Jeffrey Weeks. “The ‘Homosexual Role’ After 30 Years: An Appreciation of the Work of Mary McIntosh.” *Sexualities*, Vol. 1, No. 2, 1998, p. 148.

# 同性恋理论研究：从标签—互动论、建构主义到酷儿理论

在西方历史上，同性恋曾被视为是罪孽、疾病、罪犯、性放荡和精神机能障碍等。20 世纪 60 年代以来，社会科学家在促使关于性态和同性恋研究的根本性转变方面发挥着重要作用，这种转变的其中一个重要维度是从性取向的原因探求转向性身份政治。“石墙骚乱”以来的同性恋阐释反对将性态自然化为一种生物学的给定事实，拒斥弗洛伊德式的性驱动模型，同时也反对金赛式的对性行为“表格化”的迷恋。作为早先人类学意义上的“他者”和社会学意义上的“局外人”与“陌生人”、违背传统性别角色和规范期待的越轨者，社会研究中的同性恋经历了从“标签”到“角色”再到“酷儿”的转变历程。

在同性恋成为社会科学的合法研究对象的过程中，其重要的前提条件是重新定义同性恋，使它从一种个体病理学问题（医学模型）转变成一种文化建构现象。同性恋认知的心理（精神）范式到文化范式的转变主要归功于社会建构主义。在建构主义者看来，与其描述与怀念同性恋在历史上曾经享有的自由，不如追问这种快感享受后来是如何遭到质疑、产生争议，并以怎样的方式构成道德忧惧和医学凝视的特殊对象。本文试图论述 20 世纪 60 年代以来（尤其是“石墙骚乱”之后）三个不同阶段的同性恋理论：即标签—互动论、建构主义和酷儿理论，这些理论在加深人们关于同性恋现象的理解、改变公众对同性恋的认知、改善同性恋主体的自我认同以及推动现代同性恋解放运动等方面发挥着积极的作用。

## 一、早期的本质主义以及金赛的研究

从性科学的发展历程来看，19 世纪晚期的医学与精神分析学对性学研究中的本质主义产生了极大的影响，这些科学强调生理/解剖结构、精神/心理因素的作用，认为个体早期的家庭经历、荷尔蒙失调以及神经方面的先天性因素是决定性取向与性身份的根本原因。自 19 世纪末以来，有关同

性恋的研究就伴随着先天论和后天论之争，但是在当时的性科学话语的支配下，先天论逐渐占据了支配性地位。[①] 在早期医学权威的规训下，同性恋性取向被认为是一种变态和性欲倒错，是一种疾病，或精神的失常，它可以被科学地“矫正”和“治愈”。在这个时期，人类的性态被普遍理解为是一种生物学的功能，它是进化所必需的，并且这种必要性被内化到社会制度与文化规范之中。在这种意识形态的引导下，某些性态的表达被认为是“自然的”“正常的”，而其他的性态则被视为是“不自然的”“越轨的”。[②] 这便是性态被自然化的方式。本质主义的生物医学观念认为，同性恋的表现形式是固定的，不会随着时间和社会文化的改变而改变，科学研究能够诊断其病理性成因并加以治疗。

在现代同性恋的重新建构过程中，一个重要的事件是 19 世纪末医学专业作为关键性的力量前所未有地介入性领域。医学研究领域的那些颇具影响力的医生，如当时的卡尔·韦斯特法尔和理查德·克拉夫特—埃宾等，掌握着身体与医疗技术的话语权和控制权，从而能够将他们的思想观念、实践加诸其他人。当然，医学对同性恋实践的关注和控制并不是维多利亚时代末期的创造，它甚至可以追溯至公元前 4 世纪《希波克拉底文集》（*Hippocratic Corpus*）的形成时期，这一传统被索拉努斯（Soranus）和凯里乌斯·奥列里亚努斯（Caelius Aurelianus）等人传承下来。它在文艺复兴时期得到复苏，并且经过法医保罗·扎基亚（Paolo Zacchia）重构之后对后世产生了深远的影响。[③] 生物医学的决定论认为同性恋是天生的，它不是一种后天的生活方式的选择，因此，不应该由于无法控制的生物学原因而责备同性恋者。尽管在当时的情形下生物决定论有助于同性恋者争取权利，然而不加反思地接受这种生物学理论却贬低了两个关键性的历史：第一，生物决定论被用于支持种族主义、性别歧视、阶级偏见、族群中心论和异性恋主义，在这些意识形态中，“差异”成为建构一种具有优劣高下之分的价值等级的基础，从而使某些特权合法化或本质化；第二，它使拙

---

① 霭理士：《性心理学》，潘光旦译注，上海：上海三联书店，2006 年，第 197 页。

② Steven Epstein. “A Queer Encounter: Sociology and the Study of Sexuality.” *Sociological Theory*, Vol. 12, No. 2, 1994, p. 189.

③ Manfred Herzer. “Kertbeny and the Nameless Love.” *Journal of Homosexuality*, Vol. 12, No. 1, 1986. pp. 1-26.

劣的科学研究与生物决定论的宣称相联系。[①] 直至今天，仍有不少科学家试图寻找生理差异和行为差异之间的关联性，而忽略了结构层面的宏观—微观进程的复杂性。生物学的解释遭到质疑的另一个原因在于它被认为是国家利用遗传学原理对非主流群体的性行为进行监控的说辞。[②]

在20世纪上半叶的性态研究中，金赛的性学报告对人们的性观念产生了广泛的影响。金赛依据上万个访谈分别于1948和1953年出版了《男性性行为》和《女性性行为》，这些性研究报告表明，在美国所有青春期开始以后的男性中，有相当大比例的人群曾经有过同性性行为。[③] 金赛的另一个重要贡献是提出了“性连续统”的概念，认为同性恋和异性恋的性取向处于同一个连续统上，而不是截然分离和彼此对立的不同类别。金赛的研究有力地挑战了关于性态的“正常—病理”状态的传统观念，破除了对传统精神病学模型的迷信。金赛性学报告增加了同性性行为的社会可见度，但同时它也不可避免地引起了异性恋社会对同性恋的文化恐慌。另一方面，金赛性学报告尽管在很多方面都具有颠覆性，但他的研究主要聚焦于身体与器官，而忽略了行为本身对个体具有的主观意义。在符号互动论者看来，意义是社会互动的突生性产物，性态的社会建构是伯格和卢克曼所说的“现实的社会建构”的一部分。事实上，金赛性研究的意图是要维护既有的社会和性别等级秩序，他的思想含有优生学的残迹，并且也没有撼动男异性恋的统治地位。此外，金赛还暗示在更为自由的环境里，“排他性同性恋者”的比例会有所降低。在方法论上，尽管金赛的研究样本数量庞大，但它却不是基于随机抽样，并不具有能够推论总体的代表性，而且其样本构成过于偏向年轻的、受过教育的美国中西部白人。人们无法验证金赛研究中受访者回答的真实性，也不能确定那些不愿参加普查的人与那些愿意参加者的性生活具有多大程度上的相似性。由于那些道德观念最为传统的人最不愿意参与性调查，因此，金赛的研究很有可能夸大了这一

① Bonnie Spanier. “Biological Determinism and Homosexuality.” *NWSA Journal*, Vol. 7, No. 1, 1995, pp. 54-71.

② 安格斯·麦克拉伦：《二十世纪性史》，黄韬、王彦华译，上海：上海人民出版社，2007年，第348页。

③ 阿尔弗雷德·金赛：《金赛性学报告》，潘绥铭译，海口：海南出版社/三环出版社，2007年，第184页。

时期美国人性行为的越轨程度。[1] 大致而言，有关同性恋的经验调查可能会受这样一些因素的影响，诸如：问卷设计中问题的表述方式；受访者的社会赞许性；访谈者的性别；进行调查的方式（如个人访谈、电话访谈或问卷调查等）；受访者的抽样偏差（如受访者大部分是自愿者）等。[2]

20世纪60、70年代以后，各种新的社会思潮对同性恋的本质主义观念提出了实质性挑战。人们越来越意识到，性是一种充斥着权力、差异和多重认同的领域。性类别既是一种社会事实，也是一种政治事实。性政治包含了关于性的社会阶序以及各种抵制与抗争。本文接下去主要介绍三种同性恋理论，它们也可以被视为同性恋理论的三个发展阶段：标签—互动论、建构主义和酷儿理论。

## 二、标签—互动论

社会学家关于同性恋的话语最早出现于越轨社会学，在该研究领域，同性恋者通常与酗酒者、流浪汉、吸毒者、犯罪分子和精神病患者等相提并论。标签—互动论包含了同性恋研究的标签理论与社会互动论，这两种理论都与越轨社会学有关，并且在运用过程中两者经常结合在一起。20世纪60年代，社会学的越轨理论强烈反对关于同性恋的精神分析话语。当时的标签理论已经对同性恋研究积累了一些成果，它主要以不同的方式表明在历史上围绕着同性经验产生的污名观念如何对这些经验本身产生重大的影响。[3] 标签—互动论的主要代表包括霍华德·贝克尔的越轨理论、玛丽·麦金托什关于同性恋角色的研究、约翰·盖格农和威廉·西蒙的性脚本理论以及肯尼斯·普卢默和欧文·戈夫曼（Erving Goffman）关于社会污名的研究。

标签理论对同性恋的研究可以追溯至1948年的金赛性学报告，金赛认

---

① 理查德·波斯纳：《性与理性》，苏力译，北京：中国政法大学出版社，2002年，第25页。

② 斯潘塞·拉瑟斯等：《性与生活：走近人类性科学》，甄宏丽等译，北京：中国轻工业出版社，2007年，第207页。

③ Kenneth Plummer. "Homosexual Categories: Some Research Problems in the Labeling Perspective of Homosexuality." In *The Making of the Modern Homosexual*, ed. Kenneth Plummer. London: Hutchinson, 1981.

为不应该用“同性恋者”来指称那些同时具有同性恋和异性恋经验的人，这种标签可能产生潜在的危害。1968年，麦金托什在《同性恋角色》这篇具有里程碑意义的论文里，明确运用标签理论探讨同性恋的类别化。麦金托什认为对同性恋成因的探寻反映出范畴谬误，她通过历史举证表明，现代西方意义上的性身份概念是晚近才发展形成的。“同性恋者”在现代社会扮演着一种特殊的社会角色，社会创造出这种特殊的、被污名化的个体是为了保持社会的“纯洁性”。通过这种方式，异性恋社会在允许和禁止的行为之间建构了一种明确的、公开化的和可辨识的界线。[①] 任何人一旦越过这条界线就可能被贴上“越轨者”的标签。互动论者认为，同性恋者是打破常规者，而并非本质上就自带污点和缺陷的个体，他们是被贴上越轨者标签的局外人。在主流社会塑造的刻板印象中，越轨群体经常被视为威胁，它们使异性恋规范与价值处于危险之中。同性恋身份并不完全是通过同性恋行为本身（即标签理论家所称的“初级越轨”）而被创造的，而是通过越轨个体对被贴上的标签做出的反应以及对这种标签类别的内化而产生的（即“次级越轨”）。[②] 概而言之，作为一种社会控制的机制，将个体贴上越轨者标签的社会实践以两种方式进行运作：首先，它在允许和禁止的行为之间划定明确的界限。人们不会轻易地卷入越轨行为，但一旦发生越轨，就会立即触发相应的惩罚机制。其次，标签将越轨者与其他人群相分离，也即越轨实践以及对越轨实践的自我辩护被限制在相对狭隘的群体内。[③] 作为社会控制的技术，人们一旦被贴上某种标签，就可能将越轨行为固定化，并产生本质化的后果。

戈夫曼关于社会污名的研究认为，越轨是正常的现象，主流的社会文化需要不断地制造越轨者和越轨行为来明确规范的界限所在。[④] 从这种意义上而言，任何社会都不可能彻底消除越轨者和越轨行为，社会需要这些

---

① Mary McIntosh. “The Homosexual Role.” *Social Problems*, Vol. 16, No. 2, 1968, pp. 182-192.

② Steven Epstein. “Gay Politics, Ethnic Identity: The Limits of Social Constructionism.” In *Forms of Desire: Sexual Orientation and the Social Constructionist Controversy*, ed. Edward Stein. NY: Garland Publishing, 1990, p. 249.

③ Mary McIntosh. “The Homosexual Role.” *Social Problems*, Vol. 16, No. 2, 1968, pp. 182-192.

④ 欧文·戈夫曼：《污名——受损身份管理札记》，宋立宏译，北京：商务印书馆，2009年，第178页。

规范的对立面来彰显和维持自身的秩序。越轨的范畴会随着时间和空间而发生改变，身份规范在促成遵从行为的同时也产生了越轨行为。总之，“越轨”是一个相对的概念，它是依据不同的参照群体而言的，是多数人对少数人的暴政。同性恋者以难以纳入既有规范的行为集体拒绝了社会规定的秩序，因此，他们在社会结构中处于特殊的位置。在当下社会里，医学污名的退却之处，社会污名却起着关键性的作用。同性恋者需要管理自己未被披露的污名身份，即“伪装”。污名管理使同性恋者过着双重的生活，他们隐藏各种污名迹象、保持角色距离，在各种不同的社会剧场里表演临时性的身份角色，竭力避免暴露“受损的身份”。[①] 肯尼斯·普卢默对社会污名进行了社会学分析，认为标签范式存在两种理论形式，即“标签理论”和“标签视角”。标签理论通常被批评家使用，其核心围绕着两个关键命题：第一，越轨标签的运用与被标签者的行为无关（两者相互独立）。第二，标签产生越轨者和越轨行为。而标签视角通常对各种批判采取辩护的姿态，认为标签并非特殊的理论，而是一种范式转移，其核心包括四个涉及标签和越轨类型的问题：首先，越轨标签的本质是什么？其次，它们是怎样产生的？再次，在什么样的条件下标签与行为相关联？最后，这种标签对个体和更广义的社会产生了什么后果？这些问题可以有很多答案，但是一个潜在的前提是，如果对越轨经验没有充分的理解，那么可能对污名经验的意义缺乏考虑。

除了上述关于同性恋的标签—互动论研究（主要是污名或越轨）之外，盖格农和西蒙提出的“性脚本”理论主要探讨性行为的拟剧性，他们强调性行为的学习、表演和修改之重要性。[②] 在他们看来，性意义、身份和类别等都是主体间协商的社会与历史的产物。这种观点从根本上不同于弗洛伊德式的精神分析学，后者主要讨论力比多的压抑与升华、性冲动或性本能。在越轨社会学里，标签—互动论的研究取向提出了一系列有意义的问题，诸如社会控制机制、污名化过程、标签的自我再生产等。但是，

---

① Kenneth Plummer. “Homosexual Categories: Some Research Problems in the Labeling Perspective of Homosexuality.” In *The Making of the Modern Homosexual*, ed. Kenneth Plummer. London: Hutchinson, 1981.

② John Gagnon and William Simon. *Sexual Conduct: The Social Sources of Human Sexuality*. Chicago: Aldine, 1973.

也有批评者认为，将同性恋局限于“正常/越轨”的框架内，实际上抹杀了性别和性政治的多重向度。[①]

## 三、建构主义

建构主义受到诸多学科和思想发展的影响，[②] 其理论来源主要有三大领域：第一，社会学、哲学领域，主要是社会互动论、标签理论、越轨社会学、女性主义、现象学以及福柯的性话语分析等；[③] 第二，史学领域，主要是关于社会史、劳工研究、妇女史和马克思主义史等研究；第三，人类学领域，主要是象征人类学以及关于性/别（sexuality/gender）的跨文化研究等。可以说，同性恋的建构主义观点成为性学、社会学、人类学和历史学等不同学科的交汇点，它有效地整合了来自不同学科的各种证据。这些不同的学科对同性恋的研究往往相互交叉，彼此之间并没有明确的界限。具体而言，有三种思想直接促使产生了同性恋研究领域的建构主义。第一，20 世纪 60 年代中期，精神病学家伊芙琳·霍克（Evelyn Hooker）发表了一系列论著，有力地推动了研究者从同性恋原因的探求转向行为的解释。霍克采用民族志的研究方法发现，同性恋者的心理症状是社会对同性恋的污名化导致的，他们并不是越轨的根源。在其影响下，人们逐渐不再以个体主义的方法寻求因果解释，而是研究不同的社会如何结构化，甚至制度化同性之间的性态。[④] 第二，人类学研究中的文化与人格学派，其代表人物是露丝·本尼迪克特和玛格丽特·米德等人，她们在田野调查中发现，某些社会能够更加适应和接纳同性恋。人类学的跨文化研究极大地

---

① R. W. Connell. “A very Straight Gay: Masculinity, Homosexual Experience, and the Dynamics of Gender.” *American Sociological Review*, Vol. 57, No. 6, 1992, pp. 735-751.

② Carole Vance. “Anthropology Rediscovers Sexuality: A Theoretical Comment.” *Social Science and Medicine*, Vol. 33, No. 8, 1991, pp. 875-84.

③ 20 世纪 70、80 年代之交，自我认同为同性恋和女性主义的社会学家引领着关于同性恋的社会学研究，其思想主要来自女性主义和批判社会理论。但是在整个 80 年代，社会学领域关于同性恋的研究并没有在同性恋理论的争辩中扮演着重要角色，这是因为社会学家没有批判性地研究性分类，也没有质疑同性恋/异性恋的二元划分作为现代性政权的主要范畴具有的社会功能；此外，社会学家在研究同性恋议题时缺乏历史的视角。参见：Steven Seidman. “Queer-Ing Sociology, Sociologizing Queer Theory: An Introduction.” *Sociological Theory*, Vol. 12, No. 2, 1994, p. 170.

④ Kath Weston. “Lesbian/Gay Studies in the House of Anthropology.” *Annual Review of Anthropology*, Vol. 22, No. 1, 1993, pp. 339-367.

改变了人们关于同性恋的观念，许多零散的关于同性恋的跨文化比较研究共同推动了将同性恋视为一种发生在特定文化场域的、被特定的文化范畴组织化和模式化的现象。人类学家发现了不同文化中各种类型的男男同性关系，例如，基于性别差异（如阳刚与柔弱）、基于年龄差异（如长者与男孩）以及平等主义的同性恋（主要出现在现代都市社会）。这些发现和观点对于重新反思现代西方社会的同性恋类型具有重要价值。第三，福柯关于性史的研究也促进了建构主义的发展，它引起了新的争论，并对同性恋的社会学视角提出了建设性的批评。符号互动论在强调具体的社会互动时常常忽略历史和社会结构，而福柯的研究范畴则更加广泛，它围绕着性和爱欲的形形色色的实践、策略、话语、制度以及具有历史偶然性的知识，并将它们展现在一个权力分散的场域内。通过运用谱系学的方法，福柯拒斥线性的历史演进观，他揭示出性作为一种独特的历史现象具有的不稳定的、多重的和偶然的起源与发展，从而解构了被视为理所当然的真理。① 在福柯看来，性是主体性建构的核心场域，性类别是特定的权力和知识集的产物。性态并非人之本质或自然属性，它是作为一种权力—知识形式在话语内部被创造出来的，并从语言或话语中获得自身的意义。每种社会制度都有一套性话语，也即思考和谈论各种性主体和性表达的方式。而在现代社会里，性却成为主体最重要的身份来源。② 但是，福柯思想中的反实在论和相对主义倾向也招致很多批评。

建构主义的思想并不仅仅是认为个体的性欲望是后天习得的而非与生俱来的，事实上它的内涵远远超越了“自然天赋”与“后天养育”之间的争论。除此之外，它还探讨性欲、性行为和性共同体的意义，挑战关于性的行为、观念与实践的历史或跨文化一致性的观念。建构主义的核心宣称是反对性与社会之间的对立，认为性从根本上是社会的，性类别被理解为社会历史的建构。同性恋经验不是完全一致的现象，它们的意义和社会角色随着历史与文化的不同而不同。也就是说，同性恋关系具有历史与文化的差异性。总之，性是一种社会建构或历史发明，这促使人们挣脱既有的

① Ross Morrow. “Sexuality as Discourse: Beyond Foucault’ s Constructionism.” *ANZJS*, Vol. 31, No. 1, 1995, p. 16.

② Ross Morrow. “Sexuality as Discourse: Beyond Foucault’ s Constructionism.” *ANZJS*, Vol. 31, No. 1, 1995, p. 16.

范畴与边界进行思考，以重构它们的历史。① 社会建构主义强化了这样一种观念，即现实的同性恋身份是通过一系列步骤或阶段而逐步形成的，它是社会标签与自我认同之间互动的结果，从而拒绝使性身份固定化。同时，同性恋作为一种亚文化，它是通过社会化和边界协调而生成的。② 正是由于同性恋是社会历史进程的产物，因此“同性恋”这样的表述并不具有普适性，各种类型的同性恋行为反映出不同社会的价值体系和社会结构。对建构主义者而言，类型和概念（诸如性别、性高潮、同性恋、生殖器、欲望、性违犯者和性反应周期等）型塑着我们对性态的思考方式，这些概念不能被简单地看作是客观有效的，或给予简单的“事实”定义。③ 社会性别角色、亲属和婚姻关系、劳动的性别分化等，这些因素都参与了同性恋的建构过程。

建构主义者认为本质主义是一种不顾史实的论断，尽管在不同的历史里一直可以发现诸如鸡奸之类的与同性恋有某种关联的行为，但是在 19、20 世纪之交才出现同性恋身份和自我意识。④ 建构主义探讨性态的生产、组织及其管控机制，拒绝承认自然的、生物学的性态，而是认为性行为、身份和共同体都是通过社会历史进程获得意义。它视性态为一种动态的属性，因此，只有将其置于具体的社会政治背景和话语中才能真正得以理解。在西方社会里，同性恋以及其他性范畴的出现预示着一种权力策略的转变，即从强调性行为转向强调性人格，从自然行为与变态行为的对立转向自然身份与变态身份的对立。⑤ 总之，在建构主义看来，真正有意义的问题并不在于是否存在一种能区分同性爱欲者与异性爱欲者的生物或心理习性，而是这些“特质”的意义是如何形成的或为什么会如此形成，并区

① 杰弗瑞·威克斯：《20 世纪的性理论和性观念》，宋文伟、侯萍译，南京：江苏人民出版社，2002 年，第 16 页。

② Gilbert Herdt. *Gay Culture in America：Essays From the Field*. Boston：Beacon Press，1992.

③ Leonore Tiefer. “Social Constructionism and the Study of Human Sexuality.” In *Forms of Desire*, ed. Edward Stein. New York：Garland Publishing，Inc，1990，p. 305.

④ Steven Epstein. “A Queer Encounter：Sociology and the Study of Sexuality.” *Sociological Theory*, Vol. 12，No. 2，1994，pp. 188-202.

⑤ Manfred Herzer. “Kertbeny and the Nameless Love.” *Journal of Homosexuality*, Vol. 12，No. 1，1986，pp. 1-26.

分意义边界的社会范畴以及它们对集体观念与个体自我意识产生的影响。[①]

性领域根植于各种意义表达系统，并被社会制度塑造。文化型塑着同性恋行为的表现形式以及关于它的各种竞争性阐释。有些建构主义者甚至认为同性恋和性欲是特定社会的发明，在欧美社会之外没有类似的存在。[②]大多数建构主义者都倾向于认为，直到19世纪末才完成同性恋行为向同性恋角色或人格以及最终向同性恋亚文化的转变。在前资本主义社会里，现代意义上的“同性恋”并非统一的行为，更不是用来定义个体的独特属性。[③] 此外，除了需要理解同性恋观念形成过程的各类机制，诸如法律、医学、宗教、社会污名、正式和非正式的社会规范等，我们也要了解个人和集体对这些分类机制的接纳与反抗。[④]

## 四、酷儿理论及其他性态理论

在整个20世纪80年代，建构主义支配着同性恋研究，到了90年代，它的一些主要思想和研究结论已经得到广泛认同。在建构主义的主导下，同性恋研究的核心议题主要是与本质主义的争论、解释现代同性恋身份与共同体的起源、性的社会意义以及不同的社会表现形态。但是，建构主义也开始暴露出一些缺陷，例如，一些历史学家批评福柯思想中的唯名论色彩，认为他过于强调专家角色以及使之正常化的话语对性类别产生的作用。历史学家认为，在“同性恋”这一现代性学范畴产生之前，一些西方大城市早已存在同性恋亚文化和同性恋身份认同的某些形式。建构主义还导致身份政治的碎片化，它甚至无意识地再生产着性政权。史蒂文·赛德曼（Steven Seidman）指出：

> 虽然这些研究对同性恋的本质主义或普遍主义的观念构成了挑

---

① 杰弗瑞·威克斯：《20世纪的性理论和性观念》，宋文伟、侯萍译，南京：江苏人民出版社，2002年，第77页。

② Kath Weston. “Lesbian/Gay Studies in the House of Anthropology.” *Annual Review of Anthropology*, Vol. 22, No. 1, 1993, pp. 339-367.

③ Robert Padgug. “Sexual Matters: On Conceptualizing Sexuality in History.” *Radical History Review*, Vol. 20, Spring/Summer, 1979, pp. 3-23.

④ 杰弗瑞·威克斯：《20世纪的性理论和性观念》，宋文伟、侯萍译，南京：江苏人民出版社，2002年，第80页。

战，但是它们经常与制造同性恋少数族群的政治相关联。社会建构主义者并不认为同性恋是一种自然事实，他们是因社会歧视才成为政治上的少数族群。社会建构主义追溯了生成同性恋主体或身份的社会性因素，这些社会因素发挥着构造一种少数族群、一种类似于民族那样的共同体和政治之基础的功能。①

也就是说，建构主义在强调性身份、性政治的同时也使同性恋成为"少数族群"，这是同性恋身份政治本身存在的悖谬之处。正因如此，20世纪80年代末，"酷儿"（Queer）成为同性恋政治研究的新名词，这个词与同性恋权益团体"酷儿国度"（Queer Nation）密切相关。"酷儿"本身具有内在的不确定性和灵活性，它拒绝成为一种规范性的身份类别，而通常被宽泛地用来指称那些其性别和性身份处于文化边缘的人群。"酷儿"打破了性别的二元对称性，它包含了所有"越轨者"和"倒错者"，酷儿跨越或有意混淆了同性恋—异性恋的划分，颠覆了传统的性身份规范对性实践的描述。诚如朱迪斯·巴特勒（Judith Butler）所言，"酷儿"是一个充满集体性竞争的场域。② 总之，"酷儿"是富于变化的能指，旨在对规范性的结构与话语提出挑战。"酷儿"这个词本身就表明定义的困难，这是一种命名策略，它将一般意义上对"正常""规范"的否定和对恐同症的抵制结合起来。③"酷儿性"（Queerness）涉及一种涵括性的能指，它包含了女同性恋者、男同性恋者、双性恋者、跨性别者、易装者、伪装成同性恋者的异性恋者以及任何关于性态与性别规范的置换现象。这种涵括性的范畴挑战和抵制任何身份与类别的固化。④ 在性态研究领域，酷儿理论成为一个崭新的"后同性恋"空间。⑤ 酷儿理论拒斥一切稳定的、二元对立的和固有的性范畴，它同时反对异性恋统制和"同性恋统制"（homonormativity），宣称所有性别和性身份都是条件性的、权宜性的并受各种意识形

---

① Steven Seidman. "Queer-Ing Sociology, Sociologizing Queer Theory: An Introduction." *Sociological Theory*, Vol. 12, No. 2, 1994, p. 171.

② Rosemary Hennessy. "Queer Visibility in Commodity Culture." *Cultural Critique*, Vol. 29, Winter, 1994-1995, p. 34.

③ Michael Warner. "Introduction: Fear of a Queer Planet." *Social Text*, Vol. 29, 1991, p. 16.

④ Janice Irvine. "A Place in the Rainbow: Theorizing Lesbian and Gay Culture." *Sociological Theory*, Vol. 12, No. 2, 1994, p. 243.

⑤ Donald Morton. "Birth of the Cyberqueer." *PMLA*, Vol. 110, No. 3, 1995, p. 369.

态促动。酷儿理论也呼吁主流的同性恋文化反思种族、阶级和性别等差异，尤其是分辨白人中产阶级同性恋群体的旨趣与目标。①

酷儿理论并非某种单一的理论，它包含了各种福柯式话语分析、拉康式心理分析以及其他后结构主义的观点，它们深刻影响了同性恋理论及其政治思想。酷儿理论颠覆了传统的同性恋理论对性身份和主体的基本假定，从而解构了西方的同性恋政治体系。现代西方的同性恋理论通常假定同性恋主体，并在此基础上阐述同性恋的现代起源、不断变迁的社会环境和角色及其道德含义等。这种理论取向的特征是视同性恋为一种稳定的、统一的/单一的和可以辨识的能动者。随着酷儿理论的兴起，人们开始从关于现代同性恋的解释转向同性恋—异性恋二元论的运作、从对同性恋本身的关注转向揭示作为社会和政治组织原则的异性恋主义、从对少数族群政治转向关于知识和差异的政治。② 酷儿理论在身份政治之外探讨性差异，从而使关于性和欲望之道德伦理问题的政治化以及性差异的生产超越了传统的同性恋与异性恋之间的对立。③ 在酷儿理论看来，以同性恋主体为基础的理论与同性恋政治实质上再生产了同性恋—异性恋的性政体，强化了同性恋与异性恋作为性身份与社会身份的主要类别，并且继续使这种意识形态渗透于异性恋化的社会中。

酷儿理论摆脱了传统的思维框架，它并不简单地将同性恋和异性恋视为各种身份或社会位置，而是“作为一种知识分类，一种塑造了我们所知的身体、欲望、性态以及身份的语言”，正是这种规范性的语言确立了道德边界和政治阶序。④ 由于认识到传统的二元对立的不稳定性，酷儿理论从排他性地专注于同性恋主体的压迫和解放转向分析生产性知识的制度实践和话语以及它们如何组织社会生活，并且尤为关注这些知识与实践压制差异的方式。总之，酷儿理论认为，同性恋研究不应该是关于少数群体的

---

① Ann Gleig. “Queering Buddhism or Buddhist De-Queering?” *Theology & Sexuality*, Vol. 18, No. 3, 2012, pp. 201-202.

② Steven Seidman. “Queer-Ing Sociology, Sociologizing Queer Theory: An Introduction.” *Sociological Theory*, Vol. 12, No. 2, 1994, p. 172.

③ Chet Meeks. “Civil Society and the Sexual Politics of Difference.” *Sociological Theory*, Vol. 19, No. 3, 2001, pp. 325-343.

④ Steven Seidman. “Queer-Ing Sociology, Sociologizing Queer Theory: An Introduction.” *Sociological Theory*, Vol. 12, No. 2, 1994, p. 174.

研究，也即制造女同性恋/男同性恋/双性恋主体，而是研究这些知识和社会实践如何通过性化身体、欲望、行为、身份和社会关系、知识、文化以及社会制度而将社会组织成一个整体。因此，酷儿理论试图将同性恋理论转变成一种研究整个社会的一般性社会理论。[①]

20世纪90年代以来，其他也有一些学者提出了关于性态的替代性理论。例如，“性态的文化影响模型”（*Cultural Influence Models of Sexuality*）将性态视作一种基本的物质（如“培乐多黏土”），文化则在这种基础之上发挥着作用。[②] 一方面，文化影响模型强调文化与学习在型塑性行为和态度的过程中扮演的重要角色，在这种意义上，它反对各种本质主义和普遍化的形式。跨文化研究的一个主要发现是人类社会普遍存在文化差异，某些社会的性习俗与西方国家形成鲜明的对比。文化既可以促进也可以阻碍性行为、性态度和性关系的表达。例如，在某个群体中，“口—生殖器接触”被认为是正常的异性恋表达形式，但在另一个群体中却可能成为禁忌；在某个部落中受到严厉惩治的男男性行为在另一个部落中却可能得到宽容。另一方面，虽然文化型塑着性表达和习俗，但它却肯定了性态的基本事实，而且它受生物因素的影响，尽管其作用机制尚不清楚。在各类文献中，这种生物机制表现为某种“性冲动”或者“性刺激”。尽管性冲动可以被塑造，但它仍被认为是强大的，有时甚至超出社会规范，并且在不同的性别之间存在显著的差别。

大体而言，文化影响模型认为性行为在身份认同和主体性意义方面具有稳定的和普遍的重要性，它意识到性行为的发生具有的各种差异以及不同的文化态度可能鼓励或限制性行为。然而，性态的文化影响模型忽略了行为本身，将它还原为各种性欲望和性本能。此外，在该框架下开展的人类学研究不经批判地接受了一些被认为具有普遍意义的性范畴，如异性恋、同性恋、男性和女性的性态以及性冲动等，从而在研究不同文化的性态时丧失了其潜在的创新性。

此外，美国著名的法学家理查德·波斯纳也提出过关于性态的理论，

① Steven Seidman. “Queer-Ing Sociology, Sociologizing Queer Theory: An Introduction.” *Sociological Theory*, Vol. 12, No. 2, 1994, p. 174.

② Carole Vance. “Anthropology Rediscovers Sexuality: A Theoretical Comment.” *Social Science and Medicine*, Vol. 33, No. 8, 1991, pp. 875-84.

在他看来，新的性态理论既要能够解释性实践及其社会规律（包括法律）的一些主要特点，同时也要指出这种性规律的发展方向，因此，这种理论必须是实证（描述）和规范（伦理）的结合。① 他认为一种整合了性生物学—经济学的理论（即生物经济学理论）是最有力的性态理论。波斯纳理论的最基本假定是“性行为是理性的”，它强调道德的公共性或政治性，即在私人问题上要求采取公共干预。

## 五、结　语

从20世纪60年代到80年代初，社会科学领域关于同性恋和性态的理论研究主要有霍华德·贝克尔的标签理论、玛丽·麦金托什的同性恋角色研究、欧文·戈夫曼的污名研究以及约翰·盖格农和威廉·西蒙的“性脚本”理论以及福柯关于性话语的研究，这些理论和视角为我们理解性态和同性恋现象提供了重要的洞见，也为后来建构主义的发展奠定了思想基础。建构主义和酷儿理论极大地影响了人文社会科学领域的研究取向，性态和性别研究也逐渐成为一门独立的学科。20世纪90年代以来，不同学科的理论家继续反思由同性恋理论和女性主义在社会性别和身份政治研究中提出的各种问题。目前，这些学者主要关注涉及性态的权力、身体、仪式、欲望以及表演等议题。

① 理查德·波斯纳：《性与理性》，苏力译，北京：中国政法大学出版社，2002年，第3-4页。

# 第三章　同性恋话语与经验

## 现代中国同性恋话语之发轫：嵌入性抑或本土性？

在全球化的语境下看待中国的同性恋现象既是一种视角，也是一个定位问题。20世纪初，西欧性科学开始传入中国，学界一般认为正是在这个“西学东渐”的进程中，中国社会逐渐改变了对同性恋的态度。那么，在这个现象背后，究竟是什么原因导致了在中西文化的碰撞过程中，中国本土文化断然放弃了两千年来的传统观念而全盘接受西方的性态二元论？又是怎样的一种机制使得这种新的观念保持强大的稳定性而一直影响到我们今天的社会？或者，这个假设本身亦值得商榷与质疑，即事实上，中国社会在遭遇这种西方强势科学的过程中，它文化的深层结构仍然保留着自己独特的文化阐释。本文试图通过民国时期具体的同性恋话语来探讨现代中国同性恋话语的嵌入性与本土性问题，其背后的意蕴是中国传统的、本土特有的同性爱欲文化观在实践过程中如何应对外来的、异己的同性恋文化，以及中国同性恋是否完全是西方性思潮影响下被动的产物和凝视的对象。

### 一、权力阶序下暧昧的欲望

“同性恋”作为一种明确的社会分类范畴出现于19世纪末，然而，即使在西方社会它也不能被视为不言而喻的存在。许多学者指出，认同自己是“同性恋”（作为一种身份）的人们只存在于过去大约一个半世纪。虽然这种分析视角有欧洲中心主义的嫌疑，并且人类学研究已经表明年龄—结构化的、由职业定义的或者变性的同性恋身份在某些非西方社会中可能在此之前就已存在，但是平等主义类型的同性恋身份在现代之前的确不存在。[①]“同性恋”（*homosexual*）这个词在19世纪晚期开始通过欧洲的性科学流传开来而被人们广泛使用，同性恋身份最初是作为医学类别的建构，它将同性爱欲者从其他“正常”的人群中分离、独立出来成为一种独特的惩治类别。最初，同性恋者尚只是医学诊断与治疗的对象，此后随着强制性异性恋与规训手段逐渐变得多元化，对同性恋的规训从医学领域蔓延开来渗透到整个社会制度，尤其是法律与政治系统。这种现象在19世纪末之前的西方社会中并不存在；在传统中国社会中也是如此，它并不存在“同性恋”这样一种身份（identity），尽管同性性行为（activity）在不同历史时期的各种文明中都普遍存在。传统中国社会并没有异性恋、双性恋或同性恋的区别。性取向的概念，也就是说，以性爱对象的性别来划分人群的情况并不存在。周华山认为，中国文化承认同性和异性爱欲的差异，但性态并非将人进行归类的标准。[②] 传统中国社会并没有将性欲望二分为同性欲望和异性欲望。由于中国古代不存在现代意义上的同性恋，也即不存在同性恋身份，因此，用“同性爱欲”来指称同性恋行为更为适合。

传统中国的士大夫、文人对本土性的同性爱欲观念抱着中性的态度。在传统语言中，一些男性被描述为“好男色”或“酷爱男风不喜女色”；同样，一些女性群体被戏称为“磨镜党”或者“手帕之交”“金兰姊妹”等。[③] 在传统中国社会，同性活动主要以社会的而非性的措辞来进行描绘，形容“同性社交角色”的有相公、断袖、龙阳、分桃、旱路、兔子等；形容“同性社交关系”的则有金兰姊妹、契弟契兄、旱路英雄等；或一种风格，如南风、男色等；或作为一种特殊的行为方式，如磨镜、磨豆腐、后

---

① G. Sullivan. “Variations on a Common Theme? Gay and Lesbian Identity and Community in Asia.” In G. Sullivan & P. Jackson ed., *Gay and Lesbian Asia*. New York: Harrington Park Press, 2001, p. 255.

② Wah-shan Chou. “Homosexuality and the Cultural Politics of Tongzhi in Chinese Societies.” In Gerard S. & Peter J ed., *Gay and Lesbian Asia*. NY: Harrington Park Press, 2001, p. 29.

③ Tze-lan Sang. *The Emerging Lesbian: Female Same-Sex Desire in Modern China*. Chicago: The University of Chicago Press, 2003, p. 104.

庭花、对食、吹箫等。这些表达和描绘的同性性行为显得很诗意化，没有社会性的或道德性的谴责。最重要的是，所有这些关于同性性活动的表达都没有指涉一种人格类属。[①] 总之，中国古代与同性恋有关的名词固然相当丰富，但它们的含义通常较为含蓄或泛泛而谈，缺乏明确的指涉性，这一点恰恰反映了“古代同性恋存在状态的暧昧特征”。[②] “同性恋”是五四时期（由日语转译）进入汉语的外来词，古代中国没有这样一个可兼用于男女两性的词语，它表现男同性恋关系的动词通常都带有明显的不平等色彩，如“嬖”“宠”“幸”，是上对下、主对仆、长对幼的关系，而表现女同性恋关系则完全不用这类词语，多用平等意味的动词，如“爱”“悦”“慕”等。在明清时期，女同性恋关系从来没有在社会上形成一种风气。女同性恋只能在私下秘密地进行，性爱是这种关系的最终目的，相恋的双方一般比较平等。而对当时的大部分男性来说，同性性行为是一种能通过金钱、权力和地位来获得的公开的娱乐活动。[③]

相比较于将人进行“同性恋—异性恋”二元划分的现代西方文化，中国人的性世界主要是由阶级等级序列构造的。[④] 有权者，通常是上层阶级的成年男性可以对社会地位低劣者，如他的妻、妾或者“填房”享有性支配权，也可以对社会地位低于他的年轻男仆享有性支配权，而不会有同性恋/双性恋的社会污名。从一位帝王或富裕地主的立场来看，他的欲望对象是男性还是女性，这之间没有很大区别——两种性活动都同样加强和显示了他的社会权力。就此而言，周华山认为，将中国的同性爱欲传统浪漫化是危险的，因为它对同性爱欲的文化宽容既不是无条件的，也并非真心实意的，它是在一个重要的前提条件下才得到容忍，即社会等级次序并未遭到挑战。反讽的是，中国同性恋史的最显著特征既不是恐同症，也不是同性爱欲，而是阶级优越论、性别歧视、年龄歧视，它同时渗透和建构着同性关系和主流文化。

---

① Wah-shan Chou. “Homosexuality and the Cultural Politics of Tongzhi in Chinese Societies.” In Gerard S. & Peter Jed., *Gay and Lesbian Asia*. NY: Harrington Park Press, 2001, p. 30.

② 张在舟：《暧昧的历程——中国古代同性恋史》，郑州：中州古籍出版社，2001年，第9-10页。

③ 吴存存：《明清社会性爱风气》，北京：人民文学出版社，2000年，第8页。

④ Wah-shan Chou. “Homosexuality and the Cultural Politics of Tongzhi in Chinese Societies.” In Gerard S. & Peter Jed., *Gay and Lesbian Asia*. NY: Harrington Park Press, 2001.

## 二、话语之争及其转变

在中西文化激烈碰撞的民国时期，不少知识分子对“西学”抱着尊崇心理，因此通常会援引或译介西方性科学话语来论述中国的同性恋现象。在民国初期，病理化的话语与赞美同性恋的话语同时存在，知识分子对同性恋进行分类、探悉其成因并就矫正治疗等问题提出自己的观点并参与公共争论。

1929年1月16日，杨忧天在上海北新书局发行的《北新》杂志上发表《同性爱的问题》一文。[①] 该文写于东京，显然受到日本当时引介西欧性学的影响。文章旁征博引，详尽地论述了同性恋的诸多问题。他认为按照不同的分类标准，同性恋可以分为“单性同性爱”与“复性同性爱”、“半阴阳的变生”（“先天性同性爱”）与“受异性压迫而生”（“后天性同性爱”）、“永久性同性爱”与“一时性同性爱”。杨忧天运用当时西方的生物学理论，指出同性恋是先天的遗传所致，但它的发生需要后天环境的诱发，“同性爱的本质，依隔世遗传原理，固属是人类一般的都赋有，可是并非生来便表现同性爱的行为，必定要因环境的刺激，然后才可以促进潜在的同性爱的本质的发生”。作者还认为自赎遂情行为和同性恋有密切的关系。最后谈到治疗问题，杨忧天认为先要确定是先天还是后天，然后再谈治疗的方法，先天性同性恋的治疗效果甚微。诱发潜伏遗传特质的环境因素主要包括独身、失恋、男女分校、同性的诱惑以及模仿等。从《同性爱的问题》一文的内容和观点来看，它很可能受理查德·克拉夫特—埃宾、魏宁格（Otto Weininger）、哈夫洛克·埃利斯等西方性学家思想的影响。例如，魏宁格在《性与性格》（*Geschlecht und Charakter*）（约完成于1901年）一书的第四章《同性恋与男色》指出：“后天形成的性倒错，只有在同性恋的要求根植于先天素质中的条件下，人才会渴望并急切寻求倒错的性爱。后天形成的性倒错只是构成一个有机体全部素质的因素之一……仅是个次要的、附带的因素。”[②] 但杨忧天不认同魏宁格、卡彭特等

---

① 杨忧天：“同性爱的问题.”《北新》，1929年第3卷第2期，第11-47页。

② 奥托·魏宁格：《性与性格》，肖聿译，北京：中国社会科学出版社，2006年，第51页。

人的“中间性”思想。他认为同性爱是一种变态，是“性的反动”，应竭力避免、预防或治疗。

又如，任白涛在《性欲之颠倒》（1934）一文（该文的论述基于两位日本学者的性学著作）中指出，“男性间的同性爱即所谓男色中，是以假性者居多，这种同性爱虽在表面上是假性，其实是与异性爱没有什么差别的”①。文章尤为赞同弗洛伊德关于同性恋的压抑说，认为同性恋是文明的缺憾，是文明社会中正常的性欲受压抑而产生的变态。② 文章悉数古今中外的同性恋历史和文学人物，它从《旧约》谈起，指出古希腊的同性恋盛行与强制施行斯巴达式军事教育有关。古希腊的少年之爱是基于肉体美的崇拜，因此，不能将它一概视为今天意义上的同性恋。最后，任白涛认为“同性爱无论是男爱男，女爱女，都算是极不自然的事情”，而且容易染上花柳病。同性恋危害极大，应避免这种“绝命之斧”的性欲灾祸。

民国早期知识分子对同性恋的看法并非明确一致，除了阐述关于同性恋病理化的理论和观点之外，一些杂志也发表了将同性恋视为美好的、真挚情感的文章。例如，1929 年，秋原将卡彭特的《同性爱恋》（“The Homogenic Attachment”）一文译成中文发表在《新女性》上，题为《同性恋爱论》。卡彭特在文中认为，先天性同性恋者是“最出类拔萃的、优秀而富于感情的人”，同性之间的这种爱情健全而自然，是个性的必要组成部分。

值得一提的是潘光旦对同性恋的研究，他受哈夫洛克・埃利斯的影响颇深，译注了后者的《性心理学》③ 一书。潘光旦梳理了中国历史文献中记载的同性恋事例，他认为尽管传统文化对同性恋缺乏学理性探讨，但还是存在类似于西欧性学理论中的先天说与后天说。例如，清代的纪昀在《阅微草堂笔记》（卷十二）里说：“凡女子淫佚，发乎情欲之自然；娈童则本无是心，皆幼而受始，或势劫利饵耳。”这可以说是后天说。袁枚在《随园诗话》中记载了同性恋者春江公子的诗，说：“人各有性情，树各有枝叶，与为无盐夫，宁作子都妾。”这可以说是先天说。此外，潘光旦还分析了 1931 年初发生在杭州西湖艺专学校的“陶刘妒杀案”，从中可以反映

---

① 任白涛：“性欲之颠倒.”《青年界》，1934 年第 6 卷第 1 期，第 67-68 页。

② 事实上，弗洛伊德晚年对同性恋的观念发生很大的转变。

③ 霭理士：《性心理学》，潘光旦译注，上海：三联书店，2006 年，第 221 页。

出他对同性恋现象的观点。在该案中，女教员卷入了与其学生刘梦莹和陶思瑾之间的三角同性恋情纠葛，之后发生命案。此事引发当时知识分子对“同性爱”问题的热烈讨论。1932 年 4 月，潘光旦就陶刘命案先后在《年华》上发表《陶刘妒杀案的心理背景》《陶刘妒杀案的社会责任》，他根据西方性心理学的理论阐述这起悲剧，认为“此种同性恋爱的行为与少女反常的心理状态，确实值得变态心理学者的注意和研究的一件事”①。潘光旦认为同性恋可分先天性与后天性，尽管从第三者的角度难以判断陶、刘的类别，但是他认为其原因不能完全归咎于单性的女校环境，而是“陶或刘容有些少先天‘内转’的倾向”②。深谙西方性学著作的潘光旦在分析中国社会的同性恋现象时亦做出了境遇性与先天性之分，在论及当时女校盛行的女同性恋风气时，他认为“这终究是一时情感的表现，及时过境迁，年龄成熟，也就各走异性恋与婚姻了”③。因此，这种同性爱欲是境遇性的，随着年龄的增长、环境的改变，这些“女同性恋者”会回归异性恋婚姻。同样，潘光旦在论述广东的女同性恋风气时也认为，“妇女解放的过程，那女社交的发达，到达相当程度以后，这种风气自然会趋于消灭”④。由于受到埃利斯理论的影响——后者认为同性恋是“基于先天条件的一个变态”⑤——潘光旦在具体分析“陶刘妒杀案”时，他也认为“陶或刘有些先天‘内转’的倾向”。

纵观民国知识分子对同性恋的论述，尽管杨忧天、潘光旦等人学贯中西，但仍秉承“中学为体、西学为用”的思想，从实用主义的立场来看待本土的同性恋现象。譬如，杨忧天并没有认同和采纳魏宁格提出的治愈同性恋的方法：“性倒错者必须用性倒错者来互补，即男同性恋者必须根据程度的不同，到相应的女同性恋者中去寻求补偿。”⑥ 从这一时期的同性恋话语中，我们也可以看到同性恋成因探讨中的本质主义与建构主义之争已

---

① 潘光旦：“陶刘妒杀案的心理背景.”潘乃穆、潘乃和编：《潘光旦文集》（第 8 卷），北京：北京大学出版社，2000 年，第 436 页。

② 潘光旦：“陶刘妒杀案的社会责任.”潘乃穆、潘乃和编：《潘光旦文集》（第 8 卷），北京：北京大学出版社，2000 年，第 442 页。

③ 霭理士：《性心理学》，潘光旦译注，上海：三联书店，2006 年，第 223 页。

④ 霭理士：《性心理学》，潘光旦译注，上海：三联书店，2006 年，第 355 页。

⑤ 霭理士：《性心理学》，潘光旦译注，上海：三联书店，2006 年，第 201 页。

⑥ 奥托·魏宁格：《性与性格》，肖聿译，北京：中国社会科学出版社，2006 年，第 51 页。

经初现端倪。可以认为，民国前期同性恋的医学污名是温和的，知识分子对其态度暧昧不清，话语特征也未统一。同性恋既被构想为关系性的、偶发性的、情境性的，同时亦承认是一种恒定不变的、先天性的同性爱欲倾向。对此，桑梓兰认为，民国时期的同性爱主要是作为一种爱的形态或一种主体间的关系，而不是一种人格类型，也即作为一种身份出现的。① 中国学者受西方性科学话语的“启蒙”，从民国后期开始逐渐视同性恋为一种变态和精神疾病。阴阳和谐的思想被生物决定论主导的性别两极对立所淹没，使同性恋成为违背人性和反生物性的类别。② 大体而言，民国时期的同性恋话语经历了从包容到抑制的转变过程。

## 三、性话语的嵌入性或本土性

中国的现代性是一种被翻译的现代性，③ 尽管这种翻译过程深受本土文化的型塑，而非直接从西方移植。桑梓兰在她的著作《浮现中的女同性恋：现代中国女同性爱欲》（*The Emerging Lesbian：Female Same-Sex Desire in Modern China* 2003）中，试图以女性中心的视角阐述20世纪早期的中国人从前现代到现代转型过程中的同性关系观念，通过“将中国人的同性爱作为一种‘跨语际实践’来阐明民国时期的性别政治、欲望、婚姻、阶级和主体性”④。在桑梓兰看来，尽管民国的同性爱话语并没有使同性恋群体形成一种性少数族群的身份认同，但这可以被视为全球化语境下的“另一种可选择性的同性恋现代话语，它不是西方性学畸形的、有缺陷的和未完善的中国版本”⑤。

而冯客（Frank Dikötter）认为，在欧洲，尽管异性恋作为本性需求这样一种观念的消解并认识到个人欲望的多元性是一个渐进的和崎岖的文化

---

① Tze-lan Sang. *The Emerging Lesbian：Female Same-Sex Desire in Modern China*. Chicago：The University of Chicago Press, 2003.

② Wah-shan Chou. “Homosexuality and the Cultural Politics of Tongzhi in Chinese Societies.” In Gerard S. & Peter Jed., *Gay and Lesbian Asia*. NY：Harrington Park Press, 2001, p. 31.

③ 刘禾：《跨语际实践》，宋伟杰等译，北京：生活·读书·新知三联书店，2002年。

④ Tze-lan Sang. *The Emerging Lesbian：Female Same-Sex Desire in Modern China*. Chicago：The University of Chicago Press, 2003, p. 102.

⑤ Tze-lan Sang. *The Emerging Lesbian：Female Same-Sex Desire in Modern China*. Chicago：The University of Chicago Press, 2003, p. 124.

历程，但这种类似的趋势并没有在中国发生。相反，民国时期的现代知识精英有选择性地采用西方的医学知识，以巩固广泛流行的生育和非生育性行为之间的区别。[①] 民国时期没有将“同性恋”概念化并使之作为一种性偏好与“异性恋”相区别，而是继续将它解释成一种非生育的行为，是应遭受谴责的婚外性。欧洲的精神分析学家和性研究者建构的反常的、变态的和畸形的性类型将社会主体拟想成个体化欲望的场域，并传达出这样一种可能性，即性愉悦可以成为目的本身。然而，这种可能性从未被民国的现代知识精英设想过。民国时期的同性恋被广泛认为是一种暂时的反常现象，是一种精神疾病或“性倒错”。尽管大量出现将同性恋看作有机病理学或颠倒性取向的国外医学文献，但是鸡奸继续被看作一种类似后天获得的恶习和越轨行为。冯客指出，将鸡奸建构成一种性越轨的类别，在从西方引入性知识之前就已存在。在18、19世纪，官方的不宽容和司法定罪结束了曾一度盛行的鸡奸和娈童现象，中国传统社会似乎从未构想过同性之间的排他性欲望。少年的同性爱欲是一种从社会中习得的类似于手淫的不道德行为，为了自身、家族和整个民族，社会风纪必须纠正这种恶习。

在冯客看来，在西学东渐的进程中，中国知识分子接受的并非恐同症本身，而是一套生物决定论的科学话语，它将所有非生育的性活动边缘化和病理化。民国时期的绝大多数文献与在欧洲医学圈内广泛流传的关于“性变态”的研究是相互独立的。性变异不是被看作需要被归类和研究的人类多样性之体现，而是未开化的“他者”的标记。因此，20世纪中国对同性恋者的社会偏见和官方敌意并非“从西方引入的不宽容”的结果，性与生育之间的强烈联系才是阻碍把同性恋仅视为非生育性行为的认识之根本原因。直至今天的中国刑法，没有具体的法律承认或禁止同性恋：类似于手淫或水痘，它被理解为一种应该被消除的习得性反常行为或者一种暂时的疾病。

在讨论民国时期的同性恋话语中，冯客的立场更多的是从本土的文化根源出发进行研究，强调中国传统同性恋文化的内生性和稳定性，而桑梓兰则是从“翻译的现代性”的角度来分析，更多地注重现代西方性文化对

---

① F. Dikötter. *Sex, Culture and Modernity in China: Medical Science and the Construction of Sexual Identities in the Early Republican Period*. Honolulu: University of Hawaii Press, 1995, pp. 137–145.

中国同性恋文化的影响，强调同性恋话语演变过程中的外生性与兼容性。我们大致可以这样认为，即在民国时期虽然出现了大量同性恋话语，但是尚未产生清晰的"同性恋"身份，同性恋者是作为"熟悉而陌生"的他者出现的。这两种观点代表了不同的研究视角，它们在探讨今天我国同性恋社群的生存地位时具有重要的现实意义，通过中西比照也可以看出中国同性恋的真正独特之处。事实上，桑梓兰亦认识到中国的同性爱欲和西方性话语的遭遇及产生焦虑的时间维度，认为如果不假思索地将全球性置于国家和地域的优先地位，认为它是性研究中最合法的、最成熟的和最终的框架，容易使知识分子的求知欲发生偏离，从世界边缘再次退回到西方世界，并无意中强化既存于西方与非西方之间的性知识和性身份在现代跨国生产与流通中的不平等。①

## 四、总结与思考

民国时期是中国同性恋话语演变的关键时期。我们可以看到，民国知识分子对同性恋的态度是模糊的，他们处于一个认知断裂的阐释链中：一方是西欧强势的"性科学"话语，另一方是处于传统向现代急剧转型中的中国社会及其新旧思想的交替、更新与碰撞。他们试图调适自身的立场，并以西方性科学的话语来论述和理解中国本土情境中原本"中性"的同性恋话语。从传统社会向现代社会的转型过程中，民国时期的社会文化思想经历了剧烈的震荡与冲击，经过一系列的思想碰撞与磨合之后，传统社会对同性恋的认识开始发生转变，并最终认同西方性科学对同性恋的阐释。正是在这一时期，中国人历史悠久的对同性爱欲的文化宽容开始消退。对民国后期的大多数知识分子而言，同性恋成为医学、心理学研究领域的问题，是医学诊断、治疗的疾病和应该规避、受到谴责的行为。20 世纪 50 年代之后，同性恋被斥为封建余孽和资产阶级腐朽堕落的生活方式。这时中西方之间开始呈现出明显的反差：从 20 世纪 50、60 年代开始，西方逐渐从同性恋病理化的观念中脱离出来，进而实现对个体差异与人性的更大

---

① Tze-lan Sang. *The Emerging Lesbian: Female Same-Sex Desire in Modern China*. Chicago: The University of Chicago Press, 2003, pp. 11-12.

尊重；在这一时期，中国则放弃了对同性恋的传统宽容（至少是中性）态度。从此，同性恋在公共话语中消失长达三四十年之久，这种意识形态直到 20 世纪 80 年代之后才有所改观。而此时，在西方早已过时的同性恋病理化理论和性别倒错、心理疾病的观念在中国的公共话题中再次沉渣泛起，直到 20 世纪 90 年代以来随着全球化的加深、同性恋共同体积极地自我呈现以及防治艾滋病形势的需要等才逐渐得以改变。

西方有关同性恋权利和同性恋身份的思想显然影响了当代中国同性恋社群的生存处境，但是，当非西方社会遭遇西方新近发展的性话语时可能会产生新的各种身份，但这些发展无法通过西方的经验来预见。美国人类学家罗丽莎（Lisa Rofel）认为，中国同性恋既非全球同性恋身份的另一个例证，也非仅仅一种地方特性。同性恋的普遍人性并不排斥作为中国人的特性，对普遍性的强调只有在与中国人特性的对话中才有意义。[①] 在“同性恋”这一修辞下所纳入的各种性征极为多样化，因此“同性恋身份”的可能性与有效性值得质疑。这种“超级身份”有意忽视同性恋者在关系选择时的模糊性，并省略那些难以纳入“图景”的因素，以将身份强行纳入既有的框架内。“同性恋特性”是使异性恋身份/认同稳固化的想象性场域。这种批判性视角有助于我们在探讨西方之外的同性恋身份时超越相同与差异的二元对立，并直接指向中国同性恋的本土化与全球化、内生性与嵌入性之间的关系。

① Lisa Rofel. *Desiring China*：*Experiments in Neoliberalism*, *Sexuality*, *and Public Culture*. Durham：Duke University Press, 2007, p. 96.

# 背叛与救赎：男同性恋者的同直婚

在当前中国社会，大多数同性恋者会选择进入同直婚，也即选择与异性恋者结婚、组建家庭，有些甚至还生儿育女；而其中的大多数同直婚对象对自己伴侣的性取向不甚了解。一方面，对进入同直婚的男同性恋者而言，这种权宜性的婚姻与家庭可能是掩饰自己性身份的手段，是挣脱社会偏见与污名的避风港，但也可能是骑虎难下、左右为难的困局，甚至是生不如死、痛不欲生的人间炼狱。另一方面，在同性恋社群日益浮出水面的今天，这个社群背后的隐性群体——“同妻”（男同性恋者的妻子）却被社会忽视。这些女性，要么成为男同性恋丈夫传宗接代的工具，要么成为他们掩盖性身份的保护伞，她们很难享受为人妻母的融融乐趣。同妻遭遇着夫妻关系冷漠、婚内性冷遇和家庭冷暴力。男同性恋者进入同直婚是强制性异性恋婚姻制度的归化结果，这是一场两败俱伤的悲剧。

同性恋者的同直婚问题错综复杂，它背后牵涉到同性恋的历史、亚文化以及当前同性恋社群的生存处境与法律政治地位等。本文主要通过参与观察和个案访谈，从现实的层面探讨男同性恋者为何进入同直婚、同妻的生存现状以及男同性恋社群对同直婚现象的批判与自我阐释。

## 一、进入同直婚

由于制度性的有意忽略、文化传承上的断裂、社会的污名以及内化的传统儒家思想，绝大多数同性恋者不愿意向他人表明自己真实的性身份，他们宁愿躲在自我的“橱柜”里。“认同”而不“出柜”是当前我国同性恋者生存现状的一个基本状态，也即那些对自己的性身份有着良好认同的同性恋者却不愿意向周围的人透露自己的同性恋身份，尤其是不情愿向父母出柜。[①] 同性恋者在学校、工作场所等地方可以隐藏真实性身份，可以

① 王晴锋：“认同而不‘出柜’——同性恋者生存现状的调查研究.”《中国农业大学学报（社会科学版）》，2011 年第 4 期。

选择不出柜，但是随着年龄的增长，将不得不面临来自父母与亲朋好友对婚育的期盼。中国传统文化特别重视家庭伦理，家庭被视为政治治理之基础，婚姻则是家庭延续的保障，因此，一个男人娶妻成家是自立于世的前提。① 做父母的都希望子女能够成家立业、娶妻生子，完成家族香火的延续，以免将来“家祭无后人”。在这种情况下，许多同性恋者迫不得已选择与异性恋者结婚，以逃避来自父母的压力与社会的质疑，通过躲在异性恋的婚姻里来逃避现实的种种压力与烦扰。这种异性恋婚姻对同性恋者而言更多的是一种异化形式，它是畸形的、扭曲的，很难产生或维持真正的爱情；即使有，也是残缺不全和充满负罪感的。在传统文化和价值观的影响下，有些同性恋者为了父母、为了尽孝“自然而然地”进入了同直婚，如：

> 他们问我为什么去（和异性恋女性）结婚，我说为了我的父母。我们家三个兄弟，我是老二。我哥在外面（工作），也一直不结婚，我妈当时催着我哥去结婚。当时我觉得特别自卑，当一个打工的，这辈子也就这样子了。我估计自己也不可能出去发展，就在这里窝一辈子，凑合着找个老婆过一辈子算了。然后就凑合着找了一个，一直过到现在。（Lu 北京同志中心 2012-03-10）

对同性恋者而言最难以摆脱的是家庭压力，一方面他难以违背、抑制自己的性本能和欲望，另一方面又不能让父母、长辈失望，让自己背负“不孝之子”“无恩”的坏名声。在中国社会中，父母与子女在人格上相互捆绑，再加上同性恋污名是一种“连带污名”（courtesy stigma），② 它具有“感染性”，因此，子女所承受的污名同时也是家长的污名，子女丢人现眼也会让父母、长辈甚至亲朋好友连带着丢尽脸面。在同性恋仍被恶意曲解、污名化和不被接纳的社会里，父母拒绝接受与认同自己的同性恋子女也是情理之中的事情。从父母的立场来看，他们通常有着较为长远的考虑，尤其是农村中思想仍然较为陈旧、保守的父母，由于同性恋者无法生

① 张在舟：《暧昧的历程——中国古代同性恋史》，郑州：中州古籍出版社，2001 年，第 31 页。

② Erving Goffman. *Stigma: Notes on the Management of Spoiled Identity*. Englewood Cliffs, N. J.: Prentice Hall, 1963, p. 31.

育因而剥夺了父母晚年生活中子孙满堂、含饴弄孙的天伦之乐，甚至“老无所终”。在传统的乡土观念里，无子嗣祭祀的先人会成为“孤魂野鬼”，饱受地狱的煎熬。因此，他们更不愿意接纳和承认自己的同性恋子女。除了家族延续、死后顾虑之外，同性恋子女携带的社会污名使父母无法面对周围人异样的谴责与质疑的目光。如此种种，对生前死后、家里家外的诸多忧虑都使父母无法坦然接受自己的同性恋子女。

在传统中国社会里，婚姻与爱情可以与性快感无关。结成联姻的不仅仅是夫妻双方，同时也是父母双方和整个家族—亲属关系，它包含了双方的政治、经济和文化系统。因此，很多时候婚姻是一种社会交换行为，它体现出社会地位、家族财产的获得与流动。但是在现代社会，婚姻逐渐脱离了它原先被人为附加的社会属性，爱情与性成为婚姻的主要内容。同性恋者寻求同直婚并非出于生理欲望，而是出于一种内化了的、无法抗拒的“社会欲望”。但对步入同直婚的同性恋者不能一概而论，由于历史环境与个体生命历程的差异需要区分不同的情况，有些是无意识的，有些是被逼无奈，有些真实地希望同直婚能挽救和矫治自己的“性变态”，而有些则直接将婚姻作为性身份的掩盖手段。一位婚内同性恋者如此自我叙述道：

> (20世纪) 60、70年代的（同性恋者），现在大部分都已经离婚了。那种已婚同志是历史条件产生的，因为在60、70年代出生的那批人，他们结婚之前是不知道（自己性取向）的。比如我，结婚之前有这种倾向，在大街上看见那种人会偷偷去看，但是你没有那种认识，没有自我认同，觉得那是不正常的，当时想，人结婚了之后会改变。但是结婚两年之后，上网发现根本不是那么回事，自己改变不了自己，只能面对真实的自己。所以我觉得那种已婚同志是中国的历史条件下产生的，以后自然而然地——像（20世纪）90年代出生的——更多的同志不会走入异性（恋）婚姻，已婚同志在中国只是一个历史的阶段，很快会跨越过去。(婚姻中的男同性恋者　恳谈会 2010-10-30)

这位同性恋者将同直婚视为历史阶段的产物，认为一旦过了这个阶段，同直婚现象将大为减少。在以个体主义为导向并且经历同性恋解放运动的西方社会里，同直婚现象已经相对较为少见。但是，如果男同性恋个体选择进入同直婚，那么其直接或间接的原因与国内目前的情形是大致相同的。①

## 二、“同妻”的特征与处境

不少进入婚姻的男同性恋者选择来自农村的女性，这些同性恋妻子受传统婚姻观的熏陶，格外重视家庭、恪守妇道，一旦进入婚姻就期望过着相夫教子的美满生活。如：

> 她觉得女孩子（应该）是贤妻的那种，只懂做家务。她天天做家务、做饭，我在家里什么都不干，她觉得这是一个传统女人应该做的……我老婆她人也比较特殊一点，她从农村出来，特别传统，我问她当时为什么找我，她说（因为）我们见面一个多月都没碰她一下，就因为这一点……现在我结婚差不多6年左右。她是一个比较传统的女性，对同志的认识不是很多。其实她基本上已经知道我（是同性恋）这种情况了，但是她在等我有一天会改变。（Lu 北京同志中心 2012-03-10）

这些同妻大多受教育程度不高，对同性恋缺乏认识，以为它是一种可以改变的不良习性。另一方面，即使她们发现丈夫的同性恋行为，由于双方社会地位相差悬殊也缺乏干涉能力，只好睁一只眼闭一只眼、听之任之。同性恋者以这种不对等的婚姻为代价换得婚内的自由与权力。在某些情况下，同妻对同性恋的误解也是维持同直婚的重要原因。当男同性恋者无法与妻子完成性行为而坦白性取向时，离婚往往是最后的无奈之举，整个过程让双方都苦不堪言。也有些同妻仍然将男同性恋者无法进行性行为误解为是一种需要治疗的生理疾病，或者是由于她们做妻子方面的原因导致的。还有的同妻甚至认为主动型（“攻”的角色）的同性恋行为跟“泡小姐”实质上没有区别，以为同性之间的性行为可以简化为金钱关系，而不会存在任何感情。或者仅仅认为自己的丈夫为了“玩兔子”而不要老婆

① Erik Strommen. “‘You’ re a What?’: Family Member Reactions to the Disclosure of Homosexuality.” In *Psychological Perspectives on Lesbian and Gay Male Experiences*. NY: Columbia University Press, 1993.

是一件“丢脸”的事情。在不影响家庭生活的前提下，同妻会为了“脸面”“顾全大局”而继续维持与同性恋丈夫的婚姻和家庭。在同性恋丈夫不对家庭构成威胁的前提下，同妻对此加以容忍，这固然是迫不得已之举，但从中多少反映出传统文化的延续性。

很多同妻正常的性欲望得不到满足，却反而被认为是“性冷淡”。在传统观念的型塑下，社会期待的“正经女人”是无性的，她们也不敢主动去要求性，甚至寻求婚外性，而只能被动地等待，这也是同妻面临的一个尴尬问题。同直婚中的男同性恋者可以去寻找男性朋友、满足性欲望，或明或暗地过着同性恋生活，但同妻一般无法实现、宣泄自己的性欲望，有些甚至根本不知道是由于自己的欲望受压抑而产生各种生理和心理问题。同妻遭遇婚内性冷遇是普遍存在的事实。由于男同性恋者与妻子之间的性行为很少甚至几乎没有，因此夫妻之间在性生活方面严重缺乏交流。有的男同性恋者干脆声称自己的妻子“无性”，或者认为性欲望“根本没有打开”，认为她们本来就是天生的性冷淡。在女性主义者看来，所谓的“性冷淡”是社会建构和父权专制的产物，女性并非天生如此，而是由诸多后天因素造成的，诸如从小受到的传统教育、个体重要的生命经历以及丈夫的性能力等。

与西方社会的同性恋妻子相比，中国情境下的同妻至少有三点不同之处：第一，当她们发现自己的丈夫是同性恋者或丈夫主动出柜时，她们的第一反应不是自己是受害者，相反，她们会以为是由于自己的原因导致的，这一点与同性恋者家长的反应很相似。第二，当丈夫是同性恋的事实铁定无疑时，离婚未必是最终的结局，不少同妻会苟且地挽回这段破碎的婚姻。她们在明确知道丈夫是同性恋者的情况下也不敢轻易离婚，因为对她们而言，当前社会的离婚成本太大，如果重新选择婚姻，未来又面临太多不确定的因素，诸如家庭（冷）暴力、高离婚率、丈夫行为不端（婚外恋、酗酒、吸毒、赌博、嫖娼等）。性生活不和谐只是家庭婚姻问题的诸多因素之一（而且每个人对性的需求程度不一样），这使她们甘愿委曲求全，忍受残缺不全的感情并守着这个名义上的家。因此，同妻的遭遇是在现实处境和社会价值观念倒逼的情况下，个体理性权衡利弊的结果。对很多人而言，婚姻并非爱情的结晶，而是一种经济契约关系，而同性恋者的婚姻（无论是同直婚还是形式婚姻）更是多了权宜性的色彩。第三，大多数同妻首要关注的是孩子，而不是她个人的性欲望。很多同妻非常渴望要孩子，但她们的同性恋丈夫却有不同的想法，例如：

> 但她唯一的一点是想要个孩子，她跟我说，有了孩子之后你愿意干嘛干嘛，我不管你；但是你必须给我一个做母亲的权利。她就这么简单的要求……我正在纠结要不要生一个孩子。如果真有孩子的话，我还有些顾虑，比如说，有了孩子之后再离婚对孩子的伤害也特别大，所以挺矛盾的。就我个人的话，我肯定不要孩子。不是我不喜欢孩子，而是我无法给他一个很好的环境，我也不是很有钱，我的教育程度、教育方式或许对他有阴影，我负不起这个责任，所以压根儿不要（孩子），他出生就带来伤害的话还不如不要。（“Rock”北京同志中心 2012-03-10）

也有其他同性恋者持类似的看法，认为即使结了婚也不能要孩子，因为眼下的社会环境难以给孩子良好的生活环境，如一位男同性恋者如此谈论道：

> 千万不要生孩子，你不要觉得自己做错了、亏欠她，然后要给她一个baby，这种事情我觉得不是很好。生下来的孩子是会成长的，十岁的时候他怎么想这个问题？二十岁的时候又会怎么想？如果您没有一个非常完善、完备的理念去告诉他同志婚姻到底是怎么一回事，那么……我觉得这个孩子千万不要生下来，因为生下来对他（孩子）很不公平。（杰西 北京同志中心 2012-03-10）

不少人士已经意识到婚姻中的同性恋者这一现象并非简单的个人问题，而是整个社会、文化造成的结果。在这个强制异性恋和异性恋婚姻霸权的社会里，受压迫、遭戕害的不仅是同性恋者，也包括异性恋者，很多人到了一定年龄（所谓的“婚龄”）想都没想就随大流进入婚姻，以为婚姻是自己真实想要的东西，是每个人生活的必需品，以为它是爱情的必然归宿。与同妻一样，男同性恋者本人也是异性恋婚姻制度和家庭的受害者，但两者的受伤害程度、性质不一样。一位从事同性恋权益运动的女性主义者如此说道：

> 这个婚姻制度确实压迫同性恋，也压迫同妻。现在同妻说“我是受害者”，但是她往往没看到同志也是受害者。确实，（双方）都是受害者。但是，这个社会会认为，作为男性，你出去找性不是问题，而对女性来讲，（她可能）一辈子都没有性，只敢在婚姻里求得性……所以说，虽然都受压迫，但是压迫的程度和感受是不一样的。（北京同志中心 2012-03-10）

有些婚内男同性恋者自知“短处”，因此他们在家庭生活中尽量采取谦和、避让的态度，又任劳任怨地拼命工作，让妻儿过着物质上相对宽裕的生活，以此来弥补内心对妻子和家庭的愧疚，通过这种努力以换得平和的家庭生活。也有些婚姻中的男同性恋者会因“愧疚”而产生赎罪感，有的同性恋者甚至选择智障的女性作为妻子，更有甚者，还找人去满足自己妻子的性欲望，通过这种“交换”的方式寻求自己的性自由和心理上的自我安慰。当然，并不是所有的婚内男同性恋者都如此有自知之明，也有男同性恋者以极端恶劣的态度对待自己的妻子；也并不是所有的妻子都如此被动、甘愿任人摆布，有些妻子会疯狂地报复，直到同性恋丈夫身败名裂，最后以含恨离婚散场。此外，如果婚姻是一种契约关系，那么这种关系内部必然也存在某种博弈，比较常见的是对过往生活史和家庭背景的信息隐瞒。这种情况下，很多婚姻关系实质上是一种相互欺瞒的不公平契约，这对同性恋者的同直婚而言尤为如此。

## 三、批判、辩解与自我救赎

同直婚虽然暂时解决了来自父母和长辈的婚姻压力，但是并非所有的问题都一劳永逸地解决了，相反，它却埋下了更多的隐患。在同直婚里，同性恋者双面人的生活、伴侣对生活的抱怨与不满（尤其是性生活方面）、父母长辈对子孙的期盼等问题接踵而至，其结果是同性恋者由于内心的自责、罪恶感而产生更多的精神压力和其他问题，最后往往伤害到更多原本无意伤害的无辜者。

是否进入同直婚会对同性恋者的性生活产生影响，有些人担心性伴侣会向自己的妻子告密，以此来讹诈自己，而一些同直婚外的同性恋者也对婚内同性恋者抱有偏见，认为他们“对女人不贞，对男人也不忠；占完了女人的便宜，又来占男人的便宜!”同直婚内同性恋者的情感问题极其复杂，处理不当很容易导致家破人亡。因此，同性恋社群中不少人士对已婚，或打算与异性结婚的同性恋者持批评态度：

你要么就告别这个圈子，踏踏实实去结婚、生孩子，永远不再接触（这个圈子），你能做到这一点，你就去结婚。否则你对你要娶的女孩，还有将来的孩子，都是非常不公平的……如果你娶了个媳妇，你再怎么也是同性恋，将来总会有被她发现的一天。人家把一辈子都托付在你身上，这起码忒不人道。（“糯米”访谈，2010-02-18）

与异性结婚是牺牲女性，凭什么让别人为你的“孝”牺牲？最低的道德标准是不能伤害别人。最后当婚姻瓦解，往往是妻子独自抚养孩子。性取向模糊的（人），请先了解你是谁。（“星星”北京同志中心 2010-10-16）

而已婚同性恋者在遭遇这些来自群体内部的批判时，却也有着一套自己认可的行为解释逻辑。他们能不顾他人的反对而找出理由说服自己，并按自己的意志继续行事。在他们看来，同性恋者的异性恋婚姻有着自身的历史原因与现实的合理性。如一位同直婚中的男同性恋者如此自我辩护道：

已婚同志的情况很复杂，不是大家想象的那么简单，比如认为已婚同志家里有一个，然后外面随便找。已婚同志过着一种分裂的生活，他在陪着妻子的时候，心里面是想着外面的 BF（男友）；他在陪着 BF 的时候又会想着家里的妻子。很多已婚同志其实是很有责任感的，有的时候为什么不能离婚？因为中国的女人现在还是弱者，女人需要一个婚姻。我接触的一些已婚同志的情况，离婚之后，女的可能经济能力确实承受不了，在北京、上海、广州这样的大城市，女性的经济能力比较强一些；但在小城市、在二线城市里，有的已婚同志家里的情况是，丈夫已经跟妻子出柜了，但是妻子还是不怨你、不理会，而且这种比例占得非常大。妻子会说：“你在外面怎么去找都可以，只要别把疾病带回家就可以了。你要维持我们在社会上作为一个

家庭的形象，其他的我可以不在乎。”（婚姻中的男同性恋者 恳谈会 2010-10-30）

这种行为的自我阐释在已婚同性恋者中颇具代表性。这种自我辩解的哲学充满了浓厚的父权制色彩，婚姻中的女性完全被置于被动的、懦弱的、依赖的、失声的地位，将女性当作情感的安慰剂与生殖的工具，男同性恋者——作为一个男性——则取代了女性的自主选择和思维能力。他们认为不与女性离婚是一种“责任感”的体现，而颠倒因果，不去想想当初是谁将一个无辜的异性恋女性拉入一场原本与她完全不相干的婚姻。当然，正如前文已经指出的，同性恋者的同直婚确实存在个体与代际差异的问题，有些是“历史遗留问题”，需要谨慎地区别对待。也有一些同直婚中的同性恋者觉得伤害了妻子，因而怀着负罪感，想尝试着尽量去补偿自己的妻子，如：

> 有些人也一直在说，我们同性恋应该有一种赎罪感……除了性取向以外，我在其他方面做得相当好，我对老婆从来没有打骂，她也觉得我各方面都还做得比较好。如果有哪方面做得对不起她，就是性方面，别的方面我跟她相处得还是相当融洽的……对我自己来说，我可以容忍她去找别的男人，没有问题，这是她的权利。其实我不想伤害人家，但是我已经伤害了她。我不想更深地伤害她，所以我在想如果有什么方式可以让她尽量幸福一点的话，我肯定会朝这个方面努力，也许会不离婚，这样跟她过下去，或者采取别的方式。我在找这个突破点、合适的方式……我觉得我在补偿给人家。（“Rock”北京同志中心 2012-03-10）

在“Rock”的自我叙述中，他不断地强调自己不想伤害妻子、可以对妻子作任何形式的补偿——只要她觉得可以接受。但正如后来讨论时在场的其他人所指出的，“Rock”其实在这场情感和婚姻中是很有保留的。最明显的表现是他妻子最想要个孩子，他却极不愿意满足她的愿望。他谈论的是些无关痛痒的事情，所谓的“补偿”其实就是物质上的报酬，说得再具体一点就是他家的那套房子。事实上他内心很希望与妻子离婚，以“换回自由身”。对他而言，妻子的社会功能——作为尽孝、掩饰他的同性恋身份及其可能带来的社会污名的工具——已经用尽了，对他来说已没有使用价值，因此巴不得赶紧将她甩掉。他表面上尚未离婚的理由是“不愿意去伤害一个无辜的女人”（事实是他已经伤害了妻子，并且最初就知道必将伤害她），实质上是由于他无法摆脱心里的罪孽感，他试图通过自我折磨和煎熬这种自虐的形式来寻求某种心理平衡，甚至体验道德上的赎罪所带来的快感。他渴望妻子主动提出离婚，这样他的肉体和灵魂可以同时得到救赎。同性恋者的妻子在成为社会工具之后，又沦为同性恋者用作精神救赎的工具。

## 四、向“同妻”出柜

同性恋者向妻子出柜之前通常会有一段偶然的、匿名的同性性邂逅时期，其间伴随着强烈的个人焦虑与身份困惑，缓解这种焦虑与困惑的促动力在同性恋者决定家庭出柜的过程中扮演着重要角色。一些研究表明，有两个因素促使婚姻中的同性恋丈夫向妻子出柜，即对性态的自我觉醒以及婚姻关系中发生该觉醒事件的时间。[①] 婚前意识到自己的同性恋取向并进行同性性行为的男性会采取逐渐疏远妻子的方式，他们之所以出柜是因为需要真实面对隐藏在内心深处的自我感受。而那些在婚姻生活的过程中逐渐意识到自己性取向的同性恋者则会经历剧烈的身份冲突，他们的同性恋感知与行为带来的愧疚会产生个人与家庭危机。这种愧疚甚至将导致在家庭成员中寻找替罪羊、中断家庭内部的交流，以致出柜成为解决家庭纷乱的最后途径。家庭结构的变化，诸如孩子的出生、子女离家上大学等因素会推动这种剧烈冲突式的出柜。尽管同性恋者对家庭出柜会有一些应对性的调适方式，如维持婚姻内非性的友谊或半公开的关系，但是离婚往往是最普遍的结局。妻子对同性恋丈夫出柜的最初反应与父母的反应相类似，如经历震惊、自责与内疚等。她们感觉自己仿佛不再认识丈夫，并且觉得正是自己作为妻子角色的失败才导致丈夫成为同性恋者。这些妻子通常比较依赖丈夫，也不肯轻易退出婚姻，即使婚姻无法提供给她们所需的关系

① Erik Strommen. “‘You’ re a What?’: Family Member Reactions to the Disclosure of Homosexuality.” In *Psychological Perspectives on Lesbian and Gay Male Experiences*. NY: Columbia University Press, 1993.

类型。[①] 大体而言，妻子对出柜的反应在很大程度上取决于夫妻之间的关系、正式出柜的时机选择以及妻子对同性恋的态度。[②] “Rock”讲述了他向妻子出柜的经历：

> 我没有跟她说，是她自己发现的，有两次吧。第一次是我不想让她发现，结果让她发现了；第二次是我有意地让她发现的，结果她也发现了。第一次是我跟一个朋友，其实也没干什么，就在床上搂着，夏天嘛，穿得很少。我当时以为她上班去了，但是她中途回到家里看到这一幕，就根本接受不了，说你是同性恋还是怎么回事？当时我还不愿意承认，我跟她辩解说我不是——反正就是给她洗脑，我说跟一个男的搂在一块儿就是同性恋吗？那我明天带个女的回家你愿不愿意啊？她就更不愿意了。我曾经有一个女性朋友，我们只是普通朋友，她在我这儿住过，当时她就特别不高兴，还以为我跟她有关系。然后我就跟她说：你看我带个女的也不行，带个男的也不行，你到底想要我怎么样？她好像也默认了（我不是同性恋者）。
>
> 过了几年，也就最近五六个月之前吧，我故意把我的微博不上密码。反正她迟早都要看到，还不如她早一点看到，然后跟她谈一下，交代自己的（同性恋）身份，完了之后我们就离婚，我去找我的幸福，她去找她的幸福。我当时把一些非常肉麻的话（都写在微博上），还有一些乱七八糟的图片。结果这些她都看见了，之后她说：“你肯定是个同性恋，我都发现两次了。你就告诉我一句话，到底是还是不是？”我说是。然后她居然那样说：“你能不能从明天开始不要去找别的男人了？”我说不能。她说：“那行，咱们离婚吧！”当时其实我特别地开心，（因为）她终于看到这一点了。我说：“可以，咱们就去离。”
>
> 然后写离婚协议书……但是当正儿八经地去办离婚手续的时候她就哭了，其实她特别不想离婚。我看了也为她感到难过，觉得如果硬

① Eli Coleman. “Integration of Male Bisexuality and Marriage.” *Journal of Homosexuality*, Vol. 11, No. 1/2, 1985, pp. 189-207.

② Jean S. Gochros. “Wives' Reactions to Learning that Their Husbands are Bisexual.” *Journal of Homosexuality*, Vol. 11, No. 1/2, 1985, pp. 101-113.

要和她离婚的话，她真的会很难受。后来我跟她说，你觉得什么样的方式开心你都可以去做，我还给她提了好多建议，她都不愿意。我说服不了她，我现在还在找一个特别的方式（解决这种尴尬的境地）。其实她确实是个好人，真的，我们之间除了性生活方面不和谐，别的方面真的挺好的。我觉得即便我跟她离婚的话，她至少也是我这辈子的一个亲人，我肯定会把她当成亲人，而不（仅仅）是朋友，我们之间亲情关系占了很大一部分。我现在在想怎么样才能让她幸福，我还需要跟她进一步沟通。（北京同志中心 2012-03-10）

对男同性恋者而言，对父母出柜和对妻子出柜所遭遇的困难不可同日而语。向父母出柜更构成一个“问题”，因为同性恋者面对的是“长辈”和“权威”，从本质上而言，孝道是父权思想的反映，因此，在向父母出柜时，同性恋者处于父权等级制结构的末端，他们本身成为受害者。然而，这些同性恋者（作为丈夫、男人）一旦面对自己的妻子却成为名副其实的施害者。同样是表露性身份，同样是家庭出柜，却形成巨大的反差。他们自甘受害，也同时在施害，他们潜意识地将这种因传统文化而被迫进入畸形婚姻内遭受的所有痛苦都转嫁到自己的妻子——一个无辜的女人——身上。在这种意义上，男同性恋者成为父权制的继承者与维护者，他们内化并不断再生产着父权制文化。在家庭出柜中，男同性恋者对父母和妻子不同的应对策略深层次地反映了中国家庭的权力结构和资源配置问题。

## 五、总结与思考

通过以上论述可以看出，男同性恋者的同直婚是社会与文化“倒逼”导致的恶果。这是“一场改变了一切的虚假婚姻”，在这场婚姻里，没有谁是真正的赢家，双方都是受害者，这种虚假婚姻对当事人双方的生命历程都会产生不可磨灭的灾难性后果。同性恋者的同直婚和“同妻”问题在本质上与整个中国的同性恋问题、女性地位与权益保障等议题密切关联，它不是个人问题，也不仅仅是家庭问题，而是重要的社会问题，它背后牵涉到整个中国同性恋社群与女性的生态。探讨男同性恋者的同直婚必须考虑中国同性恋社群所处的大环境，包括他们的政治、法律和道德等地位，也必须考虑女性当前的社会地位与集体心理意识等。在全球化的趋势中，社会应给予同性恋社群应有的权利和地位，与社会歧视、污名、偏见做斗争，提高他们在社会中的可见度，让同性恋社群自主地浮出水面，使他们能自如地生活在日常社会里，而无须再以同直婚作为掩盖性身份的工具和手段，这才是最根本的途径。

整体而言，同性恋身份的“去道德化”和“去病理化”等仍然任重而道远。在这一点上，一方面，同妻与同性恋者的立场应该是一致的；另一方面，在改善同性恋社群合法性的同时，女性应有意识地培养独立人格和觉醒意识，从传统的家庭与对男性的依附中摆脱出来，并通过适当的途径积极为自己赋权，而这同样需要整个社会的长期参与和共同努力。

此外，值得一提的是，尽管同妻问题已经日益引起人们的关注，但是由于女同性恋者也会瞒着异性恋男性进入婚姻，而“同夫”问题却尚未浮出水面。那些妻子是女同性恋者的丈夫们，他们的家庭生活、他们的情感世界和内心遭遇又是怎样的？由于社会位置、经济能力和家庭权力等差异，“同妻”与“同夫”问题必然存在很多异同点，这同样是值得深入探讨的话题。

# 文化缺失、代际差异与同性恋认同模式

“性”是从社会环境中习得的，它不是“自然的”，也不是个体主义式的，而是一种“社会后果”。[①] 现代社会中的性分类系统根植于各种社会身份、角色、制度以及生活方式，它无法被意志行为任意地废除。[②] 玛丽·麦金托什在回溯了英国同性恋角色的发展历程后认为，17 世纪末伦敦男同性恋角色的出现与其亚文化形式密切相关。[③] 西方同性恋者在历史发展过程中形成了作为独特族群之属性的标志性文化，这种文化不仅彰显了群体的集体身份与认同，而且推动了同性恋权益运动之蓬勃发展。在当下中国，尽管很多学者亦普遍使用“同性恋亚文化”的表述，但是，如果我们试着追问所谓的“同性恋亚文化”究竟指什么，它与异性恋文化机制有何差别，我们能得到的答案寥寥。北京某同性恋组织在一次文化沙龙上放映了体现中国南方同性恋者生存状态的纪录片，在播放完后的交流环节中，有同性恋者问为什么影片中的内容都是关于性行为方面的，导演不无坦然地回答道：“说实在的，除了性行为之外，我不知道同性恋跟异性恋有什么区别。”这样类似的答复不是第一次听到。在实地调查中，我们的经验感受也是如此。性行为差异固然也可以成为文化差异的表征形式，但这种“文化差异”似乎只局限于纯粹的行为本身。本文并不是刻意强调一个社群必须有自己的亚文化，而是想呈现这样一个事实：尽管中国有悠久的同性爱欲历史与传统，但当下的同性恋社群却缺乏或尚未创造出属于自身的独特显文化。本文试图进一步探讨同性恋文化缺失的含义及其与认同模式之间的关系。

---

① Ira L. Reiss. “A Sociological Journey into Sexuality.” *Journal of Marriage and the Family*, Vol. 48, No. 2, 1986, p. 234.

② David F. Greenberg. *The Construction of Homosexuality*. Chicago: University of Chicago Press, 1988, p. 493.

③ Mary McIntosh. “The Homosexual Role.” *Social Problems*, Vol. 16, No. 2, 1968, pp. 182-192.

## 一、中国同性恋：“有历史无文化”

文化的一个重要特征是具有传承性。中国现代意义上作为一种身份的同性恋是“欧风美雨”的产物，是清末民初随着从西方传入（性）科学（通常是经过日本的转译）而逐渐被公共知识精英接受的，它与中国古代意义上的同性性行为完全是两个概念。换句话说，这种现代的、西方意义上的同性恋身份及其身份政治与我国传统的同性爱欲行为之间存在着断裂，两者之间并没有直接传承性。1949 年之后，同性恋现象在中国大陆被当成一种封建余孽与资产阶级毒瘤被彻底否认和清除出公共领域。20 世纪 80 年代之后，随着国门的重新开放，同性恋话语又在公共领域中逐渐浮现，这时民国时期那一套已经被当代西方性科学废弃的话语与观念再次进入人们的视野，而且在思想贫瘠的年代它们很容易先入为主地被灌输进人们的脑海，或迅速复苏近代关于同性恋的集体和历史记忆。近些年来，尽管在普通的异性恋社群中，同性恋被视为“流氓行为”和心理变态的思想已经得到很大改观，但是在很多民众的脑海里，那些陈腐的历史话语仍占据着主导地位。

另一方面，当前同性恋社群的性实践是以 20 世纪 50、60 年代出生的同性恋者作为“行为榜样”，而在这些人的性活跃期，同性恋仍被社会压制着，同性性行为是极其隐蔽与不可言说的，只能偷偷摸摸地进行。在这种环境下，对很多同性恋者而言，身份认同反而不是一个急迫和困扰的问题，因为该问题本身根本就不存在。这个世界上只有异性恋这样一种性取向，“男大当婚女大当嫁”，天经地义，自古如此。这种情况的“意外后果”是同性恋者因性取向而导致的个人、家庭悲剧相对较为少见，因为身份认同尚未被问题化。因此，这一代同性恋者很多都生活在真实的异性恋婚姻内，并在同性恋游弋场所保持着一定量的同性性行为。在这种时代背景下，同性恋只剩下行为本身，对一个在社会中隐没的、流散的、互不认同的群体而言又何谈集体共享的“文化”呢？在沉重的社会歧视与压制下，同性恋者处于“阴茎—身体—身体孔道—体液交换”的状况。①

而20世纪80、90年代出生的同性恋者生存状况大不一样，在讨论同性恋社群时需要区分这种代际差异。这一新生代的同性恋者可以通过书籍、互联网等非性行为的方式确认自身的性取向，当“身份”赫然出现在每一个质疑自己性取向的个体面前时，身份认同便构成“问题”和重要的生命事件。同性恋主体已经在公共领域中浮现，性身份也成为每一个人都需要扪心自问和内心考量的重要议题。于是，各种因性取向而产生的困惑、自我拒斥以及家庭矛盾成为同性恋者生命史中的重要经历，精神压力、抑郁、自杀（未遂）等现象频频发生。另一个结果是，由于重新发现了内心隐藏的、压抑多年的真实身份，老一代同性恋者纷纷选择与原有的家庭决裂，寻找属于自己的、所剩无几的残年，以释放被禁锢了一辈子的同性欲望。从这个方面来看，社会并不能一味地从道德上谴责那些已婚的同性恋者，而应该区别对待。正如很多同性恋者意识到的，同性恋进入同直婚是“历史遗留问题”，这里面的问题因人而异、错综复杂。但这并不是为那些怀着明确目的、在对方不知情的情况下以同直婚为逃避手段的同性恋者开脱。新生代同性恋群体又由于地域、家庭环境、教育背景、交际圈等各种因素造成巨大的异质性，他们在初入圈子时往往受老一代同性恋者行为的影响，这对“恋老”一族而言尤为如此。同性恋社群的行为方式本身得到了延续，然而这种纯粹以性行为作为主要内容的传承被很多人引为诟病。但是，这种情况随着代际的转变正在逐渐发生变化。

大体而言，同性恋社群目前尚处于“启蒙时期”，由于缺乏同性恋文化传统的参照、同性恋认知途径短缺、社会能见度低等原因，很多同性恋者的性认同过程是通过个体式的、原子化的自我摸索实现的。这个时期的同性恋者在交往过程中倾向于“以貌取人”，他们更多地考虑生理条件，而不是经济、文化和习性等其他因素；找的是性，而不是情；只图暂时的快感享受而不考虑长期稳定的伴侣生活。其身份认同主要通过性行为来确认，这也是当下同性恋社群中性行为发生频率较高以及频繁更换伴侣的原因。因为他们中的很多人对自己到底要什么都认识不清，更何况同性恋者

---

① 童戈：“‘同志’人群的消费活动和消费场所.”童戈等：《中国“同志”人群生态报告（一）》，北京纪安德咨询中心（内部资料），2008年。

之间缺乏诸如法律、家庭和亲友等外部因素的制约。应该说，这是一个正处于转型过程中的历史阶段。同性恋发展的第二阶段是“形而上”的阶段。到了这一阶段，同性恋者的身份认同不再仅仅通过受本能驱动的、生物性的性行为来完成，而更多地涉及文化因素，他们会更注重伴侣之间的感情与心理感受，关系也会更为稳定与持久。可以预见，这一阶段同性恋者对同性恋权益（如同性婚姻、遗产继承、抚养小孩等）的需求也会越来越强烈，并出现各种形式的同性恋运动。

由于同性恋社群缺乏文化参照，因此，它只能效仿异性恋的思维方式与文化模式。中国现阶段的同性恋者缺乏独特的（亚）文化，并正处于代际转变期，这是本文的基本观点。

## 二、文化缺失的表征

格雷格·布拉克福特（Gregg Blachford）曾指出，西方发达国家的男同性恋世界同时并存着两个进程，即复制和抵抗。一方面，男同性恋亚文化复制异性恋主流文化，这种遵从行为反过来强化了主流社会的秩序。同时，同性恋亚文化又试图限制和改变它所遭遇的主流文化，这样做是基于对这些价值观的“部分协商性反对”。同性恋亚文化复制了一系列原有的主流异性恋社会的核心价值观与制度，如阶级关系、消费主义、社会道德、年龄歧视以及男性气概和父权制等。在同性恋亚文化中，这种文化复制主要体现为三个方面：① 第一，“话语实践。”男同性恋者日常生活的话语延续了男异性恋者的日常话语，他们的俚语与主流社会的统治秩序密切相关，因此，同性恋者并没有挑战给他们贴上越轨者标签并压迫他们（尤其是女性化的男同性恋者，因其在社会上的可见性）的社会。第二，“偶然结识性伙伴，（在公共场所）寻觅性伙伴和性对象的客体化”，这一点与异性恋社会中男性寻觅异性相类似。第三，“表意性人工制品及其具体物”。在男同性恋的亚文化中使用的各种表现物及其风格体现出更广义的文化，如健壮、雄性活力、攻击性、力量和性能力等，从本质上而言，也

① Gregg Blachford. “Male dominance and the gay world.” In *The Making of the Modern Homosexual*, ed. K. Plummer. London : Hutchinson, 1981, pp. 188-193.

即男性特征及相关的男性气概，可以使他们远离被污名化的同性恋者。在当下中国的男同性恋社群中，亦不同程度地存在着这三种不同形式的文化复制形式，而且他们更多的是对异性恋文化的继承、模仿与复制，缺乏创造与抵抗。具体而言，同性恋文化缺失的表现形式主要有以下四个方面：

（一）**缺乏角色规范**。同性恋者用既有的异性恋文化剧本来阐释自我、接受自我，并以此作为自我行动的依据。这些剧本往往来自他们耳濡目染、从小浸淫于其中的异性恋社会，例如：

> 从我的角度来看，在这群人中，有一部分人在角色认可上他已经把自己认可成一个异性，他就觉得自己是一个女人，我就要那样（女性化行事）。（Andy 访谈，2009）

> 好多人实际上掉在一种怪圈里头，尤其是做 0 的（即“受”的角色），它是把异性恋的女性文化、女性心理潜移默化地加诸在自己身上，实际上希望自己能像异性恋男人对女人那样有一个男人照顾自己、保护自己，而自己也像个女人似的整天相夫教子。C 不 C 不是一个形象举止的问题，是一个心理问题，（是一种）依附心理，希望被保护、被呵护，就跟女人一样，整天甜言蜜语那一套。（David 访谈，2010-02-18）

（二）**家庭文化的缺失**。同性恋者自主组成的家庭缺乏家庭生活的文化，导致“家没有家的感觉”，而只是两个男人或两个女人在一起暂时的居处。

> 这几天我去××家，感觉还不是一个家。毕竟你是那个（异性恋）传统里长大的，一般异性恋的家里面花花绿绿的，什么东西都有，那种细节上的东西让你感觉是个家。那天我刚好去他们家的卫生间，我一看这里就是两个男人的，可能是收拾得比较整齐吧。你去看有孩子的人家，哎哟，里面乱七八糟的！（同性恋的家）缺乏异性恋家的那种热闹感，小细节上的那种温暖感，还是有那么点冷清。
>
> 我并不是说同志要像异性恋那样，就是说这种感觉，还是有差异的。一个男的再怎么细也不可能细到一个女的那份上去。打个比方，一个家就像一盆鲜花似的，虽然它有时候没开花，但你能想象它开出

花来的样子，但是有时候我就觉得同志的家是一棵绿色植物。它那个气氛不一样。(David 访谈，2010-02-18)

(三) **称谓的模仿**。同性恋者之间的不少称呼事实上采借自异性恋文化，当前并没有创造出属于自己的特有称谓。而这种挪用、采借而来的称呼其实并不完全适合同性恋关系，这种称谓话语对同性恋者真正的生活体验和行为创造可能产生自我制约和束缚作用。

同志的称呼是一个问题……很早就有同志了，但是没有那种文化。为什么说没有文化呢？比如说，咱俩在一块儿，1 也好，0 也好，这只是性角色，但是到底应该怎么称呼？它没有，它实际上是把异性恋的称呼借过来，1 叫“老公”，0 叫“老婆”，但是你要是仔细琢磨，实际上它跟异性恋的老公、老婆都不是一回事。所以它追溯起来就是没文化，没有同性恋文化的认同感，同志最基本的称呼到底该怎么称呼，包括成立家庭以后角色应该怎么定位，都没有。所以现在人都处于茫然和摸索阶段，到底该怎么样，谁也不清楚。(糯米 访谈，2010-02-18)

我不觉得在同志之间叫“老公”“老婆”是一种区分……一两年前，我在网上无意中看到一篇文章，说国外尤其是英国，同性恋家庭中很少会以“老公老婆”这样的称呼去区分，很多人还是觉得仍然是两个男人，看着似乎有区别，其实是一样的。(男) 同性恋的标准是什么？第一，首先认可自己是男人，没想过把自己改变 (性别)；第二，要找的 (伴侣) 也是个男人。我认为这是同性恋的标准，当然 (它) 并不符合我们社会给的定义。(阿来 访谈，2009-03-19)

此外，某些称谓是同性恋社群中对目标对象的归类方式，它既是一种自我划分形式，也可能形成一种自我限制。例如，除了 T-P 的强制性划分，还有“熊”文化也是如此，它从西方同性恋文化中嫁接过来之后，被剥离得只剩下一张缺乏内容的贫瘠空壳：

“熊”文化传到中国之后有一个很大的改变。美国最初出现“熊”文化是在 (20 世纪) 60 年代末 70 年代初。当时美国的同志有一个现象是所有的同志几乎都一模一样，所以他们叫“克隆人”，每个人都穿着白色T恤、留着一小撮胡子。美国最初出现“熊”文化就是为了打破这种现象，所以“熊族”特意不修边幅，有些人几天不洗澡，而且把自己的身材搞得很胖等。他们当初是有一个理念的，就是为了反抗强迫每个人都同一个样子，所以他们故意地去改变这个形象……而中国的有些“熊”，出门前打扮、化妆要45分钟。（星星 北京同志中心分享会 2010-10-16）

**（四）“白咖啡、黑咖啡”**。西方同性恋学者批判异性恋主义的一个重要概念工具是“强制性异性恋”，这在中国的社会里，情形稍有不同。由于缺乏族群文化，很多有同性性取向的个体是无意识地进入异性恋生活的。除了模仿异性恋的行为规范外，中国的同性恋者还可能先经历异性恋爱，然后再步入同性恋圈子，这个过程有时候甚至会出现反复。由于同性恋文化的缺失，许多同性恋者无法通过自我认知达成身份认同，而只能通过性行为来完成。他们通过两性性行为的实践比较之后，最终确认自己的性取向。对此，同性恋圈子里有一种通俗形象的比喻，即“白咖啡、黑咖啡”之说：

喝了白咖啡之后就觉得黑咖啡不能喝了……女人抱在怀里软绵绵的，（男同性恋者）喜欢有力度的那种感觉。当他感受到这些之后，对以前的（女人）就再也没有兴趣了。（糯米 访谈，2010-02-18）

“糯米”的经历是先有异性性行为，然后才有同性性行为。他先是一位“异性恋者”，然后才“成为”一个同性恋者。他深深地体味到这个过程的苦楚：

打个比方来说，你在河东岸走，但你知道你是河西岸的人，总有一天你会不由自主地会跑到那头去，你知道你左右不了这个。你可能为了外界的压力（父母和传统的压力）找个女孩，我对女性不是特别排斥，不是不能接受，也可以那么过。但是时间长了，对你、对她都是一种痛苦。就像你穿41的鞋，但别人都说你穿40或穿39的，那你说我就穿40、39的，你穿41合适实际上是你的错觉。或别人不知道你是穿41的，只有你自己知道但又不能说，你勉强穿39、40的，但

时间长了你肯定受不了。总有一个极限，到最后你还得换回来。（糯米 访谈，2010-02-18）

同性恋自身文化的缺失，同时又存在着强制性异性恋的普遍事实，异性恋统制成为实施符号暴力的制度性条件，而符号暴力又强化了制度本身及各种权力形式的再生产。异性恋社会的各种制度、规则和关系不必刻意制造其产生和延续的条件，它通过对个体进行长期潜移默化的文化灌输，使之内化各种文化专断的原则。通过向所有对象灌输一种认知、思维、评价和行动模式，从而实施“精神和道德整体化的生产和再生产”。[①] 同性恋者被限制在符号统治的悲剧性二律悖谬中，他“既要反抗社会强加的分类，又要让这种分类试图反对的类比和约束存在下去”。同性恋者为了从不可见变成可见，为了不再隐匿和遭受排斥，其代价是“回到秩序中去”，他们通过服从统治规范，重新隐形，在某种程度上变得中性化。[②] 在表面上，异性恋社会的各种压制性主体之间无任何关联，这往往使人感觉弥漫式的压制无处不在。异性恋社会对同性恋者的规训更是软硬兼施：一种是通过文化惯习的内化，也即“符号暴力”的形式。这种文化嵌入与侵占无孔不入，可以说，同性恋者的生活被嵌入在暴力的异性恋文化中，通过将异性恋的文化强加于他们身上，最终达到同性恋者自我异化、自我憎恶的目的。这种文化胁迫或文化规训是社会规范的要求和传统支配下的命令，因此，它造就的并非生理事实，而是“社会事实”。在马林诺斯基看来，文化手段迫力产生的功效实无异于生理上的需要。[③] 另一种规训形式是国家权力的直接施暴，即“赤裸裸的权力”。此外还有各种隐性的歧视，如禁止同性恋者献血等。异性恋社会的道德、文化和权威不断地强化异性恋统制与专断性。通过这种权力的施展，不断再生产着、强化着异性恋社会的权威结构和功能，同时掩盖了异性恋作为一种文化专断的事实，从而使之成为唯一合法的、合情合理的“本性”与实践方式。它所灌输的文化专断再生产着异性恋伦理与知识，这些无知与偏见进而导致社会系统的文化失明。

---

① 布尔迪约、帕斯隆：《再生产：一种教育系统理论的要点》，邢克超译，北京：商务印书馆，2002年，第41页。

② 皮埃尔·布尔迪厄：《男性统治》，刘晖译，深圳：海天出版社，2002年，第164-166页。

③ 马凌诺斯基：《文化论》，费孝通译，北京：华夏出版社，2002年，第50页。

## 三、代际差异与认同模式

由于不存在婚姻、家庭和法律等现实约束，同性恋者在选择伴侣时往往更注重彼此的感觉，这种凭着感觉走的态度使关系的持久成为一个问题。通常而言，关系双方良好的自我认同、成熟的心智、经历以及良好的经济基础等都有助于长久交往、情感稳定。但是，很多年轻的同性恋者由于缺乏这些条件，往往导致频繁地更换性伴侣。从表面看来，性行为方式的改变与年龄的增长（以及随之而来的性冲动的减缓）、心态的成熟稳健有关。异性恋者性行为频率也会随着交往时间的持续而降低，一些学者用边际效用递减规律和人力资本效应解释婚内性行为的频率随着婚姻时间的持续而下降的现象，这种人力资本具体指提供移情、友情、性愉悦、知识上的享受、社会地位或者收入等的能力。①

在同性恋社群中，从频繁寻找性伙伴到结成固定的长期伴侣是两个不同的阶段，其中减少性狩猎活动是重要的方面。文化—历史因素在型塑性少数群体的身份认同中起着重要作用，同时表现出明显的代际差异。有关美国同性恋的研究表明，老一代同性恋者以政治和其他外部事件（如“石墙事件”等）为文化记忆核心，而年轻一代则更多地是以个体记忆（如出柜）为主，这说明同性恋者的身份认同越来越多地以个人经验而不是以文化来定义。② 此外，越是刻意控制自己生活的人，对其性身份的消极反应越会导致通过密集的性接触（包括非保护性的肛交）来确认他们的同性恋身份。

在文化缺失的状况下，性行为确证了个体对性取向的质疑，并帮助他们以个人的身份认同来理解同性爱慕和同性性行为。简而言之，性行为是性身份形成的促变因素。而在相对更为宽松、更易获得信息与支持的环境下，新生代的同性恋者更可能在发生同性性行为之前就已经意识到并确认自己的性身份。对当前很多同性恋者而言，他们是通过性行为肯定自己的

---

① Chien Liu. “A Theory of Marital Sexual Life.” *Journal of Marriage and the Family*, Vol. 62, No. 2, 2000, p. 365.

② Nic Weststrate & Kate C. McLean. “The Rise and Fall of Gay: A Cultural-historical Approach to Gay Identity Development.” *Memory*, Vol. 18, No. 2, 2010, pp. 225-240.

性身份。当然，性身份并不等于性行为，有同性性行为的人未必认同自己是同性恋者，如“金钱男孩”及那些发生境遇性同性性行为的人。不同代际间的这两种身份认同模式可以概括为“以性为中心”（sex-centered）的认同模式和“以身份为中心”（identity-centered）的认同模式，[①] 前者以同性性行为来理解和标签自己的同性爱慕情感，它通过性来形成个人身份认同和作为同性恋的感受。后者在发生同性性关系之前就已经确认性身份，它通过“身份阅读”来实现自我认同，在这种认同模式下，人们并不将性行为本身作为身份的标志性特征，而是包含了认知的、政治的、情感的和人际的等诸方面；他们在性伴数量上比“以性为中心”的同性恋者要少，而且身份认同的年龄要早些，更少内化“恐同症”，更多地向周围人表露自己的性身份，并且更倾向于聚集在大都市。认同还与个体所处的环境以及用作自我支持的可利用资源等因素有关，“以性为中心”的同性恋者与女性发生性关系的现象更为普遍。身份认同的代际差异很可能预示着未来同性恋者行为和认知模式的大转变。

## 四、总结与思考

一直到20世纪中期，西方社会才确立稳定的、制度化同性恋亚文化形式。[②] 自民国以来，我国同性恋的发展历程显得尤为突兀与剧烈，因此，形成本土性的同性恋亚文化也需时日。文化本身存在着内在矛盾与悖谬，虚假的文化可能产生真实的认同，但在产生这种认同的同时亦会招致质疑。文化既能产生身份认同，也会产生身份焦虑。同性恋文化的培育受制度性条件的制约，在中国社会传统与现代转型的大背景下，作为整体的同性恋族群仍处于文化缺失的阶段，性行为在认同过程中发挥着重要作用。特定的历史和现实因素造成了同性恋社群的代际差异，这种差异进而影响不同代际的同性恋社群中存在不同的身份认同模式。此外，对今天的同性恋者而言，由互联网构成的虚拟空间对身份认同、情感交流和性行为等各

---

① Eric M. Dubé. “The Role of Sexual Behavior in the Identification Process of Gay and Bisexual Males.” *The Journal of Sex Research*, Vol. 37, No. 2, 2000, pp. 123-132.

② John D’ Emilio. *Sexual Politics, Sexual Communities*. Chicago: University of Chicago Press, 1983.

种实践活动以及同性恋社会运动的资源动员等都起到巨大的促进作用。

性的范畴并不仅仅是性行为而已，性也不仅仅是个人的私事，同性恋社群更重要的是衍生一种特有的生活方式、一种有别于异性恋的亚文化。倘若同性恋与异性恋之间的差别仅是体现在性行为本身，那是同性恋族群的自我贬抑，它无法体现出同性恋者真实的存在状态，而这是争取同性恋权益的基础；它无法明辨自我，只能隐匿在异性恋人群中；它也无法带来更多的解放。在西方社会里，同性恋者、双性恋者与异性恋者在关于性别、性行为、关系、道德、非生物性的家庭以及权利等方面均具有不同的观点与立场，它们并非异性恋社会价值观的镜像。① 在这里，我们并不主张中国的同性恋者效仿西方“先进的”同性恋文化，也无意寻找或验证一种普世主义的同性恋文化，而意在强调的是特定族群的自我意识与文化，尤其是在全球化的语境中培育出中国本土的同性恋话语、身份与社会运动，这也是本文的主旨和关怀。

---

① Urvashi Vaid. *Virtual Equality: the Mainstreaming of Gay and Lesbian Liberation*. NY: Anchor Books, 1995, p. 46.

# 第四章　家庭出柜的文化阐释

## 家庭出柜的影响因素及其文化阐释

### 一、家庭出柜的含义与文化困境

“出柜”是同性恋圈中的隐语，即同性恋者走出自我藏身的“橱柜”。“家庭出柜”指同性恋者向家庭成员（尤其是父母）表明自己的同性恋性取向，本文主要探讨向自己的亲生父母出柜。同性恋身份通常与“橱柜”的隐喻相联系，它被视为一种关系性的建构。在儒家文化圈中，家庭在个人生活中占有重要的地位，它甚至成为个体属性之构成。在中国社会里，个人最基本的身份属性来自“家庭—亲属系统，而不是性爱对象的选择”。[①] 然而，由于文化偏见、社会污名和大众猎奇等诸多原因，很多同性恋者宁愿躲在“橱柜”里也不愿意出柜，由此形成了“认同而不出柜”的生存状态。[②] 家庭出柜的结局往往是父母拒绝接受同性恋子女的新身份，导致原本完整的家庭支离破碎，造成两代人之间的隔阂、冷漠甚至各种悲剧。家庭出柜不仅是同性恋子女的个人“私事”，也是重要“家事”，同性

---

① Wah-shan Chou. “Homosexuality and the Cultural Politics of Tongzhi in Chinese Societies.” In *Gay and Lesbian Asia*, ed. Gerard S & Peter J. NY：Harrington Park Press, 2001, p. 28.

② 王晴锋：“认同而不‘出柜’——同性恋者生存现状的调查研究.”《中国农业大学学报（社会科学版）》，2011 年第 4 期。

恋子女的“现身”对其父母来说是前所未有的观念冲击，它意味着父母从此失去那些潜在的家庭角色，并可能会面对亲朋好友的质疑，也可能遭遇社会污名等。在这种情况下，父母会在他人面前竭力掩饰子女的同性恋身份。“子女出柜、父母入柜”表达了家庭出柜产生的两代人之间的尴尬窘境。社会成见、政治意识形态、道德立场和个体认知等因素都不同程度地决定了父母对同性恋子女家庭出柜的态度。

在恋爱文化大众化和婚姻关系浪漫化的今天，婚姻成为对性愉悦的个人追求，人们不再仅为取悦双方的父母或为了经济互惠而结婚，同时也为了伴侣之间的情感和性。正是在这种文化背景下，传统的婚姻与家庭成为同性恋者最具有压制性和令人折磨的制度。[①] 与此同时，由于受传统文化的熏陶，很多旧有的观念在父母这一辈仍然根深蒂固，传统伦理本位的文化系统集中表现为以“孝”为核心的一整套礼制。在一个“百善孝为先”的社会中，同性恋子女对家庭出柜的担忧主要是被认为不孝，愧对父母，所谓“不孝有三，无后为大”。在强调家族的延续、和谐、富足和声誉等家族主义的取向下，“人们生活圈内的运作一切以家族为重，以个人为轻；以家族为主，个人为从；以家族为先，以个人为后”，杨国枢将这种集体主义称作“家族集体主义”。[②] 这种家族取向的互动特征与社会关系决定了同性恋子女与父母之间的互动关系。

## 二、个体特征、前期铺垫与时机选择

在一个以他人和关系为取向的社会中，父母将子女的身份也视为自我身份的一部分。同性恋者的父母与子女一样，共享着“同性恋”身份。与同性恋者的身份认同过程相类似，父母在同性恋子女家庭出柜的过程中也经历了拒斥、怀疑与接受的过程。因此，家庭出柜应是一个渐进的、缓冲的过程，不能毫无预示地贸然出柜，让父母措手不及。在家庭出柜的诸多因素中，同性恋者的年龄是一个重要的变量。一些有过经历的同性恋者认

---

① Wah-shan Chou. “Homosexuality and the Cultural Politics of Tongzhi in Chinese Societies.” In *Gay and Lesbian Asia*, ed. Gerard S & Peter J. NY: Harrington Park Press, 2001, p. 31.

② 杨国枢：“中国人的社会取向：社会互动的观点.”杨国枢、于安邦主编：《中国人的心理与行为：理念及方法篇》，台北：桂冠图书公司，1993年。

为，家庭出柜越早越好，对父母是越拖越僵，因为随着子女年龄的增长，父母的期待也在不断地增强，到最后往往发现自己已经无路可退。例如一位男同性恋者讲述道：

> 我今年已经29岁，如果能够及早地跟父母坦白这个事情，我相信无论多早，也总比我现在这个时候好。到我这个年龄的时候，实在太难、太难了。首先父母非常难以理解你心里到底是怎么想的；另外，年轻一点，承受打击的能力也强一些。2007年的时候，我母亲得了脑梗死，后来我一直觉得这将会是我的一个心病，每每当我想谈这个事情的时候，我总是想，要是我妈接受不了这个现实怎么办？我把这个事情拖了太久、太久了，我知道自己是gay已经有10年，我们俩在一起已经有8年。现在我都快30了，再去向家里提这件事情的时候，突然间发现太难了！（恳谈会2010-10-30）

如果年龄太小，一方面出柜的主体很难有成熟稳重的心理，另一方面家长也可能不太当真，以为只是孩子一时的想法，等长大了会慢慢地改变。而如果年龄太大，子女一方由于婚龄的逼近而缺乏充分回旋的余地，父母一方则也因年龄大了心理承受能力更弱，容易使出柜的破坏性后果更加严重。在年龄的逼迫下，一些同性恋者不得不出柜。父母是否接受跟同性恋子女的自我认同状态有密切关系，如果同性恋者自我的身份认同坚定、“理直气壮”，那么家长最终会逐渐地接受，毕竟是骨肉相连。此外，如果同性恋者能够在生活、工作等各方面做得很好，让父母欣慰，那么父母可能不至于激烈地反对。例如，在同性恋恳谈会上，一位男同性恋者表达了这样的看法：

> 同志本人自己的认同是一方面，这是理念性的方面，（但是）我觉得更重要的是实践方面，独立很重要。如果你自己做得让父母放心，你能够过上很好的幸福生活，那么他们肯定是支持你的。你先自个儿把事做好了，比方说学习，那我就学习得很好、学习得很踏实；如果你已经工作，你就要在工作的领域做得很务实，做得很优秀，能够自食其力。我有点大男子主义，我让父母过好了，让他们觉得这个儿子很好，那么他们也会接受我的一切。其实说得核心些，就是自我认同（理念）和你

自己的努力。我觉得这个是最重要的，其他的没有什么捷径而言。我觉得最重要的还是自个儿做好。(恳谈会 2010-10-30)

家庭出柜的过程中不要“出尔反尔”，因为这种反复容易不断地唤起父母的希望而最终的结果又是更深的绝望，从而不断地将父母推入痛苦的深渊之中。尽管有些研究指出，男同性恋者的出柜模式与女同性恋者有一定的差别，但在家庭出柜的问题上，男女同性恋者所面临的遭遇非常类似。

相比之下，家庭对女同性恋者的接纳程度要比男同性恋者高，父母的反应也略微温和些。由于社会对女性性别的文化定义比较有弹性，因此如果女性违反了一般的性别角色，比较容易被社会接受。同样地，不管是异性恋男性还是女性，都不太倾向于认为女同性恋者会对传统的性别角色构成明显的、直接的挑战与威胁。① 在这种社会环境下，女同性恋者因身份认同而带来的困惑、认知紊乱、家庭冲突以及导致的各种极端行为也相对少些。然而，这样的结论在总体上而言或许大致如此，但是并不能具体到每一个个体，父母对同性恋子女出柜的个体性反应受到诸多因素的制约。

在调查中发现，导致家庭出柜产生负面效应的因素包括年龄相对较小、家庭依赖感强、经济尚未独立、缺乏铺垫的情况下贸然出柜、家长对同性恋的认知水平低下、与同性伴侣情感不稳定、宗教因素、单亲家庭(更加孤独无助，更希望有后代）等。与之相应的正面因素则包括：生活相对独立、向家人逐步透露性身份、不直接口头表白自己的同性恋身份而是通过行为本身去表露、给家人自我反思的时间等。此外，如果同性恋者已经进入同直婚、有兄弟姐妹并且其中已有人结婚生子、父母能够接受新生事物和新观念等，这些条件都有利于家庭出柜。同性恋者可以选择不同的家庭成员出柜。在中国的文化情境中，同性恋者本人以及父母的素养、家庭环境、父母与子女的关系等因素都会影响到首要出柜对象的选择。大体而言，如果强调情感性的维度，那么首先向母亲出柜的概率较大，通常母亲在家庭中扮演着表意性的角色，与子女的关系相对更亲近。在一些传

① M. Kit & B. Whitley.“女性与男性异性恋对同性恋的态度是否有差异？一个概念上和方法论上的分析.”M. Herek 编：《污名与性取向》，江淑琳译，台北：韦伯文化，2000 年，第 54 页。

统的家庭里，父亲往往居于主导性地位，他们掌握着家庭的话语权，甚至能替代性地决定家庭成员的自主选择；而母亲则处于无权的失语境地，她仅能提供同情、无奈与眼泪。在这种情况下，向母亲出柜不仅说服不了父亲，母亲的痛苦与不理解反而会阻碍同性恋者向父亲出柜的勇气。因此，不少同性恋者不得不断然向父亲这个权威直接发起挑战。但是，这也不能一概而论。中国家庭中母亲较强势，甚至是一家之主的情况也并不少见，因此出柜仍需要具体问题具体分析。出柜是一种个体性的选择，它应根据同性恋者本人的生活经验、能力、意愿和家庭（父母）状况进行自我决断。

家庭出柜最好事先有一些铺垫性的工作，譬如，在未出柜前，有意识地让父母接触一些关于同性恋的正面、积极和客观的信息；邀请父母一同参加同性恋聚会活动；或者通过给父母写信的形式表达自己的内心感受。书信可以表述一些口头无法传达的内容，而且双方隔着距离，不容易发生面对面的激烈冲突。例如，这位男同性恋者认为写信的表述方式对出柜有一定的辅助作用：

> 我父亲是一个比较有文化的人，他对文字比较敏感。本来我觉得跟他关系不是很好，因为他比较强势。所以，在我出柜之前的两三个月，我给他写了一封信，包括我对以前儿时的回忆，我知道他很爱我，我也很爱他，大概是写给他这样一封信。这封信其实对我出柜有一定的帮助。（Tony 北京同志中心 2012-2-19）

家庭出柜作为同性恋者重要的生命史事件，出柜的对象、时机、环境和地点等外在要素的选择也相当关键。还有一点是：最好不要同时向父母出柜，因为这样面临的压力会更大。很多家庭出柜失败，是因为父亲这一方接受不了。但是如果父母双方有一个可以接受，那就相对好办。如：

> 出柜的话，你不要同时（向父母）进行，这样的话会非常危险。我妈说话的力度比较大些，“擒贼先擒王”，我跟我妈沟通好了，事情也就容易解决。之前跟我妈做过一些沟通（通过看博文等这些铺垫），然后再找机会跟她说。
>
> 2008年深秋，我妈胃病突发住院了。我那会儿去陪她，陪了一

> 宿，到了后半夜，我妈感觉好一些了，我们俩就往（医院）外边去走走。然后刚好走到一家麦当劳，因为里面环境也比较好，我说咱们去里边坐一会儿。那里灯光比较温馨，背景音乐也柔和，而且还有就是：人少。我们聊了生活中的一些琐事，慢慢地，我就说："妈，我跟您说一件事儿！那个……当然，这件事对您来说是非常打击的……"然后说了好多话，把这件事说得多么、多么糟糕，然后又说我怎么、怎么爱您。其实在这之前我从来没有跟我妈说过这样的话。我妈听了觉得不对劲，因为我（把这事）说得特别糟糕，她就很生气，说"你怎么了?"然后我没有说我喜欢男的，我说"我不喜欢女的"。她说"你恋母"。我当然说我不是。沉默了一会儿，我跟她说："我长大了，知道什么是幸福，（同性恋）不是犯罪，也不是病，之前你看博客也有了解。"我妈后来就说了一句话："这条路不好走。"（"丸儿"北京同志中心，2010-11-06）

有些同性恋者针对家庭出柜还精心拟定了详细缜密的行动纲要，也即"出柜剧本"。他们会列出家庭出柜对象的具体名单与时间表，比如先向谁出柜、如何解释、该怎么说对方容易理解与接受，等等。到对方大致认可和接受之后，再攻克下一个目标，直到最核心的父母。在这个过程中，业已争取过来的、接受自己性取向的亲朋好友都可以成为向父母出柜的协助力量。这样，家庭出柜过程中的人际关系成为一个以父母为中心的同心圆，同性恋者从边缘向中心逐个攻破，最终达到让父母接受自己性取向的目的。例如：

> 我的出柜过程列了一条很长很长的线：先跟我妹说，向她解释，我妹在老家，在我父母那边；再跟我三叔说，三叔在河北，他跟我爸关系特别好，他们经常联系。他俩知道以后，然后跟我一个表弟说。这几位亲戚接受起来还都挺好的。（针对父母对出柜的不同反应）我还准备了一些其他的，比如，假如父亲要带我去看"病"，那好，我已经事先联系好了两个心理医生、两个医院，也是通过中心（北京某同性恋组织）的朋友（联系的）。他们都是认可度比较好的医生，事先都打过电话。那个时候我三叔的接受程度挺好的，因为他年轻一点，也经常上网，对这个事情比较能够接受。我也跟他打过招呼，给

他列了单子，上面写着如果我爸给他打电话应该说些什么。还给我妹准备了一份，事先我都做好这些准备工作了……然后又过了半年，那天是在下午，在一个单独的房间里，非常的安静，正是昏昏欲睡的时候，我跟爸一起聊了三个小时。最后，他接受起来还比较平静，他当时的反应是："唉……"（叹气），没有歇斯底里地一定要你转变。我妈的反应就比较强烈一些，第一次跟我打电话，一边哭一边说，后来几次慢慢地好一些。（Bell 北京同志中心，2010-11-06）

这种"围攻"式家庭出柜的序列逆向运用了中国社会的"差序格局"，即由远到近、由边缘到中心，各个击破。在家庭出柜的过程中，子女与家长之间保持沟通的顺畅很重要，有信息的反馈才能相应地做出策略调整。

在美国社会中，同性恋曾被一些少数族群（如亚裔、拉美裔、非裔等）视为"白种人的、西方的现象"。他们不愿向父母出柜是因为惧怕遭到拒绝与污名化。① 在家庭出柜时，直接向父母成功出柜的情况比较少，通常姐妹成为第一个出柜的选择对象。也有的情况是，同性恋者先向身边亲密的朋友出柜，然后才是家庭成员。② 西方的一些研究表明，年青的同性恋者更倾向于先向母亲而不是父亲出柜，考虑到母亲可能会有更积极的反应。③ 年长的、教育程度较低的、与子女关系不融洽的父母都更容易产生否定性反应，但是这种否定性的反应会随着时间的推移有所改善。④

## 三、宗教信仰、认知偏见与家庭期待

某些宗教机构对同性恋明确抱有敌意，但是宗教信仰在多大程度上影响父母对同性恋子女的态度仍需要进一步实证研究。下面的个案提供初步

① Connie S. Chan. "Issues of Identity Development among Asian-American Lesbians and Gay Men." *Journal of Counseling and Development*, Vol. 68, No. 1, 1989, pp. 16-20.

② G. Herdt & A. M. Boxer. *Children of Horizons: How Gay and Lesbian Youth are Leading a New Way Out of the Closet.* Boston: Beacon Press, 1993.

③ K. Cohen & R. Savin-Williams. "Developmental Perspectives on Coming Out to Self and Other." In *The Lives of Lesbians, Gays, and Bisexual*, ed. R. Savin-Williams & K Cohen. NY: Harcourt Brace, 1996.

④ R. C. Savin-Williams. *Gay and Lesbian Youth: Expressions of Identity*. New York: Hemisphere Publishing, 1990.

的参照：

> 我四、五岁的时候，父母离异。在小学、初中和高中阶段，我都没有想过自己是同志这方面的事情，都是一心一意读书的人。进大学之后，才觉得自己应该会喜欢男的。但在上小学时，我也喜欢过女的，我喜欢我们班长。我是1986年（生）的，2008年的时候出柜，跟很多人一样，也是被迫出柜。我是基督徒，母亲也是基督徒。我怎么让母亲知道（性取向）的呢？因为母亲让我去温州一个教会学校读神学，刚进这个学校没多久，我感觉作为一个同志内心蛮压抑的，特别痛苦，没有人能够理解，也没有朋友。跟其他人一起聚会、闲聊，他们会说："我们都找女朋友了，你为什么不找啊？"有时候跟他们没有话可以聊。当时我想教会里的都是兄弟姐妹，跟他们讲（自己的性取向）可能会帮助你，所以就把我的事跟他们讲了。但是他们听了之后觉得挺惊讶的，说你长得挺阳光的，怎么会是那样的人？没过多久，他们就把我的事情跟教会学校的老师讲了。老师知道这个事情之后，觉得我不能继续留在学校读书。他们让我母亲把我接回去。这正是2008年的时候，我在家里很痛苦地过了一段时间，半年多时间都没有出去过……我也不知道他们怎么想的，他们首先觉得这（同性恋）是不可接受的。然后，他们觉得这个事情在学校里影响很不好。在我回家后的半年多时间里，他们再也没有理我，完全断绝了关系。（Andrew 北京同志中心 2012-2-19）

Andrew和他母亲都是基督徒，他母亲对自己儿子"被动出柜"（因为由教会学校泄密）的反应和其他无神论者相类似：第一反应是自责，认为是自己和家庭原因（父母离异、童年期缺乏爱）导致儿子成为同性恋者。和很多其他母亲一样，Andrew的母亲回避了儿子是同性恋者的事实，而要求他结婚生子。许多父母对同性恋现象缺乏认识，在他们的观念中，"同性恋"这种性取向是不存在的。当他们突然面对自己的同性恋子女时，很可能会产生一种"文化休克"。类似于子女从尽孝的角度替父母换位思考，父母更多地从同性恋子女的将来考虑，他们觉得在社会上这条路不容易走（好像它可以选择），而面对这种"节外生枝"又实在很无奈。比较典型的如一位男同性恋者的母亲讲述道：

三年前他就跟我谈过这个问题，我也去找过心理专家、跑过一些医院，我不知道怎么处理这个问题。那个时候我还是存在幻想：等过两年他会好一点。前几天，他又在电话里跟我谈起这个问题，当时我们俩人都弄得不是很愉快……他17岁的时候父亲去世，我们俩相依为命。说实在的，作为我来说已经很不容易了，所以我不想出现这种情况。那个时候，我不懂这些问题，也没考虑过这些问题。我期盼着某一天他碰到合适的女孩子，两个人走到一起的话，或许一切会好起来。即使是现在，真的，说我心里不想、不伤心，是不可能的。（恳谈会2010-10-30）

许多农村家长将同性恋视为一种可以医治的疾病，这种情况下子女的出柜不是展示一种身份和性取向类别，而是暴露一种"病态"。父母的反应不是愤怒、责难和拒绝等一系列抵抗行为；相反，他们会与子女一道积极寻医求治，帮助子女做回"正常人"。如一位来自农村的同性恋者的父亲如此讲道：

因为我们国家认为所谓的"同性恋"是有害的。弄得不好，别人认为你这孩子是怎么地，所以心里有些顾虑。社会上都认为这种人做些下流、流氓的一些事儿，在过去老的印象里就有这些……我的孩子经过那个治疗之后，开始几天精神上有些乱，现在稍微好点，（因为）时间一长，精神病药不起作用了。（恳谈会2010-10-30）

同性恋被认为是"有害的"、是"下流、流氓的一些事儿"，同时它又被认为是一种可以诊治的心理疾病，家长的观念里被灌输了各种陈腐偏见。然而，现实生活中父母面对的"同性恋"并不是遥远、陌生的"他者"或抽象概念，而是活生生的、具体的亲生子女，他们朝夕相处，彼此太了解了。因此，父母开始怀疑：这个"同性恋"怎么会是那个"同性恋"呢？他们的刻板印象无法得到印证。"相信自己的孩子"也是为人父母的最真切的内心表达。农村家长的朴实、真诚和毫无功利意识，他们会无所顾忌地表达自己的无知与偏见，而这些无知与偏见正是异性恋文化造成的。今天，城市的家长们可能很少再会那么固执地为同性恋子女寻医问药，即使他们去医院、找心理医生，大多也只是为了解决自己心里的疑惑，即“同性恋是否真的不可治？”这也是家长自我接受的过程之一。父母相信自己的子女，从而认识到“性取向不是坏的”，因此，家庭出柜对提高同性恋者的社会可见度十分重要。

在家庭出柜的过程中，就父母方面而言，他们需要对自身的角色和子女的期待进行重新定位和调适。父母对子女出柜的反应也高度个人化，他们的感受、情感和态度不尽相同，会经历不同的心理阶段，如震惊、拒绝与孤立、愤怒、“商讨条件”、绝望，以及最后是否接受等。它不仅取决于出柜之前父母与子女之间的关系，还取决于父母是怎样发现、为何发现子女的同性恋身份、同性恋者本人的条件以及出柜之后引发的一系列后续事件。父母本人对同性恋现象的认知很重要，在家庭出柜事件中，个体认知、专家话语与国家的意识形态往往会产生激烈的冲突。在中国的情境中，男同性恋者面对自己的父母可能更难以启齿，这不仅是因为父母对儿子有更强烈的传宗接代的期待，而且一些父母容易将“同性恋”与“鸡奸罪”的污名相联系，以为儿子下流、品德败坏，或者觉得儿子被别人“插入”而自感羞耻。家庭出柜最终往往是达成一种妥协，在这场冲突中，唯一的赢家往往是缺席的第三方，即传统的文化价值观。很多父母不管子女的性取向如何，反正就认定一个“理”：你得结婚，并且生孩子。

## 四、家庭出柜与代际冲突

同性恋者通常倾向于“认同而不出柜”，而父母对家庭出柜的立场则是“承认而不接受”。父母总盼望子女结婚生育，自己能够含饴弄孙、享受天伦之乐。有些父母在子女出柜之后仍抱有幻想，认为这只是一时的癖好，等时过境迁，一切都会发生改变。农村家庭对同性恋的认知相对较为陈腐，很多还是民国时期遗留下来的偏见。家长对同性恋子女隐忧的一个重要方面是对将来的顾虑。在很多家长看来，女同性恋者具有双重弱势身份：首先是“女性”，同时又是“同性恋者”。这种双重身份将影响她将来在社会上的被认可度，同时背后潜藏的、未曾言明的意思是它也会影响到作为家长的被认可度。许多父母还会以为是自己的原因导致子女的同性恋性取向，尤其是单亲离异、家庭失调以及对子女异性恋爱的干涉，如：

> 高中时候她有过早恋，找的是异性，所以我挺吃惊她大学的时候会这样，因为她不是从小就这样。大学时她告诉我这件事时我感觉很自责，早恋那会儿她已经高二了，现在我追悔莫及，当时我却不惜拆散他们。(恳谈会 2010-10-30)

面对母亲的自责与愧疚，她女儿却完全不以为然：

> 我中学时代就有跟男性交往过。我想跟我妈说，不要自责，这跟你一点关系都没有。我到大学之后，有了很喜欢的女生，基本上从我喜欢的那一刻就选定了。我觉得这不是你天生的或者后天怎样的，你是（同性恋）的话，早晚都会是。(恳谈会 2010-10-30)

同性恋子女与父母之间的冲突与不理解导致家庭的隔阂与无法沟通，两代人之间因为对孝道观念的差异而产生冲突。从根本上而言，这种困境是文化偏见与代际差异造成的。在同性恋亲友会现场，一些男同性恋者对父母一代进行了严厉批判：

> 母亲们听到自己的子女是 gay，是 lesbian 的时候，感觉很痛心、很难过。我们可以问一下，痛心或难过，是因为什么？很多孩子不敢把自己内心最私密的东西告诉自己的父母，是为什么？像我们这一代的父母，其实过得很不容易，在他们的人生选择中有很多身不由己的东西。(这一代的父母）从一生下来到死都带着期待，从你生下来、到你结束（生命）之前，都是跟父母的这种期待连在一起的。虽然你已经成人，但是你的生活会影响到你父母，你父母的痛同时也会加到你身上。
>
> 什么时候你们的不快乐可以来自于自己呢？什么时候你们可以有自己的生活呢……也就是说，你一辈子实现了上一代人的幸福，现在又把幸福寄托在下一代人身上，where are you？你们自己又在哪里呢？父母应该找到自己的定位，这是我一直的观点。很多父母生养孩子，是为了得到回报。当父母今天为儿女的未来、前途担忧的时候，请问自己这样一个问题：如果今天你的生命结束，或者我的生命结束，未来会怎么样？(李某，恳谈会 2010-10-30)

> 中国好多父母活了一辈子，自己前半生没有什么特别值得炫耀的东西。他认为孩子是自己生命的延续，就把自己一生的、所有的希望都寄托在孩子身上，不能容忍孩子有任何闪失，他认为孩子的这种（同性恋）身份是一个问题。其实孩子是不是同志，跟他的父母本身没有任何关系，父母只要过完他们自己的一生就可以了。（阿华，恳谈会 2010-10-30）

这一代同性恋者的父母经历了中国社会的剧变，许多父母仍然保持着陈旧的思想观念，甚至将子女是同性恋归咎于自己为人父母的角色失败。他们总是生活在他人审视的目光下，为他人而活着。中国人的“身份”并不是被定义为一种“自我的特性”，而是一种对群体归属感的渴望。[①] 这种身份缺乏独立的人格，它是在相互交织的关系网络中浮现出来的。从精神分析的观点来看，中国人的性格仍处于“口唇期”，与之相应的是“口唇依赖型”的人格特质，这种类型的人不仅依赖感强，而且要求很多，人与人之间界限不清晰。[②] 由于生活在群体压力之下，中国人的心理、伦理观念都与西方不同。就家庭结构而言，不同于西方家庭的继承模式，中国的家庭结构是一种反哺模式，它更多地承担着社会功能；而继承模式下西方社会的家庭更多地履行着情感、性满足的功能。在前者看来，婚姻是一种社会行为；而在后者看来，婚姻更多的是一种个体行为。一位同性恋者的母亲也谈到自己的想法：

> 父母上半生过自己的日子，下半生就过儿女的日子，总想以儿女的骄傲为自己的骄傲，好像就没有别的什么事情可以做了似的。我觉得自己现在过的就是我儿子的日子，我儿子好就是好，我儿子要不好我感觉就是不好。（恳谈会 2010-10-30）

父母一辈子的期望都寄托在子女身上，希望从子女那里实现自我的价值。然而，父母真实的内心可能并不是因为“社会地位”“颜面”或者“传宗接代”等原因而无法接受同性恋子女，许多父母无法确切地在子女

---

① Lung-kee Sun. “Contemporary Chinese Culture: Structure and Emotionality.” *The Australian Journal of Chinese Affairs*, Vol. 26, 1991, pp. 1-41.

② 徐静：“从儿童故事看中国人的亲子关系.” 李亦园、杨国枢主编：《中国人的性格》，台北：桂冠图书公司，1988 年。

面前表达内心深处那些“脆弱”的东西，这些脆弱的东西就是爱，父母的拒绝与排斥是因为担忧子女的未来。现在许多同性恋者正默默在努力的就是希望自己能经济独立，并让父母过上好日子，以消除父母的后顾之忧。此外，同性恋子女的家长也容易受到周围人的冷嘲热讽，还有艾滋病的污名。借用凡勃伦“代理有闲”的概念，同性恋子女的父母所遭遇的污名可以称为“代理污名”，也即间接的、替代性的污名。这种社会污名也是父母考虑的一个因素。

## 五、思考：从“出柜”到“回家”

由于不同的同性恋个体对“橱柜”的感知不同，有些个体以“橱柜”为核心组织并评价个人经验，有些则忽略“橱柜”的意义，因此，它并不存在统一的、普遍化的经验。相应地，出柜也因人而异。在西方文化里，出柜有时被认为是欧洲中心主义的，而且有关它的描述通常以中产阶级的白人男性为主。在中国文化里，传统的家庭价值观在同性恋者的出柜历程中扮演着重要角色，注重传统价值观的家庭大多对同性恋的接纳程度较低。家庭出柜一方面有赖于整个社会对同性恋态度的缓和，同时也需要家长与同性恋子女价值观念的改变。许烺光视“报恩”为中国主要的文化习惯，它增强和巩固了群体凝聚力，而西方文化缺乏“孝道”之类的思想。[①]中国传统社会以君臣、父子、夫妇、兄弟、朋友为“五伦”（其中有三种是家庭关系），强调关系性与交互性。在现代中国社会，在“家庭”这一母体中的“安身立命”比以往任何时候都更真实。因此，家庭在中国同性恋者那里成为自己性取向之外的重要属性，家庭出柜也是同性恋个体在完成自我性身份认同之后面临的最大挑战。

浦安迪（Andrew Plaks）注意到社会关系在定义性格时的重要性，性格类型体现出来的独特社会关系结构要比心理学属性重要得多。[②] 他认为，对中国人而言，“出柜”和“现身并自豪”在文化上是成问题的，因为出

① Lung-kee Sun. “Contemporary Chinese Culture: Structure and Emotionality.” *The Australian Journal of Chinese Affairs*, Vol. 26, 1991, pp. 1-41.

② A. Plaks. “Towards a Critical Theory of Chinese Narrative.” In *Chinese Narrative: Critical and Theoretical Essays*, ed. A. H. Plaks. Princeton: Princeton University Press, 1977.

柜意味着离开家庭、父母和传统文化。相比较之下，“回家”（*coming home*）[①] 可以被认为是同性恋者自我肯定的一种本土化术语和策略。“回家”意味着寻找一个属于自己的最终归宿。“家”并不仅指生物学意义上的、同性恋者一辈子挣扎不已的原生家庭，同时也指同性恋伴侣组成的家庭，是让他/她感到温馨和支持的第二个家。出柜不是将性从社会中隔离并与社会相抗衡，通过“回家”表明同性恋者的可见性不是从社会关系中抽象出来的孤立的性自我，而是作为一种在主流社会关系中定位同性恋者的方式。回家可以被解释为是将性带入“家庭—亲族”网络的协调过程，它不是将同性爱欲挑出来作为观念探讨的场域，而是依据家庭—亲族范畴建构同性关系。[②] 通过回家打破“自己人—局外人”的界限，而真正逐渐融入家中。

在当下的中国，让同性恋者回归家庭可能更多地还停留在一种理念和美好的希冀上。代际冲突、文化偏见、关系伦理和孝道思想等因素共同导致了同性恋者“认同”而不“出柜”的生存状态。若要使家庭出柜不再构成一个问题，它需要社会价值观念的逐渐改变和同性恋共同体自身不断地努力改善整体的生存境遇。

① “回家”的英文 coming home 对应于“出柜”的英文 coming out。

② Wah-shan Chou. “Homosexuality and the Cultural Politics of Tongzhi in Chinese Societies.” In *Gay and Lesbian Asia*, ed. Gerard S & Peter J. NY: Harrington Park Press, 2001, p. 35-36.

# 仪式隐喻、社会拟剧与家庭出柜

对同性恋者而言，出柜——尤其是家庭出柜——对其生命历程具有重要的转折意义。它表明自我最终坦然面对他人，在他人面前不避讳自己新的身份与角色，这不仅是同性恋者作为边缘群体，甚至是被结构性忽视群体自我赋权的重要标志，而且它也是一种类似于宗教仪式的精神事件。从精神性的角度而言，出柜具有神圣性，它带有一定程度的禁忌特征，不是随时可以进入和退出的世俗状态。它又是一个逐渐展演的过程，具有特定的拟剧特征。同时，出柜又具有治疗效果，它与仪式行为一样是对过渡的、模糊的、冲突的或者不可控制的因素威胁到现存的关系结构时做出的应激性反应，它可以作为体现社会控制的机制，是控制对立情境的一种手段。身份的转变、神圣与世俗的分离、过程性与结构性、治疗性等——正是基于这些原因，本文将家庭出柜视为一种世俗仪式加以考察。同性恋者家庭出柜的表现形态与“通过仪式”与“社会拟剧”有诸多相通之处。出柜是同性恋身份认同政治及其社会运动的重要议题，同时也是作为同性恋社群一员最重要的“通过仪式”，可以说，它是同性恋身份运动的起点。本文试图通过借助仪式结构/过程和社会拟剧等相应概念与理论工具来分析同性恋者家庭出柜的内部结构及其动态演变过程。

通过仪式主要由阿诺德·范·杰内普（Arnold Van Gennep，1908）[①] 提出、维克多·特纳（1969）[②] 进一步阐发（特纳后期的研究试图将阈限的概念与社会拟剧，进而与社会表演联系起来）从而在学术界产生广泛影响。西方一些学者也曾将同性恋者出柜视为一种“通过仪式”，如盖里·麦克唐纳（Gary McDonald，1982）[③]、吉尔伯特·赫特（1984）[④] 等，尤其

① Arnold Van Gennep. *The Rites of Passage*. Translated by Monika B. Vizedom & Gabrielle L. Caffes. Chicago: The University of Chicago Press, 1960.

② 维克多·特纳：《仪式过程》，黄剑波、柳博赟译，北京：中国人民大学出版社，2006 年。

③ Gary J. McDonald. "Individual Differences in the Coming out Process for Gay Men." *Journal of Homosexuality*, Vol. 8, No. 1, 1982, pp. 47-60.

④ Gilbert Herdt. *Ritualized Homosexuality in Melanesia*. Berkeley: University of California Press, 1984.

是后者对美拉尼西亚社会的研究中提出“仪式化同性恋”这一术语。除了仪式隐喻之外，出柜（尤其是家庭出柜）还可以用社会拟剧理论来阐释它的演变过程及其效果。在某种意义上，出柜既是一种个人表演，也是一种社会表演形式。在互动性的表演过程中，表演者要有明确的观众意识，行为的“发出—接受—反馈”是极其动态和微妙的过程，尽管表演者与观众之间的融合不一定总是成功的。① 家庭出柜仪式将同性恋子女自我暴露性身份这样的家庭事件融合在整个社会文化背景下，从这个意义上而言，它既是私人事件，也是涉及文化规范、政治符号的公共事件。本文接下来主要通过仪式情境、仪式过程及其反结构性三方面并结合社会拟剧理论来论述家庭出柜。

## 一、出柜的仪式情境：神圣与世俗

仪式的发生是在一个充满各种禁忌的神圣领域，因此，神圣与世俗之间的分离是仪式情境的首要条件。阈限（limen）是一个起始点，但是在某些成人仪式或重大的季节性节日中，它会是一个很长的起始点，几乎可以说是“走廊”或“通道”。它可以成为朝圣之路，或者从动态转向静态而成为一个过渡期，或者成为一种生活方式、一种状态。② 仪式中的阈限期具有“补偿性的边缘性”特征。③ 它是结构间的间隙、缺口，处于无结构或弱结构状态。而仪式固有的目的是为了巩固和强化原有的社会关系、社会结构与社会秩序。阈限或过渡阶段颠倒了世俗的社会组织或现世时空的特性，杰内普将阈限阶段的这种颠倒的属性归纳为“神圣的旋转”（*pivoting of the sacred*）。④ 因此，经历通过仪式的人会与其他的社会分开，视后者是“神圣的”，是禁忌的或者会对他们产生危险。在未开化或半开化的民族中，通过性的活动主要是各种仪式，因为对原始居民的心智而言，没

① Jeffrey Alexander. *Performance and Power*. NY：Polity, 2011.

② Terence S. Turner. “Transformation, Hierarchy and Transcendence.” S. Moore & B. Myerhoff ed., *Secular Ritual*. Assen/Amsterdam：Van Gorcum, 1977.

③ N. J. Demerath. “The Varieties of Sacred Experience：Finding the Sacred in a Secular Grove.” *Journal for the Scientific Study of Religion*, Vol. 39, No. 1, 2000, p. 5.

④ Arnold Van Gennep. *The Rites of Passage*. Translated by Monika B. Vizedom & Gabrielle L. Caffes. Chicago：The University of Chicago Press, 1960.

有一种行为可以完全脱离于神圣而存在。例如，部落中男性的生命由一系列连续的，并且结局与开始都相类似的阶段构成：出生、社会青春期（区别于生理性的青春期）、结婚、成为父亲、晋升到更高的阶层、职业专业化和死亡。这些事件都有各自的仪式，其主要目的是使个体从一个明确定义的位置过渡到另一个同样明确定义的位置。① 在这样的社会里，个人生活的任何变化都牵涉到神圣与世俗之间的作用与反作用，而且这些作用与反作用必须受到管控与捍卫，这样作为整体的社会才不至于受到侵扰与伤害。

同时，仪式不仅需要边界，它也产生边界，并由此产生成员资格的问题。譬如，在家庭或任何一种形式的共同体中，都可能部分地或极端地排斥那些位置模糊的或其身份、信仰与某个既定的仪式或共同体的意义结构格格不入的成员。② 在仪式情境中，“神圣—世俗”二分法是理解个体或群体参与仪式中的过渡/转型阶段的核心要素。在家庭出柜的仪式化行为中，家庭这个相对封闭的空间是仪式发生的主要场所，向父母出柜时，前期的铺垫工作、现场气氛的营造等都需要一种肃然性。倘若家庭出柜发生在一个喧闹嘈杂、双方都没有充分准备与预期的情况下——也即世俗的环境下——对仪式过程与仪式效果都起到破坏作用，甚至无法进入仪式本身。比如一位男同性恋者选择在一家人声喧腾的餐厅向母亲出柜，他母亲听了之后置若罔闻，以为对方是在开玩笑，“出柜”对双方日常生活的互动行为与态度以及他的身份/角色都没有产生任何实质性的改变。因为在这种散发性的场合干扰因素太多，又给对方留下很多可以回避的空间。对方沉浸在自己明确定义的异性恋社会角色中，很难打破僵化的身份边界。而在一个相对封闭的神圣化空间里，为出柜仪式提供了必要条件。如本文研究的“同性恋亲友会”的召开地点是在北京某酒店的一间会议室内，它是半开放性质的，处于一个商业化的公共空间包围之下。同时，作为一个实体空间形式的会议室，它又是相对封闭的、神圣的。亲友会的参会者均需提前报名，而会议信息的获取渠道是

---

① Arnold Van Gennep. *The Rites of Passage*. Translated by Monika B. Vizedom & Gabrielle L. Caffes. Chicago: The University of Chicago Press, 1960, p. 3.

② Ramona F. Oswald. "Inclusion and Belonging in the Family Rituals of Gay and Lesbian People." *Journal of Family Psychology*, Vol. 16, No. 4, 2002, pp. 428-436.

通过有限的邮件组形式，会议地点直到临近开会日才发布，以邮件的形式逐一告知参会者会议地点。在这个仪式空间里，与周围浓厚的商业氛围与不断前进的生活节奏形成了鲜明对比，这个空间是中性的，甚至是凝滞的。社会生活的世俗化与神圣化在这个空间里几乎同时反方向交互进行着。

神圣与世俗之间的二元对立不仅表现在家庭出柜的仪式空间中，它也表现在“异性恋/同性恋”这一行为/身份类别的二元属性中。在我国当前的同性恋话语中，这种二元对立可以体现在包括医学、法律、道德和政治等多个维度，如表4-1所列出的，这张表中的内容还可以无限列下去：

**表4-1　“同性恋—异性恋”二元对立的话语结构**

| 异 性 恋 | 同 性 恋 |
|---|---|
| 神圣的 | 世俗的 |
| 正常的 | 变态的 |
| 生育的 | 非生育的 |
| 健康的 | 病态的 |
| 合法的 | 犯罪的（法律意义上） |
| 合情合理的 | 罪孽的（宗教意义上） |
| 先天获得的 | 后天习得的 |
| 规范的 | 越轨的 |
| 安全的 | 危险的 |
| 支配/主流的 | 服从/边缘的 |
| 实在的 | 虚构的 |
| 本质的 | 建构的 |
| 结构的 | 反结构的 |
| …… | …… |

除了同性恋社群自身与少数学者外，异性恋社会对同性恋现象的认知相对滞后，仍处于反同性恋的结构话语之中——如果把这称之为世俗领域，那么家庭出柜仪式发生时的空间则处于一个神圣领域。神圣领域具有

排他性、不可侵犯性，神圣与世俗之间的分离是仪式进行的必要条件。在这个过渡性的、神圣的（杰内普和特纳称之为“阈限”）领域，原有的身份边界被打破，社会角色变得模糊，在这种情境下，任何事情都可能发生。这为打破家庭出柜双方的身份/角色与对立观念提供了前提条件。

作为一种社会表演形式的仪式也是群体成员进行协商的场所。在同性恋亲友会这样的集体性家庭出柜仪式中，表演者、观众及主持人都进行着仪式表演。例如，在同性恋亲友会上，召集人吴幼坚先介绍了亲友会当前的工作情况，以亲身经历讲述了同性恋者当下的真实遭遇以及“同妻”等问题，说到动情处，声泪俱下，这对塑造与感染在场者的情绪起到了积极作用。在她发言完毕之后的分享环节，现场的家长（尤其是妈妈们）很多都愿意站出来，敞开心扉倾诉对自己的同性恋子女的感受。在诸如同性恋亲友会之类的场合，家长与同性恋子女集体呈现在一个共同的场域里，它是集体性的，又是一次性的，这也是仪式的重要特征。这种集体性的神圣情境具有强烈的渲染效果。

## 二、出柜的仪式过程：“分离—过渡—重融”

法国人类学家阿诺德·范·杰内普（Arnold van Gennep）在《通过仪式》（*Les Rites de Passage*）[①] 一书中提出了他的仪式分类图式：[②]

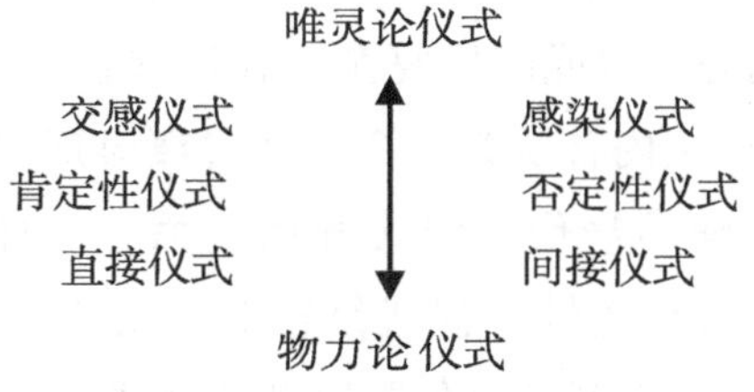


**图 4-1　杰内普的仪式类型**

---

① S. Kimball 在《通过仪式》的英译本导言中指出，“passage”一词译成“过渡、转变”（transition）更为合适（参见 S. Kimball. “Introduction.” *The Rites of Passage*. Chicago：The University of Chicago Press，1960），但是考虑到杰内普本人以及“通过仪式”（Rites of Passage）的普遍用法，遂在英译本中沿袭了这一表述。

② Arnold Van Gennep. *The Rites of Passage*. Translated by Monika B. Vizedom & Gabrielle L. Caffes. Chicago：The University of Chicago Press，1960，p. 9.

在杰内普看来，任何一种单一的仪式都可以同时分成四种类型，通常情况下，一种仪式可以不同的方式进行阐释，或者一种单一的阐释可能符合多种形式大相径庭的仪式。杰内普以孕妇为例说明仪式的交互分类，如孕妇避免吃桑葚，担心她的孩子会变得畸形。这可以被视为在进行一种仪式，它同时是物力论的、感染性的、直接的和否定性的。随后，杰内普探讨了仪式过程，提出了著名的通过仪式三阶段论，即："分离仪式""过渡仪式"和"重融仪式"。杰内普探讨的通过仪式对个人和社会而言之所以重要，是因为生活危机事件通过它们对社会地位变化的影响使仪式化成为必要，这种变化包括出生、青春期、婚嫁或死亡等，也就是"通过现象"，或者称为"过渡/转型现象"。每一种过渡/转型利用仪式过程调整人们的行为以适应与他人的社会关系，因为过渡阶段之后形成了新的、特定的权利与职责、知识和身份。这种转型也改变了个体的内在状态与外部环境，从而使他们的心理状态、文化知识与他们新的道德与社会政治责任相联系。由于过渡现象在仪式中的重要性，杰内普专门冠之为"通过仪式"加以细究。分离/阈限/重融——这三种次类别/过程对不同的人或特定的仪式类别而言，其发展程度不尽相同。分离仪式尤为凸显在各种葬礼中，重融仪式在婚礼中表现显著，过渡仪式则在订婚、怀孕、洗礼中扮演重要角色，而在收养、分娩二胎、再婚中其影响降到最低点。因此，尽管一个完整的通过仪式的图式在理论上包括"前阈限仪式"（分离仪式）、"阈限仪式"（过渡仪式）和"后阈限仪式"（重融仪式），但在具体的情境中，这三种类型并不总是同等重要或同样复杂。在某些仪式中，过渡时期足以成为一个独立的状态。① 杰内普认为，个体在过渡时期伊始，他/她是所属共同体的成员，具有明确的身份。仪式开始之后，个体进入到一个阈限阶段，在该阶段个体经历神圣性。仪式结束时，由于他/她在仪式过程中获得了知识（gnosis）而具有新的身份，因此个体需要再次整合到共同体中。特纳从两方面进一步细化了杰内普的理论图式，即提出仪式参与者在阈限过程中会经历"交融"（*communitas*）② 以及对阈限内的神圣性与社会结构

---

① Arnold Van Gennep. *The Rites of Passage*. Translated by Monika B. Vizedom & Gabrielle L. Caffes. Chicago: The University of Chicago Press, 1960.

② 维克多·特纳所说的 Communitas 是相对于"共同体、社区"（Community）而言的，类似于一种"精神共同体"。"交融"的译法并未能完全表达特纳的原意。

的世俗性之认同。①

根据阿诺德·杰内普、维克多·特纳等人对通过仪式与阈限的论述，可以用下面的理论图示（图4-2）来表明阈限（交融）在通过仪式中的位置、仪式主体（同性恋者）在通过仪式中的地位转变以及结构与反结构、神圣与世俗情境在仪式期间的转换。

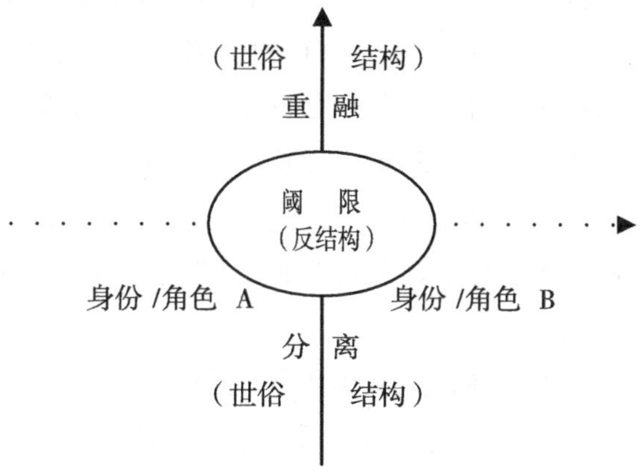


**图4-2　家庭出柜仪式的结构及其过程**

在图4-2中，虚线的横轴表示仪式主体（同性恋者）在通过仪式过程中经历阈限阶段后发生的身份/角色转变，但是每一次家庭出柜仪式发生时，这种身份/角色转变并不一定都能顺利完成。仪式过程中身份/角色的转变既是对同性恋子女本人而言，也是对父母而言。作为同性恋父母，子女出柜赋予其身份与角色以新的社会意义，而真实性身份暴露后的同性恋者在获得新的身份之后，也需要及时地调整与父母之间的互动策略。实线的纵轴表示通过仪式过程，即分离→阈限→重融，这也是世俗领域→神圣领域→世俗领域的发展过程。横纵轴的交界处是阈限，是仪式过程之突生性发展与身份/角色转变的关键点，它是一个多重的临界点。值得注意的是，在特纳的论述中，他并没有特别强调阈限的神圣性，他关注的是其反结构性。

简而言之，仪式过程是一个双重过程：即从世俗环境中分离的仪式，

① L. Grimes. "Ritual." W. Braun & R. T. McCutcheon. *Guide to the Study of Religion*. London: Cassell, 2000, p. 265.

向神圣环境融合的仪式，一个过渡/转型的阶段（阈限），从地方的神圣环境中分离的仪式，重新融入世俗环境中的仪式。在某种意义上，所有的生命都是一种过渡与转型，包含周期性的平静与高度活跃的交替期。① 从图4-2中也可以清楚地看到，分离—阈限之间的阶段是从世俗领域进入神圣领域的过程，而阈限—重融阶段是从神圣领域进入世俗领域的过程。在通过仪式中，神圣与世俗之间的分离与融合也是讨论日常生活的神圣化与世俗化的很好实例。神圣并不是一种绝对的价值，它是相对于情境而言的。一个人脱离原先的身份而进入某种地位状态，他对其他仍处于世俗地位的人而言可以变得“神圣的”。正是这种新的状态需要仪式才能将个体最终重新融入群体或使其回归到日常生活中。通过仪式中的这种特定过渡/转型阶段有助于对社会与个体的紊乱与失调起到缓冲与调节作用，这也正是通过仪式的社会功能。

在同性恋亲友会的集体性家庭出柜仪式中，会议主持人起到仪式主持者的作用，推动着出柜仪式过程的发展，他在话语引导、调和现场的同性恋子女与家长之间的矛盾关系、缓解现场气氛并保持会场的严肃性等方面起到重要作用。遵循着上述杰内普对通过仪式的分析，相应地，家庭出柜仪式也可以分为三个阶段：

第一阶段：与日常生活世界（家庭/工作场所）的分离。同性恋亲友会的参会者要求是同性恋者及其家长，这一要求将同性恋者与其他异性恋群体分离开来。无论是单一的家庭出柜还是亲友会现场的集体家庭出柜，发生的场域都是与外界相对隔离的空间，使得出柜时的情境与外面的世俗世界相分离。空间的分割确保了出柜仪式的神圣性，这是出柜得以顺利进行的外部条件。在这种空间里，人们的关系变得陌生化，即使是父母与子女之间也存在身份的蜕变现象，此时的父母—子女关系不再是血亲关系，不再是私密的情感联系。对父母而言，这种关系被客观化为“作为父母的我们”与“作为同性恋者子女的他们”之间的一般化联系。这种身份与亲子关系的陌生化、平等化效果是在仪式现场产生的。与此相应的一个事实是，同性恋亲友会现场的参与者大多数都来自外地，北京本地的参与者反

① S. Kimball. “Introduction.” *The Rites of Passage*. Chicago: The University of Chicago Press, 1960.

而相对较少。通常的解释是他们害怕遭遇熟人，因为亲友会所处的毕竟是半开放、半封闭式的空间，无法保证会议的完全私密性质，更何况现场还有几位当地的记者和防艾官员。这种规避行为与心理逻辑其实是对潜在的仪式侵扰与破坏的隐忧，因为熟人所带来的无意后果正是对陌生化情境的破坏，使得仪式又逆向朝着世俗化的方向进行，导致无法实现出柜情境中神圣与世俗之间的分离，从而出柜也无法达到预期的效果。

第二阶段：叙述、话语争辩与身份争夺。这是家庭出柜仪式中的阈限阶段，也是作为通过仪式的家庭出柜之核心阶段。由于神圣空间里身份的模糊性和临界性，同性恋子女与家长之间的激烈冲突主要发生在这一时期，诸如哭诉、父母与子女之间在其他场合（也即世俗空间）无法轻易表现出来的坦诚与勇敢、同性恋子女对父母一辈的批判，甚至已婚同性恋者的自我辩护等。在获得阈限的过程中，“经历分享”具有十分重要的作用。颠覆性的行为与话语正是松动原本僵化、顽固不化的文化定见之基础。正是在这个冲突性的交融过程中，分享、改变与新的接纳才得以可能，作为外来者或模棱两可的身份地位得到重构，或者被解除成员资格，或者被重新接纳、进入家庭。在这种“集体性的仪式化象征实践”中，[①] 充满了颠覆、解构与逆反性，这也就是特纳所谓的“结构与反结构”特征。

第三阶段：回到家庭中，也即通过仪式中的重融阶段。在这个阶段，同性恋者做回自我，不再需要戴着面具在父母面前表演。父母也重新接纳了同性恋子女的身份，并重新赋予新的认知与期待。此时的仪式主体——无论是个人还是群体——重新获得相对稳定的状态。在同性恋亲友会展现的集体出柜仪式中，两天的会议临近结束时，通过现场的同性恋者与母亲们集体唱歌、合影、向母亲献鲜花（一位蒙古族青年还向妈妈们献上哈达和美酒）等方式庆祝同性恋子女与父母/家庭的重新融合，现场也回归到日常的世俗生活中。通过这种方式，个体得以维持稳定的人格结构，而社会重新获得稳定的结构状态。

家庭出柜仪式是在整个异性恋共同体受到身份/价值观念冲突的威胁时做出的应激性反应，它具有治疗性与补偿性，它能够吸收“外来”“边

① J. David Knottnerus. *Ritual as a Missing Link*: *Sociology*, *Structural Ritualization Theory and Research*. Boulder & London: Paradigm Publishers, 2011, p. 10.

缘”的人，使之获得群体成员身份。家庭出柜仪式提供了面对面地倾诉痛苦与创伤的机会，因此起着一种关系与结构的修复功能。另一方面，仪式又可能产生危险、惧怕、伤痛与禁忌。处于出柜阈限中的人们并非模式化、类型化的常规性家庭成员之间的互动，这种情境类似于加芬克尔的破坏性试验，突如其来的变化导致观念冲突、惊愕、困惑、震怒等情绪，处于阈限中的人以这种不规则、不相容性改变“结构中永久性的类别”之间的自然平衡。① 通过仪式试图以有意识的反结构状态来巩固和强化社会结构与社会关系，即结构状态，但是仪式并不一定都能理想地达成其目的。仪式结果有可能失败，也可能是调和达成的暂时平息状态，家庭出柜仪式中更多的是出现后者这种结果。例如，一些同性恋者与父母之间的关系类似于一种停战协议而不是完全接受新的同性恋身份，它无法消解原有的角色与规范冲突，甚至可能僵化、结构化这种冲突与困境。

## 三、“家庭出柜”的反结构性

在维克多·特纳看来，一切仪式化行动中至少有一个时刻，那些依文化剧本行事的要素会从规范性的要求中解放出来，它们在连续性的法律、政治体系中处于非此非彼的模糊、临界的状态，② 在这个有序世界的间隔中几乎任何事情都可能发生。阈限是结构的空隙、模糊之处，是尚未建构或制度化的地方，行为主体的互动双方都充满了感情，体现出彼此关系中的“超结构”或“元结构”的特征。阈限状态是没有身份的状态，处于“结构性不可见”的状态。③ 同时它又结合了私人的与公开的、个体行动与社会结构之间的关系。维克多·特纳的一个重要贡献是强调阈限阶段的相对非结构化、未定义性和潜在性（而非完成的或已实现）的特性。特纳的阈限仪式模型所隐含的主要思想是社会行动者多形态的潜质为规范性的、世俗的社会结构中身份地位与角色的转变与复合提供了基础，它牵涉到不

① 维克多·特纳：《仪式过程》，黄剑波、柳博斌译，北京：中国人民大学出版社，2006年，第179页。

② Victor Turner. *Dramas, Fields, and Metaphors: Symbolic Action in Human Society*. NY: Cornell University, 1974.

③ Victor Turner. "Variation on a Theme of Liminality." *Secular Ritual*. Assen/Amsterdam: Van Gorcum, 1977, p. 37.

同秩序中的权力、个人特质以及关系类型。通过仪式的阈限阶段和社会关系之间所应对的等级关系的存在，以及这种关系的转型特性和在其社会设置内所体现的管控功能，强烈表明它的“控制论”模式的潜在结构。[①] 在特纳关于恩丹布人的研究中发现，社会冲突与仪式之间有着紧密的联系。每个人的生命经历之中都包含着对结构和交融——即状态和转换的交替性体验——“状况和地位的历史性转换的阈限所具有的‘软弱性’和‘被动性’，与某些个人、群体、社会类别和经济制度在‘结构性’或共时性上的低下位置之间，有着相互一致的关系”。[②] 这就是特纳所谓的“结构性局外人状态”（*structural outsiderhood*）的结构性劣势。阈限时期原有的社会关系与社会结构不复存在。在特纳看来，借助于通过仪式，结构中的位置关系与处在这些位置上的人之间的关系会被重组，而且这种重组常常很彻底。特纳在关于地位提升与逆转仪式的研究中，除了他具体分析的一些非洲部落之外，还包括各种黑社会团体与宗教团体，另外佛陀、甘地、耶稣，甚至列夫·托尔斯泰等都是先从社会金字塔的顶端下落到社会结构的底端，从而获得弱者的仪式性、符号性的力量。他将阈限状态概括为“强者的阈限即软弱，弱者的阈限即刚强”。特纳的理论雄心是寻求理解超越特殊文化形式的人类社会的本质性特征，并试图在仪式与表演之间进行沟通。

出柜仪式中，角色类型、角色关系会发生转换，这种关系的转换微妙而复杂。特伦斯·特纳（Terence Turner）认为，任何一个行动者的总体关系由三个基本组成部分构成：[③] 根据彼此间关系而定义的关系性分类母体；通过转换运作（*transformational operations*），社会产生对母体的不同状态的要求；最后，各种转换运作的社会性规定的结合类型得到质疑。转换运作比更为简单的分类运作（如二元对立）更有力量，它们构成了角色关系母体的结构，因为它们能够连接成对的或者一系列相互矛盾的母体状态，将由关系母体的个人状态在结构的低水平层次上构成的相互排斥的各种关系

① Terence S. Turner. “Transformation, Hierarchy and Transcendence.” S. Moore & B. Myerhoff. *Secular Ritual*. Assen/Amsterdam: Van Gorcum, 1977.

② 维克多·特纳：《仪式过程》，黄剑波、柳博斌译，北京：中国人民大学出版社，2006年，第100页。

③ Terence S. Turner. “Transformation, Hierarchy and Transcendence.” S. Moore & B. Myerhoff. *Secular Ritual*. Assen/Amsterdam: Van Gorcum, 1977, pp. 56-57.

与类别（或者简单地说，任何关系类型都被视为一种固定的、静态的结构）转变成非排斥性的类别，使它们得以共存或在同一关系场域中可以彼此穿越。只有通过这种意义上的转换运作或者通过上升到更高的结构层次，才有可能重新将原先被归类为对立类别之一方的行动者或实体进行再次归类。这种转变类型的协调性设置形成了诸如与通过仪式相关的社会转型的结构过程。家庭出柜仪式中主体关系的转变是在阈限中实现的，在这个反结构性的空间中，原有社会结构中的角色、关系、身份暂时消失，同性恋/异性恋的二元对立类别被解构，认知模式中的分类图式逐渐消解，取而代之的是“转换模式”。这里，同性恋子女与父母之间的关系不再被放到传统的家长制下，也不是医生与病人、法官与罪犯之间的关系，这个场合提供了两代人之间进行沟通、理解的机会。经过阈限状态之后，使处于临界点的、混合状态的仪式主体重新回归正常化、规范化。

家庭出柜仪式的反结构性表现在这样几个方面：第一，与日常生活世俗领域的分离。这种形式性的空间隔离进而影响到仪式参与者（同性恋子女与其父母）的认知态度与精神状态，使其身份、角色脱离原有的结构与规范的制约。第二，临时性。同性恋亲友会组织的集体出柜空间是暂时构成的，它本身不会持续存在。因此，它具有一次性的社会与个体互动所具有的一般性特征。第三，强制性异性恋统制的弱化。同性恋子女与父母都在一定程度上内化了异性恋规范，尤其是那些内化了恐同症的同性恋者。在家庭出柜仪式中，这种规范得到弱化，同性恋者得以发出自己的声音。第四，身份/角色的消融。双方不再具有地位高下之别，不再以儒家伦理的关系性来看待彼此的社会位置，而是独立存在的个体。因此，同性恋者对父母的批判得以成为可能。

由于现有的法律、道德规范难以容纳同性恋身份，因此，同性恋者在家庭或亲属群体中的独特结构位置导致整合社会关系和社会地位出现尴尬，性身份的暴露使他们成为熟悉的陌生人，在整个社会结构与亲属关系体系中显得格格不入。通常情况下，子女在以关系为主要取向的家庭与亲属结构中占据某一特定的位置，家庭结构与亲属关系对其资格成员的潜在、默认假设是异性恋者，这不仅在家庭中如此，整个社会都是异性恋统制的社会。同性恋者无法履行血脉继承的家族义务，破灭了家族对子女婚姻与生育的期盼，“同性恋”这一外来的陌生身份使同性恋子女在结构中所处的位置变得模糊不清，甚至岌岌可危，当前的家庭结构中没有同性恋的位置，法律上也是如此。争论、焦虑的对象不仅是针对个体而言，而且包括针对个体所扮演的社会角色。这种结构性冲突的一个解决方案便是竭力“治愈”“矫正”子女的同性性取向，使之回归到原有的社会结构体系中。在一个无视同性恋存在的社会里，同性恋者处于已建构的社会秩序之外，社会否定、抵制甚至扼杀任何“异质的”“非我族类”的事物。

家庭出柜仪式场域中会出现融合和排斥过程，在此过程中重新确定群体成员资格，这可以被称为同性恋者与社会规范进行协商的一种方式。个体可以选择拒斥或进入为他们设置的通过仪式，在某种程度上，同性恋者意识到选择这种通过仪式会涉及他们的自我属性。他们所经历的过渡时期主要包括前文已经讨论的“发现与思索”“阈限”“仪式投入”“重新面对自我”“仪式脱离”等，但是在这个过程中，并没有清晰的线性阶段模型在运作，通常人们会或多或少地完成这个仪式，除非他们拒斥或感觉与情境缺乏亲和力。① 另一方面，家庭出柜仪式的阈限阶段具有的反结构性特性并不会完全脱离结构而存在，结构在阈限过程中只是隐去、暂时不可见，对异性恋统制的消解是以其存在为前提的，在仪式结束后又要回到原来的社会结构中。正如特纳所说的，“那些与生理学相关联的强大动力和强烈情感在意识过程中剔除了其反社会的性质，而被附植于规范的社会秩序”。②

## 四、出柜仪式的拟剧分析

仪式是一种生成新身份的表演，通过仪式与社会拟剧之间有着某种相似性。特纳认为，社会拟剧以在某些公共领域打破规范，违反道德、法律、习俗或礼仪规则作为开始，这种对规则的违犯通过民众公然地违背或蓄意不履行一些重要的互动规则而彰显出来，公然蔑视这种规范成为表达

① Damien Ridge, et al. “Remaking the Masculine Self and Coping in the Liminal World of the Gay ‘Scene’.” *Culture, Health & Sexuality*, Vol. 8, No. 6, 2006, pp. 501-514.

② 维克多·特纳：《仪式过程》，黄剑波、柳博斌译，北京：中国人民大学出版社，2006年，第52页。

异见的外显标志。[①] 社会拟剧会暴露、威胁社会契约和一个社会中稳定的集体身份。如果发生这种情况，社会拟剧有可能转变成集体性的文化创伤。在社会拟剧的动态演变过程中，维克多·特纳和瓦格纳—帕斯费思（Wagner-Pacifici）所谓的社会中的“根基范式”将会暴露出来，并成为公共讨论和反思的对象。根基范式是那些被视为理所当然的意义框架，它指导着日常的社会行动并协助行动者理解自身与他们所处的世界。同时，历史记忆为社会拟剧中的行动者理解他们的行动提供了认知框架。

通过仪式中的阈限阶段搁置了社会结构与社会关系要素，使之成为一个规范的真空状态；而社会拟剧也以打破既有的重要社会规范为前提。两者都突出社会对冲突与失范状态的反应，体现了社会的自我净化、修复与还原功能。可以说，通过仪式是一种社会拟剧形式，社会拟剧就是一种世俗仪式。类似于通过仪式，社会拟剧的形式可以发生在从国家到家庭的所有层次的社会组织。社会拟剧是失调的或反和谐的社会过程，通常在冲突性的情景中出现，即平静的、受规范管理的社会生活被打破的情况下。特纳将社会拟剧分成四个阶段，[②] 相应地，同性恋者的家庭出柜也经历了这样不同的阶段：

第一阶段：规范打破。同一个社会关系系统内的个体或群体之间常规性的、受规范调控的社会关系被打破，它可以发生在某个村落、酋邦、办公室、工厂、政党或监护室、教堂、大学院系或任何其他社会互动性质的、持久性的系统、设置或领域。这样一种规范的打破被公众视为公然或故意不遵从某些调节社会交往的重要规范。在社会拟剧中，重大的违犯行为或许由某个个体行为所致，但其行为总是（或相信自己）为了其他群体——无论行动者本身是否意识到这一点。行动者视自己为代理行动人。

第二阶段：危机阶段。伴随着调节社会关系的规范被打破，随之而来的是危机阶段。在该阶段期间，除非这种违犯行为能在社会互动的有限范围内迅速得到封锁和解决，否则规则打破效应会不断扩大和延伸，直到它与更广泛的冲突性或敌对性的社会关系中的主导性分歧同步扩展。

---

① Victor Turner. *Dramas, Fields, and Metaphors: Symbolic Action in Human Society*. NY: Cornell University, 1974.

② Victor Turner. *Dramas, Fields, and Metaphors: Symbolic Action in Human Society*. NY: Cornell University, 1974, pp. 38-41.

第三阶段：补救行动。为了限制危机进一步扩散，一些调适性的和挽救性的机制——无论是正式的还是非正式的、制度化的还是临时的——通过受扰乱社会系统的代表性成员而迅速展开行动。这些机制的类型与复杂性因规范破坏的严重程度及其公认的社会重要性、危机的社会范围、规范破坏所发生的社会群体之属性及其与更广泛的或外部的社会关系系统相比的自主性程度等因素有关。补救行动通常涉及仪式化行为，无论它是司法的、宗教的还是军事的。

第四，也是最后一个阶段，即受侵扰社会群体的“重融”，或者是社会认可无法弥补的分裂并使之合法化。

类似于通过仪式，社会拟剧也暂时悬置了日常社会生活中的角色扮演，它们中断了社会进程并迫使一个群体重新考虑或认可与其价值相关的行为。也就是说，拟剧催生和包含着反思性进程，并产生了反思性得以找到其合法性地位的文化框架。社会拟剧体现了表演者与受众之间的整合问题（包括身份整合）。对表演的社会学阐释而言，任何一种社会表演都包含了一些特定的要素：①

第一：行动者。它可以是个体、群体和组织，也可以是任何层次非正式的、非结构化的流动以及阶级、性别与民族冲突。行动者也可以是承载群体，它具有以下作用：1. 动用历史情境的特殊性、各种象征性资源以及制度性结构提供的限制与机会。2. 建构文化分类，从而产生新的叙述，讲述新的故事，这是一个象征性的过程，充满权宜、竞争性的解释，有时高度两极化。3. 通过成功的意义塑造说服受众，它类似于尼尔·斯梅尔塞（Neil Smelser）所说的“价值累加”的过程。在出柜仪式中，这个承载群体是同性恋者。言说者在亚历山大关于文化创伤与集体认同的研究中具有重要地位。最近几年，许多同性恋活动家逐渐浮出水面，他们有资源、权威和阐释力，成为同性恋社群的代言人。行动者通过叙述、符码来建构集体身份，以及与这种身份有关的经历与共同遭遇的困境。

第二：集体表征。任何一种言说行为都是基于特定背景结构，集体表征为每一种言说行为界定符号指涉。对大多数人类历史而言，尽管这些背景表征高度组织化，但并没有被记录下来。当这些表征第一次成为书写的

---

① Jeffrey Alexander. *Performance and Power*. NY：Polity，2011.

对象时，它成为社会表演的重要分水岭，因为它使隐藏的背景表征与剧本之间的区别得以明确。与行动关联的子符号构成了言说的即时背景。它类似于情境，包括言说发生的历史、文化与制度性环境。舞台设置能为主角提供或剥夺必要的象征性武器。同性恋的文化历史与生态现状是出柜拟剧的集体表征形式。

第三：符号生产的手段。为了与这些重要的表征进行沟通，表演者需要真实的、对他们自身而言具有意义的物质材料；行动者投射话语信息也需要舞台，这些都成为必要的符号生产工具。在出柜拟剧中，特定的出柜空间以及任何可以用来辅助出柜的物质材料、人物、故事等都可以被视为符号生产的手段。在出柜仪式中，同性恋者调用他们的各种资源和策略重构父母对同性恋的传统观念、态度与想象。

第四：演出（mis-en-scene）。字面意思即“付诸行动”，指行动者在时空中的各种安排与作为，包括声音的腔调、视线的方向、身体的姿态以及聚光灯的方向与强度等。出柜拟剧中同性恋者的表演能力甚至能决定戏剧的成败，表演效果不仅取决于临场的发挥，如话语的得体、表达的清晰等，同时表演前的各种准备铺垫与时机的选择也很重要。

第五：社会权力。社会表演的这一维度（它通常是不可见的）在表演是否成功的诸要素中举足轻重。它可以被定义为各种资源、能力和等级阶序，但狭义上也可以指在政治与经济权力之外展现表演的诠释学解释的权力。在家庭出柜的过程中，作为同性恋子女的表演者在与作为父母的受众进行沟通时话语权的掌握、自身的经济实力、伴侣间感情的稳定、自我认知的成熟、备选方案的执行等因素都是同性恋者可以动用的权力形式。

第六：受众。所有以上的要素只有当它们促进或阻碍的意义被成功地投射到受众身上时才有意义。受众被放在不同于行动者的位置上，它们可以是同质的，也可以是分化的。在家庭出柜中，受众为同性恋子女的父母。

上述的每一种要素都可以在它独自的表演结构中得到检验，这对类型化的社会拟剧具有重要意义。表演者更愿意在陌生人面前表演，这与前面论述的仪式的陌生化效果遥相呼应；表演是否成功取决于行动者与受众之间的连接状态。社会拟剧要达到真实的效果从来不是自然而然的，它需要一定的表演技能。在结构单一的原初社会中，表演者容易被受众接受。社会越大、越分化、越复杂，表演也就越具有挑战性。原因是在现代社会中，表演的各要素之间逐渐断裂或分离，因而必须加以整合。亚历山大认为当剧本出现时，社会拟剧的背景结构会转变成客体化的文本，因此，文本本身需要持续不断地进行修改和重构，在这种情况下，表演的真实性才经得起仔细检验。出柜拟剧的效果因人而异，有时会出现仪式断裂或仪式失败。例如，同性恋亲友会现场曾一度发生仪式断裂，其中一个重要因素在于不少同性恋子女与家长并非一一对应的关系，也就是说，不同的子女与家长可能是分别独自前来的。在这种情境下，出现同性恋者对作为家长的尖锐批判。在仪式过程中，双方相互坦诚相见具有净化结构的功能，但它需要移情式理解；同时，社会拟剧中的剧本亦显示出其重要性。例如，一位同性恋者在最终向父母出柜之前列了一张单子，上面罗列了不同时段向周围不同的人出柜的顺序，以及针对不同态度的应对策略。出柜对象的次序由疏远到亲近，当亲戚与兄妹都接受自己的性取向时，才在他们的配合下向父母出柜。

从个体的痛苦上升到集体的苦难——即“集体创伤”——是一项文化进程，它需要语言、仪式、游行和拟剧等诸多叙述故事的不同方式。个人的苦难也并不必然成为集体的表征。亚历山大的文化创伤理论认为，创伤的集体建构过程独立于个体经历，在这个过程中，文化行动者居于核心地位，集体性的创伤拟剧是被展演的，而非简单地被描述。这与他一贯倡导的文化自主性的观念相吻合。通过各种社会表演形式，如艺术、文学和影视等，同性恋者作为文化行动者能够创造并维持这种创伤性的叙述。同性恋者是一个心理集体受创的群体，他们可以通过各种形式的叙述、表演逐渐建构成亚历山大所说的“文化创伤”。这种集体创伤通过个人、家庭、媒体、国家对同性恋身体的社会建构，从而产生心理认同与符号扩大，也即“仪式化集体创伤”，否则同性恋者的创伤只能成为内在于个体的精神创伤或停留在家庭冲突的范围内，无法具有更宽广的集体性与普遍性。

## 五、总结与思考

与人类学通常对仪式的“神圣—世俗化”阐释不同，本文对同性恋出柜的考察采用了一个相反的视角，即“世俗—神圣化”的阐释，其中隐含的一个假设是生活世界的神圣化与世俗化是可以并行不悖的。同性恋亲友会或家庭场域内的出柜是一个具体的、特定时空内的分析单元，它是一场集体呈现的行为仪式，其阈限特征很明显。通过仪式既揭示隐含的结构，同时又解构它。事实上，也可以将更大时空范围内的生命史作为一种仪式过程来看待，现阶段的很多同性恋者正是处于一个从分离到重融之间的过渡状态。阈限中形成的交融是社会冲突的化解手段，通过仪式乃至日常生活都处于结构与交融之间的更替状态。

关于仪式的探讨涉及诸多因素，诸如日常生活的去仪式化，社会生活的世俗化与神圣化以及二元话语结构的再生产等。事实上，杰内普的范式并不仅限于仪式研究，而是可以囊括许多仪式之外的社会过程，如他所提出的人类文化可以通过社会时空中的三重运动加以认识的思想。出柜仪式可以作为终结异性恋统制的宏大议程之一部分，但同时，出柜仪式也会存在强化酷儿生活中所涉及的观念与实践的风险。对家庭出柜的拟剧分析类似于对出柜的仪式化处理，亚历山大提出的拟剧表演理论使家庭出柜中的阈限状态不再成为认识论上的无结构状态，通过行动者、舞台、社会权力与受众等要素的分析，同性恋者的出柜成为一个可见的、可预期的过程。

# 第五章　同性恋政治学之反思

## 同性恋身份、“橱柜”政治与消费主义

性并不仅仅是一种自然的行为，它还受到社会经济、政治文化的塑造与制约。在特定的社会里，关于性行为或感知的定义、性道德的合法性判定以及相应规范的制定等，都充满了政治色彩。[①] 在历史上，导致同性恋的制度性歧视和社会不可见性的重要前提是性类别（sexual categories）的产生。持社会建构主义立场的研究者认为，身份并非本质性自我的反映，而是社会与政治过程的结果。作为一种医学范畴的同性恋身份是19世纪末的发明，同性恋不能被看作是一种跨越历史的身份，它只有在现代西方社会才成为一种独特的心理和生理类别。在很多非西方社会里，同性恋并没有遭遇相似的类别化、污名化、病理化和罪化。在同性恋从个体性的病理行为转向群体性亚文化的过程中，身份政治扮演着重要作用。因此，同性恋身份也成为政治动员和话语竞争的核心。自从20世纪60年代末的“石墙骚乱”以来，西方同性恋的社会地位进一步发生变化，它从一种“越轨的亚文化”进而成为“性少数族群”和“社会运动共同体”。现代西方的诸种肯定同性恋权益的理论和话语在自然化（naturalize）和正常化（normalize）同性恋主体、推动同性恋解放运动等方面起着促进作用。近半个

① Steven Seidman. “Queer-Ing Sociology, Sociologizing Queer Theory: An Introduction.” *Sociological Theory*, Vol. 12, No. 2, 1994, pp. 166-177.

多世纪以来，随着同性恋关系、实践和理论的深入发展，有必要重新审视与反思身份政治、“橱柜”结构及同性恋消费主义。本文主要探讨“后石墙骚乱”时代同性恋身份政治的得失、同性恋的压迫性结构（“橱柜”）、“石墙骚乱”的神话制造以及资本主义市场关系下的同性恋消费主义。

## 一、身份政治及其抵抗策略

“性政权”（sexual regime）的诞生是现代西方社会的重要政治事件，它是一个充满性意义、话语和实践的场域，与所在社会的制度、文化和社会运动密切关联。符号统治的正当性源自将人为的歧视塑造成自然化特征，并与促使其产生的各种条件相结合而获得客观性基础，从而成为理所当然的接受形式。[①] 本质主义的性态理论为宰制性的性政权提供了意识形态基础，它视性态为根本性的，并由此启动了一系列性差异的规范化进程，性差异被简化为同性恋与异性恋之间的本质差异，与种族、阶级、性别、能力、年龄、教育、宗教、品位、性格、生命历程以及国籍等因素无关。性欲、性身份成为自我的重要特征和表现形式，同性恋被视为病理性的欲望，因而其自我也是病态的、倒错的。在艾德丽安·里奇（Adrienne Rich）所说的“强制性异性恋”的社会权力结构中，[②] 异性恋优于同性恋，并且被视为更自然、更健康和更正常，异性恋统制不仅创造了恐同症主体，还导致“自我憎恶的同性恋者”。在同性恋的医学话语将同性恋病理化的同时，它也逐渐使同性恋成为公共话题。正是在污名化与脱敏化并存的社会进程中，同性恋者逐渐形成了共同体意识和亚文化，并最终产生了以正当化自身为目标的身份政治。从这种意义上而言，同性恋身份的出现是必然的，它是对社会压迫做出的反应。然而，传统的性身份产生了悖谬的社会性后果：它为同性恋者谈论自身以及寻求权益和包容提供了一套话语机制，但同时也成为异性恋统制和恐同症话语的基础。与之相应地，性本质的观念也具有类似的效应：它一方面使同性恋个体被病理化、污名

---

① 皮埃尔·布尔迪厄：《男性统治》，刘晖译，深圳：海天出版社，2002年，第166页。

② Adrienne Rich. “Compulsory Heterosexuality and Lesbian Existence.” in *Powers of Desire: The Politics of Sexuality*, edited by Ann Snitow, Christine Stansell, and Sharon Thompson, New York: Monthly Review Press, 1983.

化，另一方面，也使这些被边缘化的群体能够进行抵制与反抗。直到20世纪60年代，尽管同性恋理论和同性恋运动出现了激进化倾向，但是很少有人质疑视同性恋为一种自然特质或自我身份之核心标志的观点。许多女同性恋的女性主义理论和同性恋解放理论通过主张同性恋的自然属性和正常性来试图推翻居于支配地位的强制性异性恋的秩序。同时，反同性恋暴力的社会运动也在很大程度上忽略了父权制与性别关系。这一时期的同性恋活动家主要关注恐同症，而不是制度化的异性恋主义，这导致同性恋在性别关系的具体表达中变得不可见。①

20世纪90年代以后，同性恋研究开始反思身份政治。人们逐渐意识到，以既定身份类别为中心的对抗性政治在挑战支配性性政体的过程中仅是一种有限的策略，因为过于强调同性恋身份会抑制其他的身份类别，如性别、种族、国籍和阶级等。即使普遍存在某种特定的性实践，但是“同性恋”或“异性恋”这样的范畴也并没有描述跨历史的文化形式，因为同样的性实践在不同的社会里可能意味着颇为不同的事物。也就是说，关于身份的自我描述与呈现会不可避免地出现分歧与冲突，同性恋共同体内部亦产生了各种形式的“身份战争”，各类声称“真实的”群体身份彼此相互竞争。② 围绕着“gay”这个词本身产生的争议就反映出这种现实状况。同性恋政治寻求终结对同性恋社群的歧视、污名与偏见。为了实现这一目标，有些研究者主张同性恋身份的同化与整合，认为这将有助于增加同性恋者的选择，并通过允许同性恋者进入公共领域以重构公共领域与私人领域之间的界限。而倡导身份多样性与独特性的学者则认为，同化将导致同质化、抹杀独特的同性恋感受性，而这种感受性正是亚文化和创新之源泉。在这些研究者看来，身份与文化的同化模式低估了恐同症和异性恋主义对国家政策造成的负面影响。因此，同化能够产生的理想效果仅是幻象，其结果不过是“虚拟的平等”。③ 身份政治的反思结果是反对简单的、总体化的身份描述，摒弃追求一致性的、整体性的身份和群体，从而转向

---

① Valerie Jenness and Kendal Broad. “Antiviolence Activism and the (In) Visibility of Gender in the Gay/Lesbian and Women’s Movements.” *Gender and Society*, Vol. 8, No. 3, 1994, pp. 402–423.

② Daniel Ortiz. “Creating Controversy: Essentialism and Constructivism and the Politics of Gay Identity.” *Virginia Law Review*, Vol. 79, No. 7, 1993, p. 1856.

③ Amin Ghaziani. “Post-Gay Collective Identity Construction.” *Social Problems*, Vol, 58, No. 1, 2011, p. 103.

更加具体、复杂和微妙的共同体与文化观。

大体而言，由于受到社会建构主义、后结构主义、文化研究、种族与族群研究、女性主义以及酷儿理论的影响，当代西方学界关于同性恋身份与文化的研究在探讨性身份和性意义之建构性的同时，逐渐也解构了身份与文化的恒定性和不同社会类别的稳定性，从而质疑身份共同体的实质与意义。也即，性身份的意义随着历史和环境的改变而改变，主体性在历史和政治环境中是持续不断地进行创造和被型塑的。因此，文化身份也必然是多重的和交叠的，文化、身份与社会类别都是流动的和不稳定的，它们在矛盾与冲突中不断地发展和创生。这种反身性的理论视角对本质主义的传统身份观构成了挑战。“文化的各个维度，诸如价值观、共享的语言、地理、主体观念或文化系统等，都不是普遍性的、决定性的或静止不动的。文化的各类人工物、主体性和身份则更是破碎化的和分化的”。[①] 因此，将同性恋身份作为建构同性恋共同体和政治动员之基础的观念，可能只是反映了中产阶级的经验或立场，“男同性恋”和“女同性恋”这样的分类束缚了政治力量的进一步发展。而且，同性恋群体内部也存在分化和身份的不一致感。如同历史与现实中的异性恋者通过排他性地确立“越轨的”“非正常的”和“非自然的”同性恋群体以维持社会规范并获得安全感，同性恋共同体内部也在不断地进行规范化、正常化，从而生产新的规范、制造“主流”。也就是说，同性恋共同体也在不断地隔离与污名化“他者中的他者”，以使自身获得“统一的”和“正常的”性身份，这些排他性的对象与他者包括 MB、娈童、S/M（施虐/受虐）、双性恋和乱性等。

朱迪斯·巴特勒认为主体是一种张力的存在，性别身份从本质上而言是展演性的。若要确立和维持同性恋身份的一致性，那么异性恋作为其对立面则必须处在被否定和拒斥的位置，摒弃成为政治上的必需。然而，这种原本试图达成整合的文化实践和策略却起到了弱化的后果，它错误地将异性恋身份视为单一性的，并因而错失拒斥异性恋主义的政治机会。[②] 传

---

① Janice Irvine. “A Place in the Rainbow: Theorizing Lesbian and Gay Culture.” *Sociological Theory*, Vol. 12, No. 2, 1994, pp. 241–242.

② 朱迪斯·巴特勒：《权力的精神生活：服从的理论》，张生译，南京：江苏人民出版社，2009 年，第 144–145 页。

统的身份政治在发展到一定阶段之后，它无法为新的政治空间提供可能性，也无法继续发挥解放功能，相反却成为一种自我束缚。身份总是多重的、复合的和构成性的。在通常情况下，特定的身份建构都是任意的、不稳定的和排他性的，而身份政治起着“定义自我和行为之模板的功能，它排除了勾画一个人的自我、身体、欲望、行动和社会关系的诸多可能方式。”① 当然，也不排除杰弗里·威克斯所说的情况，即同性恋身份有时也可能是“必要的虚构”② 或是作为“策略性的本质主义”。在酷儿理论看来，以身份范畴为中心建构起来的一整套知识系统并未能表达和揭示关于性自我的真相，它掩盖了权力和知识之间的芜杂关系，使西方社会的制度和文化生活进一步结构化，并通过全球化蔓延到非西方世界。但是，酷儿理论并非要摒弃作为知识和政治类别的身份，也无意彻底解构身份与文化，它强调建构性的意义和内在的矛盾性，从而使这种“意义和政治角色处于永远开放和竞争性的姿态。”③

近些年来，女性主义者、后结构主义者和酷儿理论家倡导“反规范化”（anti-normalization）的政治，他们将“身份”理解为管控性欲与差异的手段，认为排他性身份会产生本质化效应，而且对身份的聚焦难以抓住性政治的丰富内涵。规范性政治承认主流意识形态中的各种规范与常态，而反规范性政治则挑战支配性的性道德和性常态，并试图去中心化。反规范性的理论家不仅谈论性少数族群的正常化，也设法取消和废除同性恋与异性恋之间的对立，因为“只要存在将整个世界在性方面划分成洁净与不洁这样的话语并继续支配着欲望，那么性压迫就会持续存在”。④ 性少数族群并不是一个有着明确边界和固定成员的群体，它是开放的、流动的，并由不同性取向的人们构成。异性恋社会采用一系列范畴、标签和身份使性少数族群异常化、病理化和罪化，同性恋者最初在进行抵制时挪用了这些

① Steven Seidman. “Queer-Ing Sociology, Sociologizing Queer Theory: An Introduction.” *Sociological Theory*, Vol. 12, No. 2, 1994, p. 173.

② Jeffrey Weeks. *Against Nature: Essays in History, Sexuality and Identity*. London: Rivers Oram, 1991, p. viii.

③ Steven Seidman. “Queer-Ing Sociology, Sociologizing Queer Theory: An Introduction.” *Sociological Theory*, Vol. 12, No. 2, 1994, p. 173.

④ Chet Meeks. “Civil Society and the Sexual Politics of Difference.” *Sociological Theory*, Vol. 19, No. 3, 2001, p. 330.

术语，以使欲望自然化、合法化，这便是“逆向话语”的运作机制。也就是说，性话语最初的政治意图可能被逆转，被污名化者在保留原身份标签的前提下能够颠倒附着在该身份上的价值观念，从而对抗性政权。然而，从根本上而言，这仍是一种规范性的性政权对抗方式，因为它基于这样的假定：即性身份是自我的关键性表征，同性恋者也可以利用这种性征创造和实现新的社会关系及性关系。

对此，切特·米克斯（Chet Meeks）区分了两种抵抗性压迫的方式：一种是反应性（reactive）抵抗，它试图正常化某些被污名化的群体；另一种是生成性（productive）抵抗，它解构那些僵化的、狭隘的和同一的欲望思考方式，打破欲望与身份之间的“天然联系”，以彻底转变性愉悦的经验。[①] 简言之，性压迫的反应性抵抗采取规范化的方式，生成性抵抗则以反规范化为特征。这两者也可以被称作传统的“同性恋身份政治”和反规范化的“酷儿政治”。在不同的历史文化情境中，规范化与反规范化是相对而言的。在切特·米克斯看来，规范化策略并没有消解同性恋与异性恋之间的二元对立。与之相对的是，酷儿政治并不试图从与异性恋的对立中寻求差异，而是从自身的共同体内部确证差异，其目标是“使性领域保持多重的、流动的、去二元化的和处于不断改变中的差异”。[②] 在身份政治的早期发展阶段，规范化的抵抗政治使同性恋群体获得了诸多权益，如婚姻权、抚养权与继承权等，但也付出了沉重的代价。规范化政治将性差异简化为性形式，忽略了由于其他社会差异和不平等的“轴心”（如性别、阶级、种族等）而产生的不同经验，尤其是忽略了各种经验轴心之间的交互性以及由此导致的多重压迫。同时，规范化策略并没有彻底挑战“性身份作为自我之表征形式”的观念，相反，它进一步巩固了这种观念。而反规范化政治则认为，性政治不该仅是试图寻求性少数族群的合法化，而应彻底改造“性景观”。目的不是为了抹除差异，恰恰是为了生成差异，它包括不同的性实践、欲望、亚文化、身份与社会关系模式的不断增殖。

---

① Chet Meeks. “Civil Society and the Sexual Politics of Difference.” *Sociological Theory*, Vol. 19, No. 3, 2001, p. 328.

② Chet Meeks. “Civil Society and the Sexual Politics of Difference.” *Sociological Theory*, Vol. 19, No. 3 2001, p. 339.

## 二、“橱柜”政治与“石墙骚乱”的神话

至少从17世纪以来，西方就出现了这样一种传统，即具有同性恋性取向的个体逃离欧美主流社会，以摆脱异性恋主义的压制。一些零散的证据表明，19世纪前往非洲、亚洲和太平洋地区的探险者、殖民地官员等，其中有相当高比例的同性恋者。到了20世纪，不少同性恋者进入人类学领域，如爱德华·韦斯特马克（Edward Westermarck）和露丝·本尼迪克特是同性恋者，玛格丽特·米德和埃文斯—普理查德是双性恋者。自从露丝·本尼迪克特之后，美国人类学协会（AAA）出现了很多女同性恋者。[①] 第一次世界大战的结束开启了欧洲新的性自由和宽松的氛围，同性恋权利运动和亚文化蓬勃地发展壮大。这种新气象延续了19世纪末以来医学理论的发展，同时也继承了战前深嵌在同性恋共同体中的集体记忆。同性恋解放运动凭借颠覆性的文化创造出自己的准则，“语言、服装、俱乐部、勾搭技巧构成同性恋行为认同的基础，也是同性恋解放的基础”。[②] 到了20世纪60、70年代，许多大都市进一步增强了性选择的多样化、社会宽容度以及同性恋亚文化的可见度，相应地，性规范和性行为也发生了变化，这为争取社会支持、组织动员和社会运动提供了大众基础。[③]

自从现代资本主义发展以来，性取向被塑造成个体内在的本质属性。“橱柜”成为异性恋统制之下的社会、政治和文化建构物。在这种意识形态下，隐匿的同性恋身份是制度性暴政的必然结果，“橱柜”也成为同性恋压迫的结构。20世纪30年代到50年代是西方国家压制同性恋最为严重的时期。当时大多数同性恋者被迫过着地下生活，“橱柜”的观念就是这个时期产生的。“后石墙骚乱”时代的同性恋者试图从欧文·戈夫曼所说的“受损的身份”转向具有正当性的身份，使同性恋身份“去自然化”和

---

① Walter Williams. “Being Gay and Doing Research on Homosexuality in Non-Western Cultures.” *The Journal of Sex Research*, Vol. 30, No. 2, 1993, p. 115.

② 弗洛朗斯·塔玛涅：《欧洲同性恋史：柏林、伦敦、巴黎 1919—1939》，周莽译，北京：商务印书馆，2009年，第17页。

③ Steven Seidman. “Transfiguring Sexual Identity: AIDS & the Contemporary Construction of Homosexuality.” *Social Text*, Vol. 19/20, Autumn, 1988, p. 187.

“去性化”。[①] 建构主义试图解构本质主义苦心经营的同性恋历史，同性恋社群中也出现了肯定性政治，并致力于进行共同体建设、个人赋权和各种地方性的斗争。然而，在现代西方的同性恋历史上，压制与反抗、束缚与解放从来没有彻底分离过。“石墙骚乱”很快招致第一波反同性恋运动，20 世纪 80 年代初出现艾滋病之后，又掀起第二波反同性恋运动的高潮。在西方社会，引起同性恋恐慌的因素错综复杂，通常包括宗教、现代性和性别文化规范等。此外，战争、经济衰退、艾滋病等非常规性的重大事件也会引起同性恋恐慌，这些突发性事件触发了常规性的结构性要素，同时伴随着产生许多新的、微妙的压制手段。

根据阿敏·贾兹尼（Amin Ghaziani）的观点，同性恋的橱柜政治可以分为三个阶段：[②] 第一阶段是二战前的“橱柜时代”，其基本特征是向亲朋好友隐瞒自己的性取向（隐藏），断绝与同性恋社交网络的联系，同性恋个体感到羞耻、愧疚（孤立），将社会对同性恋的观点内化（恐惧），并过着表里不一的双重生活。第二阶段是“出柜时代”，其时间大致是从二战结束到 20 世纪末，尤其是 1969 年的石墙骚乱之后。这个阶段的特征是随着公众对同性恋接受程度的提高，同性恋的社会可见度也随之增加，越来越多的同性恋者向周围的人们甚至父母公开自己的性取向。他们积极建构同性恋的社交网络，并感到“同性恋是美好的”。第三阶段则是新世纪以来的“后同性恋时代”，其特征是越来越多的同性恋者融入主流社会中，尽管其内部存在多样性。这种多样性意味着 LGBT 社群内部不同的性生活方式，同化与多样化在同性恋生活中产生了持续的张力。在当代的同性恋话语中，出柜成为一种“根本性的政治行为”，[③] 这也是提高同性恋主体和共同体可见性的重要前提。出柜不仅仅是即时性地向他人披露自我的性身份，它还是可能伴随终身的“成为”的过程，因为同性恋者将不断地面对新的情境与他人，需要不断地在互动中创造作为同性恋身份的意义。

尽管人们对橱柜政治存在诸多争论，如同性恋活动家号召自我认同良

---

① Cheshire Calhoun. “Denaturalizing and Desexualizing Lesbian and Gay Identity.” *Virginia Law Review*, Vol. 79, No. 7, 1993, pp. 1859-1875.

② Amin Ghaziani. “Post-Gay Collective Identity Construction.” *Social Problems*, Vol. 58, No. 1, 2011, pp. 102-103.

③ Mark Blasius. “An Ethos of Lesbian and Gay Existence.” *Political Theory*, Vol. 20, No. 4, 1992, p. 655.

好的同性恋者“现身”以表达主体性，但酷儿左派的理论家则批判这种出柜策略，他们试图最大限度地减少“出柜”的政治意义，因为“橱柜”只是同性恋者自我设限的神话。前文已经论及，同性恋身份政治在初始确实起到解放和增权的效果，但也很快触及其局限性。与这种悖谬性的身份政治相关的一个例子是“石墙骚乱”的神话制造。事实上，石墙骚乱并非美国历史上的第一次同性恋骚乱，它仅是当时各地频繁发生的诸多叛乱活动之一，其本身也并不具有内在的特殊纪念意义。那么，为何石墙骚乱能够成为美国同性恋者的集体记忆，并被符号化为现代同性恋运动的开端呢？石墙骚乱之所以能够获得历史性的纪念意义，是因为它在特定的时间和空间里满足了两个必要的条件：其一，同性恋活动家认为该事件具有纪念价值；其二，特定的情境能够动员甚至创造用于纪念的各种媒介，从而使它符合这样的定义。[①] 在石墙骚乱之前，纽约以及全美各地就已经掀起了同性恋解放运动，正是由于这些早期的铺垫，才使同性恋活动家能够意识到并抓住这个机会发起纪念活动、呈现并建构集体记忆和现代同性恋运动的创始神话。此后，通过同性恋骄傲大游行这样的年度纪念仪式，石墙骚乱成功地被制度化，它不仅被保留下来，而且流传到世界各地。这个过程也离不开同性恋活动家的精心策划、与媒体之间的默契配合以及文化权力的施展等。作为“星星之火”的石墙骚乱“点燃”了现代同性恋运动并传播到全美乃至世界各地，最终形成了燎原之势，它成功地被塑造成美国历史上的同性恋者第一次大规模地反抗制度性压迫的象征，也因此被视为同性恋解放运动的滥觞。现代同性恋运动的“野火神话”由此诞生，石墙骚乱的叙事也成为同性恋政治的常识。从这种意义上而言，石墙骚乱的神话是同性恋解放运动的成就，而不是对其起源的解释。在政治上，石墙骚乱的叙事对当时的同性恋运动是有益的，但它同时也阻碍了同性恋运动进一步动员、发展以及对它的学术性阐释。因为这种叙事隐藏了这样一个基本事实：即同性恋解放运动其实在石墙骚乱之前就已经存在。当时既有的同性恋解放运动是使同性恋活动家认识到石墙骚乱事件具有政治潜质的重要前提。倘若缺乏激进的政治取向，这些活动家不会做出升级冲突势态的反

---

① Elizabeth Armstrong and Suzanna Crage. “Movements and Memory: The Making of the Stonewall Myth.” *American Sociological Review*, Vol. 71, No. 5, 2006, pp. 724-751.

应，不会创造或传播关于石墙骚乱之重要性的宏大叙事，也不会筹划纪念性的仪式。[①] 此外，关于石墙骚乱的“野火神话”还给人造成这样一种印象，即认为同性恋运动是自发的、不可避免的，它无须经由充分的社会动员。然而，同性恋运动显然并非像野火燎原那样是自发性的，它是由众多的同性恋共同体和活动家积极争取、塑造和发动的结果。一些学者和活动家也意识到石墙骚乱的历史问题，他们提出各种质疑，试图解构这种胜利叙事。例如，有些同性恋活动家认为1965年发生在费城的“年度纪念”（Annual Reminder）才是当代同性恋运动的起源。[②] 然而，这些异质性的声音通常被学术圈内外的主流话语所埋没。

## 三、同性恋消费主义与身份解放

性态既是文化和话语实践的结果，也是意识形态的产物。作为一种管控性的制度设置，性规范不仅渗透在现代世界的各种社会组织里，它也与其他社会设置（如资本主义、父权制、帝国主义与殖民主义等）协调一致地运作。在晚期资本主义社会里，性身份的可见性还通过商品化表现出来。[③] 在同性恋词汇中，“可见性”是一个斗争性的术语，它是政治话语等复杂的社会条件之后果。可见性不仅是经验性的身体展示，也是构成身份的各种知识、话语、意义和认知模式的展示。在现代社会中，酷儿全球化主要通过情色观光业、同性恋媒体的消费以及社会流动而实现。资本主义商品化的物质过程并不仅仅是经济意义上的，它还使西方社会的同性恋身份、亚文化和共同体得以成为可能。资本主义发明了对劳动力进行社会控制的各种方法，工业资本家还创造了各种手段以促进大众消费。这种以大众消费为目标的广告宣传催生了身份的同质性，生产者和广告商为了制造需求、销售商品而竭力抹除身份差异。20世纪20年代，伴随着数十年的移民浪潮之后，美国的广告业试图消除或超越基于国籍和族群的身份差

---

① Elizabeth Armstrong and Suzanna Crage. “Movements and Memory: The Making of the Stonewall Myth.” *American Sociological Review*, Vol. 71, No. 5, 2006, p. 743.

② Elizabeth Armstrong and Suzanna Crage. “Movements and Memory: The Making of the Stonewall Myth.” *American Sociological Review*, Vol. 71, No. 5, 2006, p. 743.

③ Rosemary Hennessy. “Visibility in Commodity Culture.” *Cultural Critique*, Vol. 29, Winter, 1994—1995, p. 70.

异，以创造更加广阔的、统一的大众消费品市场，这个过程也促进了少数族群的美国化。同性恋市场的扩大与同性恋政治和社会运动的持续发展之间存在着密切关联。[①] 全国性的出版商和广告机构是文化同化和消费社会发展的重要驱动力，同性恋出版机构的扩张有力地推动了同性恋政治和社会运动的发展。20 世纪 70 年代，也即在石墙骚乱之后，新的同性恋书店、出版社和期刊如雨后春笋般冒出来，它们帮助传播同性恋政治活动的各种信息，包括不同的政治立场和运动策略等，也记录了同性恋运动的风起云涌和兴衰成败。同时，资本主义市场也为塑造建立在消费基础上的同性恋身份创造了新的机会。

同性恋运动和同性恋市场生产、复制着同性恋亚文化，以身份为基础的同性恋运动和市场活动在个体和群体的层面上促进了统一性。在市场的作用下，同性恋身份与共同体有效得到了巩固与强化。20 世纪 90 年代，市场机制成为同性恋个体最容易获得也是最有效的身份塑造机制，身份群体成为政治权利运动的基础，资本主义也因而具有自由、解放的功能。也就是说，资本主义的发展使同性恋权利的政治斗争得以可能。[②] 在石墙骚乱中，那些拒绝被逮捕的同性恋者深受公民权益运动、黑人权利运动和新左派思潮的影响。正如戴维·约翰逊（David Johnson）所指出的，在公共空间中，同性恋者的这种集体抵制行为从根本上而言是对消费权的捍卫。[③] 从这种意义上而言，石墙骚乱不是同性恋运动的起源，而是同性恋消费权益革命的高潮。它由各类同性恋消费品的生产商开启，并得到同性恋消费者的认同与强化。20 世纪 90 年代以来，人们更是见证了以同性恋市场为目标的商品生产、分配与消费的繁荣。个体与消费品之间的关系是理解个体对自我、共同体甚至国家身份的重要媒介。不少研究者认为，同性恋消费主义是实现身份认同、进行资源动员的特殊手段，它能够在现代商业社

---

① Alexandra Chasin. "Interpenetrations: A Cultural Study of the Relationship between the Gay/Lesbian Niche Market and the Gay/Lesbian Political Movement." *Cultural Critique*, Vol. 26, No. 44, 2000, p. 145.

② Alexandra Chasin. "Interpenetrations: A Cultural Study of the Relationship between the Gay/Lesbian Niche Market and the Gay/Lesbian Political Movement." *Cultural Critique*, Vol. 26, No. 44, 2000, p. 151.

③ David Johnson. "Physique Pioneers: The Politics of 1960s Gay Consumer Culture." *Journal of Social History*, Vol. 43, No. 4, 2010, p. 888.

会中获得意外的政治解放效果，也即消费主义有助于实现在商业经济与身份政治之间的转换。例如，戴维·约翰逊探讨了同性恋杂志的出版商如何与法律审查做斗争，并如何最终获得生产和消费这些商品的权利。他认为，在美国出现全国性的同性恋政治共同体之前就存在全国性的同性恋商业市场，而由同性恋企业家促成的同性恋市场的发展则是身份运动兴起的重要催化剂。同性恋消费市场的兴起为培育同性恋政治运动提供了修辞话语，并建构了社会网络；同性恋消费品为同性恋者理解自身以及更广泛的共同体提供了认知手段。[①] 同性恋风格和身份的商品化与后现代的同性恋/酷儿主体性的形成也具有内在关联性。作为一种生活方式的消费文化促使人们思考身份的延展性和可塑性，从而模糊了社会等级差序。由于消费主义强调无差别性、肯定个体权利，因此它在一定程度上摆脱了道德训诫的束缚。消费实践不仅仅是简单的经济交换，同时它也会影响感受性与品位的形成，而这又反过来促进了更具灵活性和适应性的主体。[②] 大致而言，同性恋消费主义的基本观点是消费文化中同性恋形象的流通能够在异性恋和同性恋受众中强化同性恋的主体性和共同体意识。

然而，身份政治和同性恋消费主义的批评者认为，资本主义市场中基于消费的身份构成不同于建立在性行为基础上的身份。消费实践固然革命性地消解了原有的地位群体和身份阶序，但在亚历山德拉·蔡辛（Alexandra Chasin）看来，这种建立在身份基础上的市场活动与身份政治对进步性的政治变迁是不利的，因为进步性的政治议程寻求联合，它不仅关注歧视性立法和社会包容，还关注整个人口中的经济不公正现象。从历史的角度来看，消费主义文化以身份为基础的生产、分配与消费是相对晚近才发展起来的，而在资本主义的发展过程中，消费主义文化本身也是较晚才出现的现象。[③] 蔡辛质疑个体的私人消费行为成为政治参与之基础的模式，指出个体性的私人消费无法取代进取性的集体政治行动。在蔡辛看来，如果

---

① David Johnson. "Physique Pioneers: The Politics of 1960s Gay Consumer Culture." *Journal of Social History*, Vol. 43, No. 4, 2010, pp. 867-892.

② Rosemary Hennessy. "Visibility in Commodity Culture." *Cultural Critique*, Vol. 29, Winter, 1994—1995, p. 58.

③ Alexandra Chasin. "Interpenetrations: A Cultural Study of the Relationship between the Gay/Lesbian Niche Market and the Gay/Lesbian Political Movement." *Cultural Critique*, Vol. 26, No. 44, 2000, pp. 146-147.

认为消费主义最有可能产生性自由和性权利，那是因为它并没有触及资本主义的根本结构。而若要改变不公正的地位，同性恋政治必须直面这些社会结构。此外，丹尼尔·哈里斯（Daniel Harris）指出，由于当代异性恋社会对同性恋的接受和宽容，使同性恋者不再有强烈的危机感，因此，他们不再有动力向主流的异性恋社会表明自身的价值，也不再以文化为手段来获取社会声望，这导致同性恋爱情的异性恋化、同性恋感受性的终结和同性恋文化的消亡。与此同时，消费市场上却到处兜售和贩卖一些空洞无物的同性恋文化。① 文化可见性能够促进同性恋权益的保护与发展，但是有些同性恋者仅是作为消费者的客体而可见。在这种情形下，商品文化中的可见性仅是一种有限的胜利，因为同性恋者不是作为社会主体而呈现。世界性的同性恋旅游（tourism）是性身份和消费自由的象征，但它也消解了原有的性实践与身份认知。在同性恋社群的跨国流动和全球化过程中，不可避免地会出现新的身份、关系、矛盾、斗争以及抵抗政治等，地方性的同性恋共同体共享着同一种民族身份，在这种情况下，"同性恋民族主义"② 又将是身份政治的另一个重要话题。

## 四、余　论

本文论述了同性恋身份、抵抗策略、"橱柜"政治、"石墙骚乱"的神话以及同性恋消费主义，其核心是身份政治及其反思。通过对文化与身份的去中心化、对规范性的解构以及对异性恋正统性的拒斥，当代酷儿理论在研究全球化背景下的性与其他因素（如性别、阶级、种族和国家等）的交叉性中具有重要意义。当然，任何理论范式都根植于特定的历史与文化背景，酷儿理论能否适用于非西方文化仍值得商榷。需要指出的是，同性恋的性态并不必然是非规范性的，它也并不一定以二元论的方式呈现。在新的身份政治的感召下，人们对自主性的争夺加剧，越来越倾向于定义和掌控自己的性态。在这个过程中，同性恋活动家建构集体身份的策略也在发生变化。例如，早期采用对立的"我们 vs. 他们"的话语，从而将 LG-

① Daniel Harris. *The Rise and Fall of Gay Culture*. New York: Hyperion, 1997.

② Jasbir Kaur Puar. "Mapping U. S. Homonormativities." *Gender, Place, and Culture*, Vol. 13, No. 1, 2006, pp. 67-88.

BT社群与异性恋社群截然分开，以策略性地产生差异和边界。如今，同性恋活动家以更包容性的逻辑，即“我们 & 他们”的话语来建构集体身份。这种从“对立”（*versus*）向“包容”（*and*）的转变意味着活动家不再竭力设法与主流的异性恋群体划清界限，而是更多地在两者之间构筑桥梁。①

这种重新联结和涵括的策略也影响着学界对酷儿理论的反思与批判，例如，亚当・格林（Adam Green）批评酷儿理论的过度解构与颠覆并无助于理解现代的性行动者和性政体。② 格林辨识了两种类型的酷儿理论：一种是“激进的解构主义”，它掩盖性范畴在社会设置和社会角色中的具体表达方式，从而消解了它们作为社会组织之主轴的作用；另一种是“激进的颠覆”，它忽略性行动者共享的、被社会化的社会环境，从而无法理解性的边缘地位之复杂性以及与其他制度性身份与社会角色的依附关系。在格林看来，同性恋与异性恋因不同的性取向占据着独特的社会结构，性取向的分类具体呈现在制度设置与社会角色之中，这将对自我观念和社会互动的模式化产生重要后果。性的社会行动者不仅仅通过性取向本身定义他们占据的所有制度性身份，他们还共享着许多社会特征、意识形态与经验等。

① Amin Ghaziani. “Post-Gay Collective Identity Construction.” *Social Problems*, Vol. 58, No. 1, 2011, pp. 99-125.

② Adam Green. “Gay but Not Queer: Toward a Post-Queer Study of Sexuality.” *Theory and Society*, Vol. 31, No. 4, 2002, pp. 539-540.

# 同性恋研究中的身份政治、亚文化及话语之争

性态是“具有不同起源和诸多方向的多元现代性问题”,[①] 也是现代性研究的核心议题之一。随着西方性科学的传播和全球化进程的加快，中西方之间不可避免地会出现同性恋思想的碰撞，也即文化冲突与交融的问题。在全球化的背景下，本土的同性恋思想需要应对外来的或异己的同性恋文化。亚洲的大多数社会正处于从传统到现代转型的连续体中，认识亚洲其他地方的同性恋亚文化和共同体以及它们的现代性遭遇有助于我们了解中国同性恋在世界版图中的位置以及由传统到现代的转型过程中出现的本土性与植入性问题。

本文试图探讨地方性的同性恋身份、亚文化以及话语是否确如一些学者所言，不可避免地遭到了“全球酷儿化”或“同性恋美国化”？西方的性身份和话语体系是否能够适合非西方的情境并用来描述非西方文化中的实践关系？或者反过来，非西方的文化与实践能否赋予西方文化以新的含义？在世界一体化的趋势下，又如何解读当代中国的“性”以及性少数群体？他/她们只是西方性思潮影响下的产物？是被动的全球欲望的凝视和狩猎对象抑或是全球欲望地图中的积极能动者？在研究地方性的同性恋议题时，这些问题是无法回避的。

## 一、全球酷儿研究的两种视角

在关于世界范围内的同性恋研究中，全球化理论是一种重要的视角。这种理论取向强调电子媒介、迁移、旅游和跨国资本流动等，这些因素使全球政治和文化边界变得更具渗透性。在该视角中，比较有代表性是丹尼斯·奥尔特曼提出的“全球酷儿化”的观点，他探讨了多元文化背景下跨国同性恋的身份问题，认为全球化在身份发展过程中扮演了重要的角色。

---

① F. Dikötter. *Sex, Culture and Modernity in China: Medical Science and the Construction of Sexual Identities in the Early Republican Period*. Honolulu: University of Hawaii Press, 1995, p. 12.

社会的、文化的、政治的和经济的因素以及国际性的大众媒介等都参与了这种发生于不同社会中的世界性同性恋身份和共同体的形成。同性恋世界的浮现被理解为一种“既存的西方类型的扩张”、“急剧全球化的生活方式和身份政治的一部分”① 或“后现代同性恋身份的全球化现象”。② 西方同性恋文化的全球性传播被普遍看作是解放第三世界国家性少数群体的进步性力量，许多发展中国家为了适应西方资本主义的需要，其生活方式和经济结构都经历了重塑的过程，传统、现代和后现代的身份可能同时并存并彼此交融。奥尔特曼所说的全球酷儿化的实质是同性恋的美国化和性身份的全球化。他将全球酷儿化理解为西方同性恋模式的延伸，认为非西方自我认同的同性恋者将自身视为全球共同体的一部分，他们的共性超越了文化差异。全球化视角的研究试图在文化差异中寻求普遍的同性恋身份，这种身份用新的现代自我观念取代原有的本土性概念，在地方性文化的规范下发展同性恋关系，公开地表达性身份，发展公共的同性恋政治意识，并且创造一种建立在性基础上的共同体感。在这种理论视角的支配下，诸多西方学者的研究都是以西方的性态为中心，将西方的性学话语体系直接运用和解释非西方的性态。在西方的同性恋公共话语中，主导性的叙事对非西方的男性进行去欲望化和女性化，同时理想化高加索男性的身体特征，认为他们象征着真正的男子气概。③ 全球化的理论范式关注所谓的地方性酷儿主体如何采纳西方模式的男同性恋、女同性恋和跨性别的身份作为他们自身的能动性。④ 总之，以全球酷儿化为主要内核的研究视角假定“酷儿”“性态”有一个跨越时空的超稳定结构和同一性基础，这种同一性基础的稳定性由于西方酷儿文化和身份的渗入而得到进一步强化。

全球化视角招致了不少批评，这主要是因为它忽略了民族国家、种族区域以及宗教、语言和文化版图的历史边界。罗丽莎指出，奥尔特曼的

---

① Dennis Altman. “Rupture or continuity? The Internationalization of Gay Identities.” *Social Text*, Vol. 14, No. 3, 1996, p. 78.

② Dennis Altman. “Rupture or continuity? The Internationalization of Gay Identities.” *Social Text*, Vol. 14, No. 3, 1996, p. 77.

③ Peter Jackson. “Pre-Gay, Post-Queer: Thai Perspectives on Proliferating Gender/Sex Diversity in Asia.” In *Gay and Lesbian Asia*, ed. G. Sullivan & p. Jackson. NY: Harrington Park Press, 2001, p. 11.

④ Eng-Beng Lim. “Glocalqueering in New Asia: The Politics of Performing Gay in Singapore.” *Theatre Journal*, Vol. 57, No. 3, 2005, p. 386.

"全球酷儿化"理论存在四个主要问题：即构成奥尔特曼论点的殖民话语动力学、关于文化的概念、对意义和指涉性的理解以及对全球化或普遍主义的想象。① 奥尔特曼将同性恋解放的特殊叙事普遍化，并进而确立以西方作为世界史始点的等级体系。如果按照奥尔特曼关于同性恋解放起源于西方的叙事，那么非西方的同性恋者将永远处于一个亦步亦趋的位置。奥尔特曼理论的一个潜在假设是：无论西方人还是非西方人，对普遍主义的诉求是不证自明的，这种诉求并非是修辞策略或两种声音之间的对话，它也不是地方性政治的代表或者"策略性的本质主义"。马汀·马纳兰珊（Martin Manalansan）也批评同性恋修辞中的普遍化倾向，尤其是现代西方的同性恋话语将非西方的、非自我确认的男男性行为者建构为前现代的性少数族群，他呼吁从不同的地域进行介入，使同性恋身份、政治和文化的对话包含来自边缘社群的声音。② 马汀·马纳兰珊认为，这种由西方发展产生的叙事开始于一种"前政治性的"同性恋实践（即所谓的"文化传统"），其终点是自由的"现代"同性恋主体。③ 马纳兰珊的阐述回绝了全球同性恋身份均质化或"麦当劳化"的观点。在这种学术反思之下，林永铭（Eng-Beng Lim）针对西方酷儿理论家的"全球酷儿化"概念而提出亚洲的"全球本土化酷儿"（Glocal queering）的新表述，通过这一概念，他试图促成对"全球酷儿化"这一阐释性范式的认知转移。④ 林永铭在研究新加坡的同性恋文化时发现，酷儿文化的不同实践模式构成了酷儿特性中的离散化形式。不像欧美模式强调性身份的确认，如丹尼斯·奥尔特曼提出的普遍主义的同性恋身份，新加坡的酷儿化（queering）与亚洲内部其他的文化显示了实用主义取向的同性爱欲实践。

与"全球酷儿化"理论相对的是福柯式的对突兀断裂特征和高度边界化话语的强调，此类研究取向构成了全球视野下同性恋研究的另一种视

---

① Lisa Rofel. *Desiring China: Experiments in Neoliberalism, Sexuality, and Public Culture*. Durham: Duke University Press, 2007, pp. 90-91.

② Martin Manalansan. "In the Shadows of Stonewall: Examining Gay Transnational Politics and the Diasporic Dilemma." In *The Politics of Culture in the Shadow of Capital*, ed. L. Lowe and D. Lloyd. Durham, NC: Duke University Press, 1997.

③ Martin Manalansan. *Global Divas: Filipino Gay Men in the Diaspora*. Durham, N. C.: Duke University Press, 2003.

④ Eng-Beng Lim. "Glocalqueering in New Asia: The Politics of Performing Gay in Singapore." *Theatre Journal*, Vol. 57, No. 3, 2005, pp. 383-405.

角。福柯在《性史》中表明，同性恋身份的出现是基于性的新型话语系统的制度化，福柯式性态研究聚焦于话语的内在特殊性，它分析某种特定话语内部的概念、类型和身份。全球化理论和福柯式话语分析分别关注全球文化形式之双重生成过程中的某个维度。全球化理论试图解释跨国间的同质化过程，而福柯式的研究更多地被运用于本土化或在地化（localizing）过程。彼得·杰克逊（Peter Jackson）认为，尽管很多标签或术语都借自西方话语体系，但当代亚洲的同性恋身份与现代西方同性恋文化的表现方式明显不同，亚洲国家的性身份可能是“前—同性恋”（pre-gay）或“后—酷儿”（post-queer），也可能是各种跨越时空的不同身份并行不悖。因此，亚洲的同性恋并非是西方同性恋的镜像。同时，亚洲同性恋文化空间的内部也存在各种差异，这种差异从亚洲国家独特的地方性话语中可见一斑。例如，泰国的本土性话语表述类型：“phet”，它结合了性差异（男性vs. 女性）、性别差异（男性阳刚气概 vs. 女性柔弱气质）和性取向（异性恋 vs. 同性恋）。[①] 其他地方性的表述诸如“bakla”（菲律宾北部）、“bantut”（菲律宾南部）、“banci”（爪哇）和“waria”（印度尼西亚）等继续被用来意指易装和变性身份，而“gay”则用来指具有男子气概的同性欲望。[②]最近在亚洲国家开展的许多地方性研究都深受福柯范式的影响。例如，达纳·柯林斯（Dana Collins）探讨了同性恋东道主（gay hosts）[③]身份如何通过东道主本人的旅行/流动性和都市地点进行身份建构，即通

① Peter Jackson. “Pre-Gay, Post-Queer: Thai Perspectives on Proliferating Gender/Sex Diversity in Asia.” In *Gay and Lesbian Asia*, ed. G. Sullivan & p. Jackson. NY: Harrington Park Press, 2001, p. 17.

② 然而，在泰国人或菲律宾人的 G/L/T 文化中，对“gay”的接受程度也并非一致。“gay”通常等同于变性人“kathoey”，而 bakla/bantut 在两国各自的乡村地区流行。参见 Peter Jackson. “Pre-Gay, Post-Queer: Thai Perspectives on Proliferating Gender/Sex Diversity in Asia.” In *Gay and Lesbian Asia*, ed. G. Sullivan & p. Jackson. NY: Harrington Park Press, 2001, note 6.

③ Gay host 所从事的是非正式职业，他们通常为在马尼拉的国外同性恋游客（主要是西方白人男性）作向导，并提供付薪酬的伴侣服务，在这方面类似于中国的 money boy。但他们与外国游客之间的性关系并非商业性的，他们接受非正式的报酬和礼物等，gay host 除了为外国游客提供性服务之外，还包括翻译、向导、货币兑换、购买纪念品、洗衣服、住宿和安排旅行等。他们的工作还可能涉及情感投入，他们要关心游客的愉悦和舒适，有些 gay host 认为自己的工作更像“友谊而不是生意”，他们拒绝“卖淫”“性工作者”这一类的标签。这些都是他们作为男同性恋者的生活方式的一部分。具体可参见 Dana Collins. “Identity, Mobility, and Urban Place-Making: Exploring Gay Life in Manila.” *Gender & Society*. Vol. 19, No. 2, 2005, pp. 180-198.

过将城市空间挪用/转变为同性恋空间以表达同性欲望。[1] 尽管这些同性恋者在城市化进程中遭到社会排斥，但他们通过社会地位的制造策略，成功地实现了身份的转换。罗莎琳德·莫里斯（Rosalind Morris）对泰国的性态研究也发现，泰国地方性的话语体系是更古老的基于社会性别的传统，它并未完全被西方的性话语取代。在全球化背景下的跨文化采借过程中，泰国是一个“深受其影响但并不是完全取决于跨国力量和意识形态的社会”。[2] 在当代的性和性别研究领域，越来越多的研究者将注意力转向身份、语言和欲望等复合再生产的性态上。

## 二、身份政治的有效性质疑

现代同性恋的身份政治自最初就包含了内在的矛盾性，这种矛盾性不仅牵涉到性态研究中争执不下的本质主义与建构主义，也直接导致对身份政治之有效性的质疑。戴维·霍尔珀林（David Halperin）曾区分了“前同性恋传统”与“现代同性恋观念”，前同性恋传统时期包括从古希腊到现代早期的意大利与法国、18 世纪的英国一直到 19 世纪末性学家的著作中出现“性倒错”的观念。具体而言，他辨识的四种前同性恋传统分别为：（1）柔弱；（2）变童或“主动的”鸡奸；（3）情谊或男性之爱；（4）被动的或倒错的性。这些前同性恋传统之间相互联系的关键因素是性别（gender）优先于性态（sexuality）。[3] 传统与现代同性恋身份的区别使人们意识到身份政治的复杂性，认为并不存在跨越不同文化与历史的、普遍一致的同性恋身份。同时，在将西方的同性恋理论体系运用于非西方文化时可能会遭遇话语脱嵌现象。很多文化人类学家早就认识到这一点。例如，吉尔伯特·赫特（Gilbert Herdt）在他的著作中虽然采用“同性恋”（homosexual）这一术语，但他同时告诫读者在美拉尼西亚参与“仪式性同性恋”活动的男性并不是西方意义上的“同性恋者”，这主要是因为：

---

① Dana Collins. “Identity, Mobility, and Urban Place-Making: Exploring Gay Life in Manila.” *Gender & Society*. Vol. 19, No. 2, 2005, pp. 180-198.

② Rosalind C. Morris. “Three Sexes and Four Sexualities: Redressing the Discourses on Gender and Sexuality in Contemporary Thailand.” *Positions*, Vol. 2, No. 1, 1994. p. 17.

③ Alan Sinfield. “Lesbian and Gay Taxonomies.” *Critical Inquiry*, Vol. 29, No. 1, 2002, p. 120.

(1) 同性恋实践通常是通过男性成人仪式来施行的；(2) 宗教含义；(3) 受更广泛的文化规则和社会角色的制约，它不仅被社会中所有的道德、法律或者男性秘社容忍，而且后者还规定了男性性交的特定方式；(4) 大量与年龄相关的禁忌和亲属禁忌规定、制约着这种男男性行为的本质。尽管美拉尼西亚男性普遍参与同性恋活动，但是没有证据表明这些男性在今后的生活中会习惯性地进行同性接触，或者在仪式性同性恋群体中伴随终身的同性恋的发生率要高于其他群体。①

为此，赫特提出了“仪式化同性恋”的概念。在美拉尼西亚社会，“仪式化”作为同性恋的调节器被恰如其分地运用于当地的情境，这种“仪式化同性恋”不同于西方情境里的同性爱欲或同性恋身份。尽管赫特清楚地意识到西方的同性恋话语体系与非西方的同性实践之间存在耦合问题，黛博拉·埃利斯顿（Deborah Elliston）仍然对“仪式化同性恋”进行了批判。埃利斯顿认为，男孩成人仪式中的“同性恋实践”构成了表达和说明关于性别、年龄等级的观念丛和社会身份认同的基础。将成年男性与男孩之间的“同性恋”实践作为“仪式化同性恋”是把西方的性模式强加于美拉尼西亚的实践，若套用西方关于性别、爱欲和人格的思想，最终会阻碍认识美拉尼西亚实践的真实意义。为此，埃利斯顿提出了“精液实践”（semen practices）的术语，② 在埃利斯顿看来，精液实践可以成为一个去爱欲化的标签，他坚持认为“仪式化同性恋”更多的是一种正当化古代或原始文化形式的策略，而不是对它强有力的解释。

在亚洲，新的社会/生理性别类型和爱欲文化在多重因素的交织影响下逐渐浮现。这些影响因素通常包括：全球化背景下资本主义市场经济的、社会的和技术的转换；本土和西方的不同文化/话语之混杂性的增强；由于旅游和迁移，人口流动率日益增加；在预防艾滋病和性少数群体的人权议题上扩大国际合作，诸如此类。③ 但是，现有的以历史学、人类学民

① G. Herdt. *Ritualized Homosexuality in Melanesia*. Berkeley: University of California Press, 1984, p. 65.

② Deborah Elliston. “Erotic Anthropology: ‘Ritualized homosexuality’ in Melanesia and beyond.” *American Ethnologist*, Vol. 22, No. 4, 1995, pp. 848-867.

③ Peter Jackson. “Pre-Gay, Post-Queer: Thai Perspectives on Proliferating Gender/Sex Diversity in Asia.” In *Gay and Lesbian Asia*, ed. G. Sullivan & p. Jackson. NY: Harrington Park Press, 2001, p. 1.

族志和社会学等学科为基础的性与性别研究中，同性恋身份和话语大多源自于西方。杰克逊指出，学界尚缺乏对亚洲的各种话语转换类型进行具体的历史研究，而正是这些话语转换刺激了欲望化主体性以新的方式不断地增殖。同时，也缺乏研究经济结构、社会组织和政治体制的变迁，这些变迁促使亚洲同性恋景观产生新的活动空间。由于亚洲社会中各个性少数群体被边缘化的方式存在明显差异，同性爱欲的表达形式也各有不同，因此，不同社会中那些有助于型塑新的同性恋身份的当代社会/生理性别的抵抗方式也千差万别，没有一种概化的分析能够解释所有的亚洲身份。对此，杰克逊认为理解亚洲同性恋尤其需要厘清三种现象之间的关系：① (1) 不同异性恋统制政权背景下的跨性别主义和同性爱欲的本土性历史形式；(2) 当代同性恋者对这些异性恋统制形式的抵抗，这种抵抗通常涉及自我意识从社会/生理性别的历史形式中分离出来，甚至加以批判；(3) 西方不同方式的同性恋话语和风格被挪用于本土抗争的表现形式。因此，需要重新评估通过性科学、欧美强势的学术话语以及资本主义商业化而确立支配地位的全球酷儿表述，这不仅是全球性与地方性的问题，也是挑战统治范式的重要议题。

萨门·豪尔（Cymene Howe）认为，第三世界的同性恋并非西方身份原型的“容器”或另一种表征形式。② 因此，应从流动的、关系性的角度来理解同性恋身份。马克·布莱修斯（Mark Blasius）认为，同性恋经验应该被视为一种“精神特质”，而不是性取向/性偏好、生活方式，或以集体主义的术语进行表述的“亚文化”或“共同体”。③ 理解这种精神特质的关键是通过同性恋者对“出柜”的概念化，即个体进入构成同性恋共同体的关系领域而成为其成员的过程。这种关系性的精神特质是在共同参与中实现的，它将个体的同性恋身份与关系整合到社会网络中。加利·道塞特（Gary Dowsett）也质疑统一的同性恋身份之可能性与有效性，认为在“同

① Peter Jackson. “Pre-Gay, Post-Queer: Thai Perspectives on Proliferating Gender/Sex Diversity in Asia.” In *Gay and Lesbian Asia*, ed. G. Sullivan & p. Jackson. NY: Harrington Park Press, 2001, pp. 6-7.

② Cymene Alyssa Howe. “Undressing the Universal Queer Subject: Nicaraguan Activism and Transnational Identity.” *City and Society*, Vol. 14, No. 2, 2002, p. 260.

③ Mark Blasius. “An Ethos of Lesbian and Gay Existence.” *Political Theory*, Vol. 20, No. 4, 1992, p. 642.

性恋”这一修辞下所纳入的各种性征是如此多样化，使有同性欲望的男性在与更广泛的同性恋共同体进行互动时所采用的方式也不尽相同。① 因此，奥弗德（B. Offord）和坎特雷尔（L. Cantrell）所说的“同性恋超级身份”② 忽视了同性恋者在关系选择时的多重性，并忽略了那些难以纳入既有图式的各种含糊、复杂和不确定的因素，从而将身份强行纳入现有的框架内。地方性和全球性都是一种定位的视角，而不只是彰显差异的场所。地方性并非特殊性的同义词，它是一个通过具体的符号实践而赋予意义的空间类型。同样，全球性亦离不开与地域相关的文化进程，它并非一个“脱域”的现象，而是在不同的背景下产生并呈现特定的想象力。③ 从这种意义上而言，同性恋特性是稳定异性恋身份的一个想象的场域。这种文化和空间的视角有助于我们在探讨西方之外的同性恋身份时超越相同与差异这样简单的二元对立。需要指出的是，奥尔特曼亦意识到在全球化进程中身份生成的不可预测性，当非西方社会遭遇西方新近发展的性话语时，“可能产生各种新的身份，但这些发展无法通过西方的经验来预见”。④

如果某种独特的同性恋身份被视为支配性的和散布于全世界的，那么同性恋类型也将变得平面化，从而抹除了西方和非西方世界中同性恋者之间的多元性与异质性。⑤ 我们一方面要警惕全球化过程中的平面化、单向度效应；另一方面也要注意到，由于西方发达国家的学者对支配性的话语体系熟稔于心，导致在探讨传统与现代性问题时容易从西方的立场与视角出发，强调西方文化对第三世界本土文化的刺激作用。同性恋研究应避免简单的“刺激—反应”身份生成模式，这种模式实质上认为外来西方文明的冲击催生了本土思想的同质性演化。以这种心理学式的应激模型来研究所谓的本土化，容易陷入西方科学主义知识论的泥淖。这个问题不仅存在

---

① Gary W. Dowsett. *Practicing Desire*: *Homosexual Sex in the Era of AIDS*. Stanford, CA: Stanford University Press, 1996.

② B. Offord & L. Cantrell. “Unfixed in a Fixated World: Identity, Sexuality, Race and Culture.” *Journal of Homosexuality*, Vol. 36, No. 3-4, 1999, pp. 207-220.

③ Anna Tsing. *Friction*: *An Ethnography of Global Connection*. Princeton, N. J.: Princeton University Press, 2005.

④ Dennis Altman. “Rupture or continuity? The Internationalization of Gay Identities.” *Social Text*, Vol. 14, No. 3, 1996, p. 91.

⑤ Dana Collins. “Identity, Mobility, and Urban Place-Making: Exploring Gay Life in Manila.” *Gender & Society*. Vol. 19, No. 2, 2005, pp. 180-198.

于同性恋身份研究，也存在于其他各种民族文化的实践研究。一味地追逐西方的酷儿文化将会导致理论与经验之间的断裂与张力，背离既有的文化脉络来理解和实践自身，最终会导致自我异化，使非西方的同性恋经验自动降格为西方理论的另一个版本的脚注。

## 三、同性恋亚文化：模仿抑或创造?

与酷儿研究中的身份政治密切关联的一个问题是同性恋亚文化。我们该如何看待全球化背景下的同性恋亚文化?这首先涉及何谓“文化”的问题。同性恋文献中主要存在两种文化观念：一种是受行为主义的影响，将文化定义为行为模式和习俗；另一种则追随格尔茨的文化乃“意义之网”的观点，认为文化是一套共享的符号系统，也即共享的信息、知识和象征。[①] 大多数研究者认为存在同性恋亚文化，因为同性恋社群不仅具有独特的性行为模式，而且还形成了内容丰富的同性恋文学、电影、艺术、戏剧、音乐、小说以及各类同性恋人工物品以及同性恋消费主义等，同性恋者在一定意义上实现着“符号共享”。与身份政治一样，我们在探讨同性恋亚文化时，并不意味着谈论一种统一的、一致性的文化。后结构主义与酷儿理论强调文化的去中心化；传统的观念视文化为一系列富有意义的符号模式，是一种可以解读的文本，后结构主义则认为这种文本存在着多重解读。戴维·施耐德（David Schneider）认为，文化是一种“霸权话语”，它不只是简单地通过惩罚性制裁对个体施加影响，它还通过道德惩戒的方式，通过“应该怎么做”“大多数人这样做”的方式来型塑个体的行为和思想观念。[②] 然而，文化并非是密封严实和铁板一块的，有些个体并不会遵从支配性的规范与话语。同时，文化的反叛和多元性并非是任意的，它通常以支配性的话语和规范作为遵从或违犯的参照。就同性恋文化而言，异性恋文化正好提供了这样一种文化模板。但是，正如朱迪斯·巴特勒所

---

① Janice Irvine. “A Place in the Rainbow: Theorizing Lesbian and Gay Culture.” *Sociological Theory*, Vol. 12, No. 2, 1994, pp. 232-248.

② David Schneider. “The Power of Culture: Notes on Some Aspects of Gay and Lesbian Kinship in America Today.” *Cultural Anthropology*, Vol. 12, No. 2, 1997, p. 273.

指出的，同性恋并不是异性恋的一个摹本或复制品。[①] 同性恋文化是“可持续的”，而不是“自我毁灭的”。[②] 从某种意义上而言，同性恋已成为一种文化表征和意识形态的标记，作为一种文化抵制形式，它是“一种通过高度制度化的网络而动员起来的话语实践”。[③] 这在文化生产和型塑“后身份政治”的过程中发挥着重要作用。

在当代主流的异性恋文化中，很多同性恋者同样恋爱、结婚、建立家庭并且养育子女。同性恋者几乎也采用所有异性恋社会的象征符号，但是他们赋予其不同的和全新的意义，并且在不同的构型中将它们重新组织起来。从这种意义上而言，同性恋者并不是简单地模仿异性恋文化及其形态，他们在利用主流的异性恋文化的过程中不断地进行再阐释，通过“占据各种罅隙从而利用支配性文化符号的含糊性”。[④] 同性恋不是一种复制品，不是一种模仿、拟态、衍生物，也不是实体的阴影。文化不是静止不变的，而是会随着历史而改变的实践与知识，它是人类能动性的产物。同性恋亚文化支撑着性身份与性实践，文化、身份与共同体之间在互动中达成权宜性的共享。因此，不应以一种整合的、统一的视角来看待同性恋的文化与身份。在世界各地的同性恋共同体中，倘若没有一整套共享的文化系统，那么它所反映的其实并非是同性恋群体的文化贫瘠现象，而恰恰是这种追求总体性文化的理论视角本身具有的缺陷。文化与现实包含着诸多相互涵括、矛盾和颠倒的事物，它无法用整齐划一的框架来反映或阐释。

在全球化的背景下探讨地方性的同性恋亚文化时，研究者面临着一个无可规避的问题：它究竟是本土性的还是由西方催生的？非西方与西方的同性恋身份或文化之间是一种怎样的关系？是延续、断裂抑或创造？这个议题充斥着本土性与全球性、地方主义与普遍主义之争。一些研究者认为，诸如西方/东方、现代/传统和全球/地方这样的二元划分并未能充分地阐释文化转型和自我身份的生产过程。即使是在西方的同性恋理论和话

---

① Alan Sinfield. “Lesbian and Gay Taxonomies.” *Critical Inquiry*, Vol. 29, No. 1, 2002, p. 123.

② Gabriel Rotello. *Sexual Ecology: AIDS and the Destiny of Gay Men*. New York: Plume, 1998.

③ Li-fen Chen. “Queering Taiwan: In Search of Nationalism’s Other.” *Modern China*, Vol. 37, No. 4, 2011, p. 385.

④ David Schneider. “The Power of Culture: Notes on Some Aspects of Gay and Lesbian Kinship in America Today.” *Cultural Anthropology*, Vol. 12, No. 2, 1997, p. 272.

语伴随着性科学席卷整个世界的情况下，非西方社会在面临文化霸权时也并不必然会遭遇同化的厄运。汤姆·博尔斯多夫（Tom Boellstorff）用“转译的文化”（dubbing culture）的理论框架来批判性地分析同性恋文化的全球化过程，也即全球化与主体性之间偶然的、断裂的、间歇性的和影响广泛的关系。该阐释框架另辟蹊径，避免使用“混杂性”“克里奥尔化”以及“流散”这样的隐喻，因为这些措辞都隐含着一种“先在的一致性和弥散的原点”。[①] 博尔斯多夫也避免使用身份—行为这种二元对立的阐释，而是采用“主体位置”和“主体性”的概念，这种表述更强调自我的社会范畴及其生命历程。他采取福柯式的分析路径，认为身份“并不仅仅是一种认知地图，而且是一系列身体化实践，行为则总是通过自我叙述与文化调和在一起。”[②] 博尔斯多夫通过聚焦于主体位置和主体性分析印度尼西亚 *gay* 和 *lesbi*[③] 的自我身份，认为 *gay* 和 *lesbi* 严格来说是印度尼西亚的，而不是外来的身份。*gay* 和 *lesbi* 的主体性并不源自于西方，也不是“西方”与“东方”之间的某种混杂，它们是独一无二的印度尼西亚现象，是通过国家和性欲的话语以及一种与遥远而熟悉的他者相关联的感知而形成的。在博尔斯多夫看来，“转译的文化”提供了一种概念化个体与文化逻辑之间关系的途径，通过这种方式，印度尼西亚的同性恋者在当代的全球化进程中占据了主体位置。“‘转译’某种话语既非逐字逐句地机械模仿，也非创造某种全新的剧本。它试图将各种文化逻辑结合起来，从而避免在单一的整体中被分解。”[④]“转译的文化”是一种理解主体性的更具过程性的方式，它将个体能动性置于重要地位，并质疑结构决定论和唯意志论。“转译的文化”使博尔斯多夫能够超越在“全球化的傀儡”与“传统的虚假外表”之间面临的两难困境。同时，转译的意义是不稳定的，它解构了传统与现代、殖民与被殖民、真实与虚假等范畴与价值阶序。转译不是复制，

---

① Tom Boellstorff. “Dubbing Culture: Indonesian ‘Gay’ and ‘Lesbi’ Subjectivities and Ethnography in an Already Globalized World.” *American Ethnologis*, Vol. 30, No. 2, 2003, p. 226.

② Tom Boellstorff. “Dubbing Culture: Indonesian ‘Gay’ and ‘Lesbi’ Subjectivities and Ethnography in an Already Globalized World.” *American Ethnologis*, Vol. 30, No. 2, 2003, pp. 229-230.

③ 汤姆·博尔斯多夫这里用了斜体，以表示与英语中的 *gay* 和 *lesbian* 的区别，它表示一种外文化/语言的转译。

④ Tom Boellstorff. “Dubbing Culture: Indonesian ‘Gay’ and ‘Lesbi’ Subjectivities and Ethnography in an Already Globalized World.” *American Ethnologis*, Vol. 30, No. 2, 2003, p. 226.

而是创造，这种转译过程使 *gay* 和 *lesbi* 既属于全球同性恋共同体的一部分，同时也是真实的印度尼西亚人，他们在全球化的语境下来想象和实践自身的主体性。

传统与（后）现代、规范与越轨、东方与西方、同质性与异质性以及地方性与全球性等之间的关系在当代的性与性别研究中是一个复杂而重要的议题，这也是"酷儿混杂化"的不同表征维度。① 如何书写、阐释和突显新的主体身份，诸如泰国的 *gay*，印度尼西亚的 *lesbi*，中国的"同志"等，是很多非西方世界的性研究者面临的任务，我们期待更加系统性的跨文化比较研究。

## 四、中国同性恋的话语纷争与身份滥觞

"同性恋"（homosexual）这个词是 19 世纪晚期在欧洲性心理学的推波助澜下才逐渐被公众接纳的。② "同性恋"这个术语并不是表述超越历史的同性之间性活动的标签，它包含着身份形成的特定历史和亚文化。西方在后"石墙骚乱"时代以来，鉴于"homosexual"这个词携带的历史污名，越来越多的同性恋者逐渐采用"gay"的称呼，③ 但它并没有被所有人接

---

① Fran Martin, et al, eds. *Asia-Pacific Queer: Rethinking Genders and Sexualities*. Urbana: University of Illinois Press, 2008. p. 6.

② "同性恋"这个词并非后来人们想当然地认为是医生们的创造。1869 年，小说家卡尔—玛利亚·凯特本尼创造了"同性恋"这个新词，他本人是德国法律工作者卡尔·亨利希·乌尔利克斯（Karl Heinrich Ulrichs）的追随者。1862 年，乌尔利克斯创造了 *Uranian* 这个词来指称男同性恋，认为他们是"女人的灵魂寄居在男人的身体中"。当时，乌尔利克斯的理论在精神病医生中非常时髦，但这个词并没有流行开来。它后来被"同性恋"（*homosexual*）和"性倒错"（*invert*）取代，并通过埃宾和哈夫洛克·埃利斯等性学家的著作而被普遍接受。有文献表明，当初医生们接受 *homosexual* 这个词的过程非常缓慢，在某些情况下甚至很勉强。参见 Wayne R. Dynes. "Wrestling with the Social Boa Constructor." Edited by Edward Stein, *Forms of Desire: Sexual Orientation and the Social Constructionist Controversy*. New York: Garland Publishing, Inc, 1990, p. 227.

③ 在英文中，与"gay"和"lesbian"相比，"homosexual"更多地具有与越轨相关联的含义。"homosexuals"经常被列为如同酗酒者和精神病患者那样的越轨群体。在实际生活中，这两种不同的标签会导致民众产生政策支持上的差异。有一项调查发现，有 70%的美国受访者赞同"gay men"和"lesbians"在军队中服役，而只有 59%的受访者赞同"homosexuals"在军队中服役。可参见 Kimberly Rios. "Right-Wing Authoritarianism Predicts Prejudice Against 'Homosexuals' but not 'Gay Men and Lesbians'." *Journal of Experimental Social Psychology*, Vol. 49, No. 6, 2013, p. 1177. 描述某种社会类别的标签会影响社会对该类别成员的认知判断。正因如此，美国心理学协会建议使用"gay"和"lesbian"而不是"homosexuals"，因为后者具有越轨行为和精神疾病的历史含义。

受，女同性恋者抗议“gay”这个词忽略了女性并遮掩了女性主义的重要性。20世纪90年代，许多同性恋者又从“gay”的自我认同转向“queer”（“酷儿”）。但是，它也没有被大多数人接受，在许多同性恋活动家看来，“queer”仅是意味着在一长串的字母后面增添的一个字母：LGBTTSQ。① 一些女同性恋者尤为憎恶“queer”这个词，认为它是男性用来重新吸收女同性恋者使之接受男性支配性文化的伎俩。② 有关身份话语的表述及其争论非常重要，例如，彼得·杰克逊发现当用本土性的术语——如泰国的“人妖”（kathoey）——来表述亚洲社会的某种社会/生理性别类型时，西方分析家通常赋予这种类型以本土的历史含义。但是，如果泰国人用“gay”来自我认同时，那么西方观察者就通常会忽略这种身份认同的本土历史，取而代之的是谈论“全球化的影响”，并“挪用”西方模式。③ 对同性恋称谓话语的反思和争论贯穿于整个现代同性恋史，当代的同性恋身份政治通常不进行分类或指涉某些确定性的对象，而是从其与规则的对立关系中确立自身的意义。

在话语的摒弃、挪用或创新等问题上，中国的情形颇具典型性。与“homosexual”相对应的中文词“同性恋”也因同性性行为的病理化和罪化而广泛遭到质疑与抛弃。20世纪80年代后期，“同志”一词开始被同性恋活动家用来指称华人圈的性少数群体，“同志”不仅仅指同性恋者，还包括其他性取向的人群。如今，中文世界里“同志”这个称谓的地位与英文中的“queer”很相似。周华山认为“同志”代表了自我宣称的“真实的”中国同性恋身份，这种身份“不需要复制欧美同（双）性恋解放的经验和策略”。④ 在周华山看来，“同志”作为华人性少数族群的身份，体现了将性政治本土化和重申其文化认同的渴望。这一词汇的“重新挪用”能促进

① LGBTTSQ具体指：Lesbian，Gay，Bisexual，Transgendered，Two-spirit，Queer. 或者是LGBTI/Q，其中的I/Q指“intersexual/Queer。可参见Don Kulick.“Gay and Lesbian Language.”*Annual Review of Anthropology*，Vol. 29，2000，pp. 243-285.

② 安格斯·麦克拉伦：《二十世纪性史》，黄韬、王彦华译，上海：上海人民出版社，2007年，第346页。

③ Peter Jackson.“Pre-Gay，Post-Queer：Thai Perspectives on Proliferating Gender/Sex Diversity in Asia.”In *Gay and Lesbian Asia*，ed. G. Sullivan & p. Jackson. NY：Harrington Park Press，2001，p. 9.

④ Wah-shan Chou. *Tongzhi：Politics of Same-Sex Eroticism in Chinese Societies*. NY：Haworth Press，2000，p. 1.

同性恋团体争取积极的文化参照、性别中立、同性恋污名的去性化，它的政治意涵超越了“同性—异性”二元论，同时其本土的文化认同亦有助于性融入社会。不仅如此，周华山指出，“同志”一词还具有更多的政治含义：“同志”取得了与“酷儿政治”类似的政治成就，但酷儿政治是采用一个曾经受到诋毁的标签来对抗主流社会，而“同志”则是采纳主流文化中“最神圣”的称谓来协调社会关系。这是一种通过挪用而不是拒绝其家庭—文化认同而表明个人性身份的本土性策略。[①]

试图寻找一种本土的、为大众所熟悉的“新词”来代替原先的称谓（尤其是已经遭受各种历史污名的标签），这种意图是可以理解的。但是，“同志”含义的重新阐释并没有产生如周华山宣称的那种社会与政治效果。在生成新话语的同时，新一轮的话语竞争和反挪用也随之启动。例如，中国香港在“同志”一词流行之前，报刊上对同性恋者使用的是如“基佬”等歧视、侮辱性的称呼。在一些同性恋活动家改用“同志”的称谓之后，香港各类媒体的记者和编辑通过各种策略争夺、控制“同志”的含义。[②]“同志”一词很快也被污染，成为嘲讽、戏谑的对象，并具有攻击的效果和喜剧色彩。在这种新的语境下，“同志”迅速成为参与“非法的”“龌龊的”和“不道德行为”的同性恋者的新的代名词和标签。在大众传媒的话语逻辑里，同性恋活动家试图通过“同志”寻求尊重、平等和亲密关系的意图显得笨拙和滑稽可笑。因此，一个新创造的、抗争性的词在否定性的环境中亦会成为诋毁、贬损性的标签。反之，在某种情境下，一个带有病理化、罪化含义的词也可能从肯定性的环境中被重新挽救过来。正如巴特勒所言：“这种用来描述和病理化被压抑的欲望的心理分析的话语，结果却产生对欲望的话语刺激”，那些对同性恋进行分类和病理化的性学家“不经意地为同性恋文化的扩张和动员提供了条件”。[③] 在巴特勒看来，病态的话语开启了另一种指称和反向意义的可能性，从而动员逆向话语以挣脱原先被限制的意义，并反对规范性的制度。正是在这种意义上，中英文

---

① Hah-shan Chou. “Homosexuality and the Cultural Politics of Tongzhi in Chinese Societies.” In *Gay and Lesbian Asia*, ed. Gerard S. & Peter J. NY: Harrington Park Press, 2001, p. 28.

② 有关报纸的编辑与当地同性恋活动家对“同志”一词的竞争性挪用情况，可参见 Andrew Wong. “The Reappropriation of *Tongzhi*.” *Language in Society*, Vol. 34, No. 5, 2005, pp. 763-793.

③ 朱迪斯·巴特勒：《权力的精神生活：服从的理论》，张生译，南京：江苏人民出版社，2009 年，第 56 页。

世界仍继续采用“同性恋”/“homosexual”的表述，它以这种方式展示自身的倔强存在，并不断地反讽着异性恋世界对同性恋的排斥、压迫与否定。

与现实中的这种出乎意料的复杂遭遇相对应，学界亦批判“同志”一词具有的解放潜质。有学者质疑周华山关于“同志”是“男同性恋者、双性恋者和女同性恋者当代最流行的中文词汇”的宣称。事实上，较多采纳“同志”这个词的是同性恋活动家和积极分子。[①] 在香港，普通同性恋者通常不会用它作为自我认同的标签，也不会用它来指那些具有非规范性性取向的人。有些同性恋者则因为“同志”一词具有的强烈意识形态意味而拒绝使用，而同性恋、gay、lesbian 等词由于带有病理化色彩或西方味过浓也被拒绝使用。香港的同性恋者更愿意采取一种不明确指涉同性欲望的策略，如“mem-ba”的称呼，它源自英语中的“member”（成员），同时异性恋者在日常语言中也使用这个称呼。[②] 另外，他们在指涉性身份或出柜时常使用省略、遁词、指示性表达等策略。这也表明了“同志”活动家与他们所代言的群体之间的割裂。许多香港的同性恋者认为同性恋取向不需要被言明，这是因为：第一，性被视为个人私密的事情；第二，明确地谈论同性欲望等同于强调身份的某一方面，这毫无意义，因为他们不将同性欲望看作是人格特征的定义。[③] 又如在新加坡的多元文化情境中，gay、homosexual、queer 等术语交互使用，并没有类似英语文化中的明确定义和政治含义。[④] 在不同的地方性文化和语境下，同性恋群体对身份的感知也会有差异。何荣华（Wing Wah Ho）分析了中国大陆的同性恋群体使用的一些称呼，如 Gay/ lesbian、拉拉、同性恋/同性爱、同志、T/P/不分、断

① 这主要是受到 1998 年在香港召开的“全球华人同志大会”的影响，大会在会议名称及会议总结中都采用“同志”这个称呼，但这些参会者大多是性少数群体中的积极分子和活动家，他们的观点并不能代表所有华人同性恋者。在香港的一些同性恋者看来，“同志”这个词充满了共产主义的意味，他们不想与它有任何牵连，“同志”这一称呼是被一厢情愿地强加的。

② Andrew Wong. “The Trouble with *Tongzhi*: The Politics of Labeling Among Gay and Lesbian Hongkongers.” *Pragmatics*, Vol. 18, No. 2, 2008, pp. 277-301.

③ Andrew Wong. “The Trouble with *Tongzhi*: The Politics of Labeling Among Gay and Lesbian Hongkongers.” *Pragmatics*, Vol. 18, No. 2, 2008, p. 282.

④ Eng-Beng Lim. “Glocalqueering in New Asia: The Politics of Performing Gay in Singapore.” *Theatre Journal*, Vol. 57, No. 3, 2005, pp. 383-405.

背、MB 等，[①] 认为中国人对同性恋主体的谈论彰显出日常生活中性别和性身份在本土的/西方的、传统的/现代的对立中的复杂互动，同时也反映出对现代性的渴望。

中国同性恋话语与身份的纷争也涉及本土性和嵌入性问题。冯客在讨论民国时期的同性恋话语时，更多地从地方性的文化根源出发，强调传统同性恋文化的内生性。而桑梓兰侧重于“翻译的现代性”的角度，更注重现代西方性文化对中国现代同性恋文化的影响，强调话语演变过程中的外生性。桑梓兰指出的一个很重要的观点是，尽管民国时期的知识分子对西方性学兴趣甚浓，但他们倾向于认为同性爱是关系性的和情境性的，[②] 也就是说，人的主体性依赖于环境，而非本质的、恒定的。曾对北京的男同性恋社群进行过田野调查的美国人类学家罗丽莎则试图以“文化公民权”这个概念来阐释中国同性恋身份的合法性认同。她认为是文化公民身份而不是法律主体或心理学人格，决定了在中国的正当性行为和非正当性行为”。[③] 在罗丽莎看来，在诸如北京之类的非西方世界的大都市里，同时存在着世界主义和文化公民身份。中国男同性恋既非全球同性恋身份的另一个例证，亦非仅仅是一种地方特性。同性恋身份认同的跨文化过程型塑了中国男同性恋的文化公民身份，对文化归属感的渴望影响了中国男同性恋者建构性、欲望和身份的跨文化实践的方式。罗丽莎借用福柯的性学思想，把知识、性和真理之间的关系与性身份的历史偶然性相联系来分析文化和空间，并希望借助于“地理学的想象”扭转已被迅速殖民化的关于性和全球化的假设。总之，同性恋的普遍人性并不排斥作为中国人的特性，对普遍性的强调只有在与中国人特性的对话中才有意义。[④]

---

① Wing Wah Ho. “Speaking of Same-Sex Subjects in China.” *Asian Studies Review*, Vol. 32, No. 4, 2008, pp. 491-509.

② Tze-lan Sang. *The Emerging Lesbian: Female Same-Sex Desire in Modern China*. Chicago: The University of Chicago Press, 2003, p. 123.

③ Lisa Rofel. “Qualities of Desire: Imagining Gay Identities in China.” *GLQ: A Journal of Lesbian & Gay Studies*, Vol. 5, No. 4, 1999, p. 458.

④ Lisa Rofel. *Desiring China: Experiments in Neoliberalism, Sexuality, and Public Culture*. Durham: Duke University Press, 2007, p. 96.

## 五、结　语

本文主要探讨了全球化背景下的同性恋身份、亚文化和话语，其中地方化与全球化、本土性与植入性之争作为主线贯穿于始终，它涉及身份和主体性的争夺以及第三世界的同性恋群体在面对西方强势的性话语和性实践时如何自我表达的问题。考虑到西方性学中性取向和性身份认同模式的消极后果，我们有必要反思如何避免身份认同的生搬硬套以及如何本土化和地方化。西方并非同性恋身份/文化的原点，亚洲和中国的同性恋也非西方的镜像和拷贝。地方性既不仅是一种非历史的事实，也不是透明的空间安排，作为负载权力之符号表征的文化和空间之间的关系是“界定各种过程、实践和现象的中心与边缘之边界的结构性产物”。① 诚如彼得·杰克逊所言，本土化研究应从对地方性文本的研究和本土性话语、实践的反思中提炼出一种分析框架，而不是事先抱着欧洲中心论的思想。② 这种研究取向才能重新塑造非西方世界中地方性的同性恋主体，并使之成为世界性的主体。最后需要指出的是，同性恋共同体可能由于遭受共同压迫和权益斗争的需要而联系起来，或与世界上其他性少数族群产生文化和物质的交换，但不能因此而将同性恋身份的突生性、地域的复杂性和话语的流动性一概简化为“本土性遭遇全球性”这样的模式。③

---

① Jacqueline Nassy Brown. “Enslaving History: Narratives on Local Whiteness in a Black Atlantic Port.” *American Ethnologist*, Vol. 27, No. 2, 2000, p. 342.

② Peter Jackson. “Pre-Gay, Post-Queer: Thai Perspectives on Proliferating Gender/Sex Diversity in Asia.” In *Gay and Lesbian Asia*, ed. G. Sullivan & p. Jackson. NY: Harrington Park Press, 2001, p. 19.

③ Dana Collins. “Identity, Mobility, and Urban Place-Making: Exploring Gay Life in Manila.” *Gender & Society*. Vol. 19, No. 2, 2005, pp. 180-198.

# 红色酷儿理论：同性恋政治学的批判性反思

从跨文化的历史证据来看，同性恋行为与欲望在人类的性态中根深蒂固，作为广泛意义上的性别与性的控制领域，它在不同的文化中以不同的方式被建构着。自19世纪末以来，性态逐渐进入人们的视野，成为大众窥视、医学凝视与法学监视的对象。在这个过程中，同性恋研究本身也得到发展。尤其是20世纪60年代以来，人们日益意识到性范畴是社会建构的产物，在同性恋去病理化和非罪化的同时，同性恋权益运动也随之提上议事日程。现如今，在性和性别研究领域，同性恋、酷儿、跨性别、双性恋、易性癖和阴阳人（intersex）等已成为广为人知的术语和知识对象。

20世纪80年代后期，酷儿理论的出现使曾不幸被污名化的性身份成为知识生产的一个重要入口。[①] 酷儿理论最初对反思与重构传统的同性恋研究起到了重要的作用，但是如同很多后现代理论一样，酷儿理论本身亦观点芜杂，内部充满竞争和矛盾。20世纪60年代以来的马克思主义认为，阶级、性别、种族和性态是内在关联的，它们无法彼此简化。但是，这种分析范式日益无法满足研究现代同性恋政治的需要。同时，马克思主义批评酷儿理论忽视阶级关系、劳动分工、国家压制、商品化过程的文化逻辑以及资本主义重新结构化导致的影响等。[②] “红色酷儿理论”（Red Queer Theory）对酷儿理论（尤其是酷儿左派）持激烈批判的立场。红色酷儿理论建立在马克思主义的基础上，但它并没有彻底摒弃酷儿理论，而是更多地结合了马克思主义的阶级分析和经济分析方法。红色酷儿理论既是对酷儿理论的猛烈抨击，也是对它的补充和批判性重构。因此，这是一种结合了马克思主义与酷儿理论的批判性分析视角。本文主要论述当代的同性恋政治学，探讨红色酷儿理论对身份政治、“橱柜”政治神学以及同性恋压迫（恐同症）的反思与批判。

---

① Judith Butler. “Imitation and Gender Insubordination.” In *The Lesbian and Gay Studies Reader*, eds by H. Abelove, et al. New York: Routlede, 1993.

② Alan Sears. “Queer Anti-Capitalism: What's Left of Lesbian and Gay Liberation?” *Science & Society*, Vol. 69, No. 1, 2005, p. 94.

## 一、同性恋政治的谱系学

早期规范西方同性恋关系和实践的主要是宗教话语。在宗教改革时期，基督教传统的分裂使欧洲难以继续维持一种建立在独特的超验价值观基础上的公共行为规范，神圣与罪恶的宗教观逐渐不再成为公共领域中关于性行为的定义方式。到了20世纪初，科学的价值观（尤其是医学）取代了基于神学原则的共识，这导致对灵魂救赎的关注越来越少，而对身体及其健康的关注则越来越多。约翰·博斯韦尔认为，这种转变最终导致中世纪关于同性恋行为的渎神思想被转变成疾病与变态的观念。从此，这种病态以各种方式被概念化为遗传学的“特征”、心理学的“症状”以及“倾向”或“偏好”,[①] 这些本质性的术语表明同性恋是固有的本性而非外来的属性，它将欲望描述为弗洛伊德式的寻求发泄的力比多（性欲）常量。20世纪60年代以来，人们逐渐意识到，尽管同性恋行为在跨文化里普遍存在，但同性恋行为的意义在各种文化中不尽相同，其社会呈现形态各有差异。[②] “Homosexual”这种19世纪的表述被认为过于僵化、武断，无法表达人类性实践和身份的可塑性和多样性。与此同时，通过性研究者和活动家的不断质疑，“异性恋”作为一种不证自明的性取向或意识形态的正统地位被动摇，虽然它在绝大多数社会里仍然是性态的支配性模式。

性关系与社会关系之间存在一种权力同构原则。类似于种族主义和性别歧视，异性恋主义是一种统治形式和社会权力结构的表达方式，它赋予异性恋以优越的特权。异性恋主义通过各种主体化过程而产生恐同症主体，尤其是自我憎恨的同性恋者，并最终生成艾德丽安·里奇所谓的“强制性异性恋”。[③] 在异性恋的思维模式中，认同和欲望之间是相互排斥的，也就是说，如果一个人自我认同为某种性别，就必须对另一种性别产生欲

---

① John Boswell. “Categories, Experience and Sexuality.” In *Forms of Desire: Sexual Orientation and the Social Constructionist Controversy*, ed. Edward Stein. New York: Garland Publishing, 1990, p. 160.

② Phillip Hammack. “The life Course Development of Human Sexual Orientation: An Integrative Paradigm.” *Human Development*, Vol. 48, No. 5, 2005, pp. 267-290.

③ Mark Blasius. “An Ethos of Lesbian and Gay Existence.” *Political Theory*, Vol. 20, No. 4, 1992, p. 643.

望；而同性恋者消解了这种想当然的关联性。在无处不在的异性恋主义铁幕的笼罩之下，同性恋者在同性欲望、家庭责任、出柜压力、恐同症、社会污名以及对艾滋病的恐惧中痛苦地挣扎。同性恋欲望如异性恋欲望一样，只是对欲壑的一种任意划分，而欲望本身是多形态的和未分化的，在这种意义上而言，“排他性同性恋”的表述是一种想象的谬误、误识或意识形态的错觉。在现代大多数西方文化里，性取向被理解为“同性恋—直人”（gay-straight）的二分法已经很少见。许多学者的立场与研究取向，诸如“同性恋角色”①、“内部/外部视角”② 等，都是为了消解传统意义上的“同性恋—异性恋”的二元对立。同性恋仅是诸多性少数族群中的一种，此外还有那些自我认同为“既不是同性恋也不是异性恋”（比如“无性”）的人，还有诸如双性恋、跨性别者、“易装皇后”（drag queens）、虐恋和恋物癖者等。显然，“同性恋—异性恋”这种二元对立式的划分忽略了性态与社会性别的多样性。人类性本能的对象和满足方式可以非常广泛和多变。此外，性欲和性身份并非固定不变，而是流动不居的，身份认同是一个不断协商的、持续终身的过程。任何固定的分类体系与框架可能限制个体实现完整、真实的自我认同。

同性恋理论家对诸如主体/客体、内在性/外在性之类的界限提出了质疑，尤其是对自我/他人的二元论提出挑战。③ 性身份并不必然附属于自我，它也并不一定存在于自我内部并能够表示自我。同性恋身份或角色并非结构化的，诸如主动/被动、男子气概/女性气质等都是过于绝对和简单的划分。在周华山看来，如果将同性爱欲视作一种表演、一种行为、一种社会角色、一种可能性和一种任何人都可以经历和体验的潜在特质，那么，在“同性恋—异性恋”之间想象的“我们—他们”的二元论和恐同症将会失去其坚实的基础。④ 任何一种身份都有其自身的历史，个体的身份

① Mary McIntosh. “The Homosexual Role.” *Social Problems*, Vol. 16, No. 2, 1968, pp. 182-192.

② Ki Namaste. “The Politics of Inside/Out: Queer Theory, Poststructuralism, and a Sociological Approach to Sexuality.” *Sociological Theory*, Vol. 12, No. 2, 1994, pp. 220-231.

③ 玛丽亚姆·弗雷泽：《波伏瓦与双性气质》，崔树义译，北京：中华书局，2004 年，第 43 页。

④ Wah-shan Chou. “Homosexuality and the Cultural Politics of Tongzhi in Chinese Societies.” In *Gay and Lesbian Asia*, ed. Gerard S. & Peter J. NY: Harrington Park Press, 2001, pp. 45-46.

无法从其性别、种族、性态、民族、阶级地位以及年龄等要素或属性中相剥离。因此，不能将“同性恋”与其他身份构成或差异类别分开进行考虑，也不能脱离意识形态背景而对“男同性恋”“女同性恋”的类别进行概化。因此，诸如“gay”“lesbian”这样的新身份类型也不会自然而然地比“homosexual”这样的陈旧身份更具适应性和展延性。① 当然，也有些同性恋活动家认为，对同性恋与异性恋的界定可能反映了一种强烈的政治意愿，他们“欲把同性恋社群凝聚在与异性恋社会完全对立的一种明确的、排他性的身份认同之下”②。在这些人看来，同性恋族群的自我认同与边界划分是社会行动的动员策略。

著名的性学研究者杰弗里·威克斯认为，同性恋研究的重要议题是探讨特定社会针对性行为采取独特控制形式的诸条件。③ 在建构主义范式的主导下，人们主要关注不同历史和文化背景下“制造”同性恋—异性恋主体的过程，这使我们最终离开本体论领域（同性恋是什么）而进入到社会和话语形成的领域（同性恋身份是如何形成的）。④ 建构主义揭示了同性恋研究中的“种族中心主义”倾向，即试图将一种以当下为中心、局限于本我文化的视角进行普遍化。然而，在斯蒂文·赛德曼（Steven Seidman）看来，建构主义范式并没有将这种批评意识运用到自身的话语中。⑤ 解决这种困境的可能途径之一是采取后结构主义的策略，后结构主义倡导认知转变，即从一种以个体作为主体创造自身的人文主义视角转向一种结构性的秩序，从抵制性的同性恋主体转向分析同性/异性符码以及广泛意义上的关于观念、知识和文化的结构模式。⑥ 20 世纪 90 年代的酷儿理论建立在与

---

① J. Robertson. “Introduction: Sexualizing Anthropology’s Fields.” In *Same-Sex Cultures and Sexualities*, ed. Jennifer Robertson. Blackwell Publishing: Malden, MA, 2005, p. 1.

② 弗洛朗斯·塔玛涅：《欧洲同性恋史：柏林、伦敦、巴黎 1919—1939》，周莽译，北京：商务印书馆，2009 年，第 6 页。

③ Jeffrey Weeks. “Discourse, Desire and Sexual Deviance: Some Problem in a History of Homosexuality.” In *The Making of the Modern Homosexual*, ed. Kenneth Plummer. London: Hutchinson, 1981, p. 81.

④ Travls Kong. *Chinese Male Homosexualities*. Routledge: Oxon & New York, 2011.

⑤ Steven Seidman. “Identity and Politics in ‘Postmodern’ Gay Culture.” In *Fear of a Queer Planet: Queer Politics and Social Theory*, ed. Michael Warner. Minneapolis: University of Minnesota Press, 1993.

⑥ Travls Kong. *Chinese Male Homosexualities*. Routledge: Oxon & New York, 2011, p. 19.

异性恋意识形态相对立的基础上，[①] 这种具有高度涵括性和包容性的理论可以被视为一种后现代主义的性学思想。酷儿理论将异性恋—同性恋二元论看作一种建构自我、性知识和社会机构的总体性压制框架。这种与性系统相关的二元划分的权力/知识体系产生了僵化的心理和社会边界，并进而生成统治制度和权威等级组织。[②] 酷儿理论将同性恋、异性恋、双性恋以及其他性身份都视为具有历史偶然性的范畴，它们都不是超历史的现象。这种观念反映出对原先的性形态分类学的拒斥（如同性恋、异性恋、恋物癖和鸡奸者等），这些性类型是通过19、20世纪之交的性学话语而确立的。酷儿理论和酷儿政治代表了西方性史的一个重要时期，之前被法律和医学/心理学诊断的性少数群体和越轨者被塑造成彼此竞争的话语群体，并设法重新协商其身份。[③] 酷儿政治成为一种后现代版本的身份政治。

## 二、"橱柜"政治神学

西方学界对"橱柜"的发展阶段并没有一致的观点，这里采取其中的一种划分法。橱柜政治的第一个阶段是从1969年的"石墙骚乱"到70年代。这十年间，"橱柜"是强制性的、迫不得已的避难所，同性恋活动家对普通同性恋者进行施压，要求他们"出柜"。该时期作为同性恋解放的出柜与二战后的经济繁荣和资本扩张密切相关。第二个阶段是经济大萧条时期，大致从1973年石油危机到1993年税法，这二十年间美国社会经历了一系列重要的历史变化，长时期的经济繁荣结束，国际地位遭到挑战，并出现经济不确定性和倒退。第三个阶段开始于20世纪90年代，随着酷儿理论的发展，早期对橱柜的理解被逆转，"橱柜"成为一种"至高"（sublime）的愉悦空间，逼迫他人出柜反而抑制了"橱柜"里能够享有的愉悦。酷儿理论宣称"橱柜"是一种"无法被描述的欲望"和"游牧主

① Michael Warner (ed.). *Fear of a Queer Planet: Queer Politics and Social Theory*. Minneapolis: University of Minnesota Press, 1993.

② Travls Kong. *Chinese Male Homosexualities*. Routledge: Oxon & New York, 2011.

③ Judith Butler. *Bodies that Matter: On the Discursive Limits of "Sex"*. London: Routledge, 1993.

体的享乐场所”。[①]

在酷儿左派的社会理论中，“从橱柜中走出来”是一系列主体性变化导致的结果，同性恋者等性少数族群的解放是具有自主意识的行动者发展出反话语和调动新的策略、战术来开拓同性恋/酷儿/双性恋等的空间实践的行为结果。在这种意义上，同性恋解放运动注定会使同性恋者出柜并提出权利诉求，这被塑造成同性恋主体“创造历史”的传奇。与这种传统自由观和近代葛兰西式左派运动的立场不同，西方马克思主义者唐纳德·莫顿（Donald Morton）认为，男同性恋/女同性恋/酷儿/双性恋等公民与异性恋公民之间的关系“既不是一种正在浮现的意识问题，也不是反历史的相互关系，而是生产方式的变革导致的结果”[②]。在莫顿看来，“橱柜”是工资—劳动体系的附属物，在该体系下，阶级利益总是优先于文化差异。莫顿认为，“橱柜”并非一个自我迷恋的、具有自主性的地方，而是资本主义政治经济学的一部分，它是一个由资本运作规律构成的空间。酷儿理论家声称在“后橱柜”时代，“橱柜”不再是藏匿地，而是“福地”。随着世界范围内经济不平等的恶化和阶级斗争的加剧，酷儿左派将它们的意识形态与“崇高的橱柜”进行新的结合，从而宣称不再需要出柜的意识形态。这导致女同性恋者、男同性恋者和酷儿越来越深地陷于追求享乐—满足的“无为主义”（quietism）。莫顿敏锐地指出，酷儿左派的“出柜”本质上是一种资本主义条件下的“政治解放”，他们将阶级弃之不顾，宣称同性恋问题如同种族主义、性别歧视一样，可以通过将所谓的“民主权利”扩大到现行经济制度下的不同社会边缘群体而得到彻底的解决，他们攻击马克思主义者忽略了这些权利。酷儿左派将马克思主义贴上“经济还原论”的标签，并且视之为民主制度的反对者。

现代主义视角下的橱柜政治将出柜置于家庭和亲属关系变迁的框架内，将同性恋经历统一于现代主义的叙述之下，从而夸大了出柜的政治效果与个体性意义。在这种历史与现实的背景之下，出柜不再是一种个体解

---

① Donald Morton. “Pataphysics of the Closet: Queer Theory as the Art of Imaginary Solutions for Unimaginary Problems.” In *Marxism*, *Queer Theory*, *Gender*, ed. Mas’ ud Zavarzadeh, et al. New York: The Red Factory, 2001, p. 2.

② Donald Morton. “Pataphysics of the Closet: Queer Theory as the Art of Imaginary Solutions for Unimaginary Problems.” In *Marxism*, *Queer Theory*, *Gender*, ed. Mas’ ud Zavarzadeh, et al. New York: The Red Factory, 2001, p. 8.

放的经历，而是一个遵从并使之符合既存的中产阶级规范的过程，它不仅拒绝先前的工人阶级背景，而且甚至拒斥同性恋者在出柜前业已建构起来的社会关系和性网络。这样的出柜使得都市生活原本可以保证的匿名性与远离监控从而确保自我之充分发展的条件难以付诸实现。① 在马克思主义者看来，经济大萧条时期的橱柜政治充斥着不平等的隐喻，出柜成为享有特权者的实践，这些人的意识形态企图表明在完全资本主义阶段，经济剥削和性压迫之间没有必然的关联。在后现代与全球化时代，性经验的复杂性与多样性与日俱增，因此，在将出柜视为普遍性的同性恋身份之必要组成部分之前，应考虑对同性恋者自身而言，出柜是否可行、能否承担其后果。斯蒂文·赛德曼指出，不应该仅仅因为“橱柜”维护了异性恋主义的权力，并可能形成自我憎恨的同性恋者而简单地视之为消极的和压迫性的。② 橱柜实践也可以被视为积极的，它们可以避免身份暴露带来的风险，创造“保护性”的社会空间，从而允许个体塑造同性恋自我，并在异性恋与同性恋世界之间寻找一条适合自己的道路；同时也不排除出现一种在不出柜的前提下实现性解放的可能性。倘若同性恋身份变得日益常规化，那么有关出柜的叙述将会变得更普遍，甚至最终消失。③

## 三、红色酷儿理论：立场与批判

“红色酷儿理论”是由当代美国批判性的马克思主义者唐纳德·莫顿提出的，它是一种用历史唯物主义将“性”重新概念化而建构起来的酷儿理论。红色酷儿理论家以生产、阶级、劳动和剥削等术语分析性、性别和酷儿理论，在他们的理论范式中，经济与阶级是关键的分析要素。例如，在莫顿看来，“性、种族、性别和民族等问题必须系统性地与阶级相联

---

① Paul Ryan. “Coming Out, Fitting In: The Personal Narratives of Some Irish Gay Men.” *Irish Journal of Sociology*. Vol. 12, No. 2, 2003, pp. 68-85.

② Travls Kong. *Chinese Male Homosexualities*. Routledge: Oxon & New York, 2011, p. 168.

③ Jeffrey Grierson & Anthony Smith. “In From the Outer: Generational Differences in Coming Out and Gay Identity Formation.” *Journal of Homosexuality*, Vol. 50, No. 1, 2005, pp. 53-70.

系"[1]。红色酷儿理论攻击和批判的并不仅仅是异性恋主义，而且包括将特权自然化的整个资本主义制度。它并不是简单地寻求社会和文化包容，也包括经济的包容，即向所有人（不管是基于性还是其他任何形式的差异）开放所有的就业模式，在总体上认识到并打破劳动者异化的铁链。马克思主义者严厉抨击酷儿理论，指出一系列历史性的发展因素导致酷儿理论产生严重的内部危机，这些因素包括：对酷儿被同化的危机感，酷儿右派和左派都意识到这一点，并产生焦虑和内在的紧张；酷儿理论家攻击"左派保守主义"，以迷惑性的革命斗争反对资本主义；酷儿理论变得"区隔化"，且过于"好斗"；突兀地从"对立的批判"重新定位为"修正性阅读"；公众将著名酷儿理论家朱迪斯·巴特勒标签为"一个赶时髦的失败主义者"和"美国最空洞无物的女性主义者"，她鼓动成功的中产阶级人士专注于教化和自我升华，而不是考虑改善他人的物质条件；以及对"橱柜"的重新肯定。[2]

在马克思主义者看来，酷儿理论最初以主流资产阶级生活方式之"坚定、无情的敌人"自居，然而现在的酷儿理论却是一种"将酷儿吸收、同化到主流经济实践活动中的意识形态策略"，它将那些性边缘群体吸纳到资本主义的自由市场体系之中。就文化政治学而言，酷儿理论是以性"差异"的名义制造出资产阶级生活方式的"对立者"；就经济学而言，它是将酷儿吸收到后国家资本主义劳动力中的一种手段，在当今的全球化和跨国资本主义阶段，迫切需要这些劳动力。[3] 从 20 世纪 90 年代开始，西方社会通过成功地将中产阶级酷儿吸纳到资本主义体系中，几乎全盘否定了"需要问题"，所有社会机构和实践活动都充斥着"欲望问题"。当今的酷儿左派正苦心孤诣地企图维持一种神话，即所谓的"性解放运动是卓有成

---

① Donald Morton. "Pataphysics of the Closet: Queer Theory as the Art of Imaginary Solutions for Unimaginary Problems." In *Marxism*, *Queer Theory*, *Gender*, ed. Mas'ud Zavarzadeh, et al. New York: The Red Factory, 2001, p. 4.

② Donald Morton. "Pataphysics of the Closet: Queer Theory as the Art of Imaginary Solutions for Unimaginary Problems." In *Marxism*, *Queer Theory*, *Gender*, ed. Mas'ud Zavarzadeh, et al. New York: The Red Factory, 2001, pp. 5-6.

③ Donald Morton. "Pataphysics of the Closet: Queer Theory as the Art of Imaginary Solutions for Unimaginary Problems." In *Marxism*, *Queer Theory*, *Gender*, ed. Mas'ud Zavarzadeh, et al. New York: The Red Factory, 2001, p. 5.

效的政治发展”，认为它已经“解放了欲望”并且在不同群体中产生了极大程度的性享乐和满足。在这种性解放“成功”之后，如今需要做的只是进一步巩固已取得的性解放事业。

从红色酷儿理论的立场来看，酷儿解放斗争必须重新与生产方式、阶级以及由此产生转型的经济变迁等一系列问题相联系。“自由”必须重新理解为从需要（need）中解放出来的自由，而不是无限制的幻想和欲求。由于历史背景的原因，同性恋关系在西方民主中不被承认为一种合法化的需要，而是一种“选择性的生活方式”，而后者主要是针对那些能够负担得起这种生活方式的人而言。受资本主义利润的驱使，酷儿生活方式一方面作为消费模式得以合法化，另一方面则作为群体“差异”的形式而制造内部分化，它被资产阶级用来以某一群体去反对、排挤甚至仇视其他群体，以防止他们团结起来共同反对资产阶级的剥削。红色酷儿理论家认为，倘若要从需要中获得自由（也即超越“政治解放”），那么就必须以革命的手段推翻资本主义的生产方式。红色酷儿理论也对资本主义工资劳动体系下的出柜进行了重估。莫顿指出，“橱柜”和“出柜”是一种历史性的意识形态建构物，它们随着阶级斗争状态和社会关系的变化而改变。在同性恋解放和经济长期繁荣阶段，出柜涉及不同层次的剥削和压迫之间的结构性关联。性边缘群体能够在主体性、政治和经济之间，在争取民主政治权利和经济准入制度之间做出明确的联系。①

酷儿理论赞颂展演性和戏剧性。但是，红色酷儿理论家认为，如果性身份认同的斗争与所取得的成就仅停留于文字作品，那么建构一种复杂的性别装扮表演就能够取代集体性的政治行动。克劳德（D. Cloud）指出，酷儿理论家是以戏剧舞台上持续的、自我创造性的表演来取代政治。在红色酷儿理论家看来，这些表演的意图是刺激资产阶级的偷窥癖，而不是挑战资本主义制度下压迫同性恋的工资劳动体系和家庭管控制度。表演的隐喻在本质上是唯心主义的，即操弄观念、文字和角色，仿佛它们与生产关系一样是自主地存在的，甚至能够取代对资本主义制度的挑战。酷儿理论类似于家庭价值观的修辞，以一种乌托邦的、性身份剧本的形式向公众提

① Donald Morton. “Pataphysics of the Closet: Queer Theory as the Art of Imaginary Solutions for Unimaginary Problems.” In *Marxism*, *Queer Theory*, *Gender*, ed. Mas' ud Zavarzadeh, et al. New York: The Red Factory, 2001, p. 11, 16.

供“幻觉贿赂”。酷儿理论反概念、反唯物主义的核心是公共性和私人性的吞并，这尤其体现在一些如“情色政治学”和“欲望革命”之类的表述中。在克劳德看来，酷儿理论的措辞将我们的视线从制度、结构和公共权力等转移开来，而转向私人生活的体验，仿佛它们既是同性恋压迫的根本原因也是解决同性恋压迫的途径。酷儿理论将同性恋解放置于对私人的、道德的和性行为的探讨，其最终目标是“瓦解非个人的或公共的空间，从而进入个人的和私密的空间”。① 总之，酷儿理论试图重返亲密关系的微观策略与资本主义对家庭关系的聚焦如出一辙，由于向内转向同性恋自身，从而使同性恋者无暇顾及根本性的压迫制度。

红色酷儿理论反对形形色色的“后学”，认为后现代主义、后结构主义在本质上都是唯心主义、文本主义和相对主义。② 后唯物主义则试图将政治化解为文化，然而，压迫不仅仅是“文化同质化”的产物。这些理论都是来自社会精英阶层，它们的产生正是为了使一系列文本化和商品化的欲望和享乐正当化。这些玩弄辞藻和术语的时髦理论忽视人类的物质利益与真正需要，而偏好文本性的表演。

家庭是亲密关系政治学的重要场域，酷儿理论欢呼性从生产中分离出来的“新意义”，将亲密关系作为集体身份和政治参与的替代物。③ 资本主义社会产生的自我只专注他们的自我创造，其目标是产生并维持一种作为私人化的个体、与阶级和劳动无涉的主体，以及不需要通过生产方式便可以自由选择商品和享受愉悦的幻觉。诺拉·卡琳（Nora Carlin）认为，在现代资本主义社会中，“家庭的位置从生产中分离出来，并被重新定义为个人生活的独立领域，性被赋予新的背景和意义”④。这意味着同性恋意识

① D. Cloud. “Queer Theory and ‘Family Values’: Capitalism’s Utopias of Self-Invention.” In *Marxism, Queer Theory, Gender*, ed. Mas’ud Zavarzadeh, et al. New York: The Red Factory, 2001, pp. 95-98.

② D. Cloud. “Queer Theory and ‘Family Values’: Capitalism’s Utopias of Self-Invention.” In *Marxism, Queer Theory, Gender*, ed. Mas’ud Zavarzadeh, et al. New York: The Red Factory, 2001, p. 105.

③ D. Cloud. “Queer Theory and ‘Family Values’: Capitalism’s Utopias of Self-Invention.” In *Marxism, Queer Theory, Gender*, ed. Mas’ud Zavarzadeh, et al. New York: The Red Factory, 2001, p. 84.

④ Nora Carlin. “The Roots of Gay Oppression.” *International Socialism*, Vol. 42, Spring, 1989, p. 107.

和同性恋压迫是现代资本主义社会所特有的。与此相对应的是，在非资本主义社会和较少科层制化的社会中，社会对同性恋的态度相对宽容。[①] 在克劳德看来，对同性恋的压迫及其关系的社会敌视是资本主义试图抑制经济衰败和政治动乱的产物。[②] 在经历了巨大的工业化和对劳动者进行前所未有的大规模剥削的时期，肩负着繁衍后代和社会伦理之重任的家庭复兴显得尤为重要。将家庭从生产和生殖要素中分离出来，这为同性恋主体的产生创造了条件。但是，由于资本主义需要家庭的服务，作为企业利润捍卫者的国家不愿意支持这一分离过程。结果，伴随着同性恋身份出现的是支持家庭、反对同性恋的政治和话语。西方的同性恋史反讽地再现了马克思对资本主义的批判。在巴里·亚当看来，同性恋关系是个人欲望的反映和对情感渴望的满足，而不是实用主义的生产性关系，这对资本主义追求利润和效率的动机构成了潜在的威胁。在资本主义的市场体系中，"男性性角色的意识形态表现为竞争性的自我中心主义，它敌视同性爱欲结合，因为这会威胁到原子化的统治方式"[③]。正因如此，19 世纪和 20 世纪初的精神分析学家坚持同性恋是可以"治愈的"，并提出与"男性形象"进行竞争和较量作为"解决"同性恋关系的一种方案，这显然并不是偶然出现的。

同性恋压迫和同性恋自我异化的另一种重要形式是同性恋生活方式的商品化。红色酷儿理论认为，20 世纪 90 年代的酷儿政治已经将自己出卖给了资本主义的消费主义。对同性恋者而言，独特的同性恋行为是一种"强迫性消费"。在消费主义模式下，新版本的"同性恋解放"具有瓦解的作用：自我认同的同性恋群体希望享受愉悦、被阿谀奉承，而不是被批判。他们拒绝思考阶级、种族和性别歧视等问题，而是沉迷于商品化和消费主义，并自以为获得了自由和解放。事实上，同性恋解放"只为那些已

---

① G. Sullivan. "Variations on a Common Theme? Gay and Lesbian Identity and Community in Asia." In *Gay and Lesbian Asia*, ed. G. Sullivan & p. Jackson. New York: Harrington Park Press, 2001, p. 262.

② D. Cloud. "Queer Theory and 'Family Values': Capitalism's Utopias of Self-Invention." In *Marxism*, *Queer Theory*, *Gender*, ed. Mas'ud Zavarzadeh, et al. New York: The Red Factory, 2001, p. 85.

③ Barry Adam. *The Survival of Domination*: *Inferiorization and Everyday Life*. NY: Elsevier, 1978, p. 56.

经处于优势地位的白人男性在主流社会中进一步获得了空间”[1]。莫顿认为，同性恋作为“生活方式”是一种基于阶级差异的解释，大多数同性恋普罗大众无法负担和参与这种“生活方式的市场”。这些酷儿投机主义者实际上是在出售“时髦的生活方式和现成的社会身份”，[2] 他们将女同性恋者和男同性恋者表征为一种“特殊的消费者”群体，以试图“证明”在资本主义制度下酷儿可以摆脱与污名之间的联系。

红色酷儿理论认为传统的身份政治无法超越自我，因而不可能对资本主义构成集体性的挑战。身份政治将身份认同的要素，诸如国籍、种族、性和性别等，看作是固定的、本质的决定因素。[3] 尽管身份的自我定义是任何解放运动必要的起始点，但它的作用是有限的。我们只需稍微回顾一下美国的历史和现实，就可以发现身份政治内部隐含的矛盾、冲突与分化。在美国20世纪60、70年代的特殊背景下，基于身份一体感的女同性恋政治事实上割裂了不同的女同性恋亚群体，“女同性恋者”实际上成为白人女性和中产阶级的代名词。乔纳森·劳施（Jonathan Rausch）亦指出，中产阶级和富裕的同性恋者比工人阶级和穷困的酷儿具有更高的社会可见度，工人阶级和穷困的同性恋者并不是同性恋运动政治动员和以报纸、杂志等为媒介的消费主义之对象。那些中产阶级的酷儿参加各种男同性恋和女同性恋共同体的晚宴、鸡尾酒会和研讨会等，只有他们才是同性恋事业的争取对象和商业的消费主体。[4] 此外，女性主义者和性工作者在色情政治、卖淫和性享乐等方面也存在严重分歧，这种分歧在很大程度上是因为过于狭隘地关注特殊性而造成的。争论的一方认为色情和卖淫是男性性压迫和暴力对待女性的场域，因此必须通过不同的管控措施严加禁止，甚至不惜使之罪化。而另一方则认为这

---

① Donald Morton. “Pataphysics of the Closet: Queer Theory as the Art of Imaginary Solutions for Unimaginary Problems.” In *Marxism*, *Queer Theory*, *Gender*, ed. Mas’ud Zavarzadeh, et al. New York: The Red Factory, 2001, p. 5.

② Donald Morton. “Pataphysics of the Closet: Queer Theory as the Art of Imaginary Solutions for Unimaginary Problems.” In *Marxism*, *Queer Theory*, *Gender*, ed. Mas’ud Zavarzadeh, et al. New York: The Red Factory, 2001, p. 19.

③ D. Cloud. “Queer Theory and ‘Family Values’: Capitalism’s Utopias of Self-Invention.” In *Marxism*, *Queer Theory*, *Gender*, ed. Mas’ud Zavarzadeh, et al. New York: The Red Factory, 2001, p. 90.

④ Urvashi Vaid. *Virtual Equality: the Mainstreaming of Gay and Lesbian Liberation*. NY: Anchor Books, 1995, p. 256.

违反了性工作者的身份认同、选择自由、自我表征以及公民权，是对公民追求享乐和性自由权利的不必要限制。他们试图在公民社会的话语内将性工作正当化，坚持与性工作者的人身相联系的财产权和自决原则，认为性工作是象征着选择、欲望和自主权的实践。①

因此，身份政治本身是充满悖谬的，它的存在以个体身份认同的碎片化和分化为前提。身份政治公开否定跨越种族、性别和性的身份导致集体运动的碎片化，进而无法提供一种将斗争联合的理论和经验。女性主义和酷儿理论导致了这样的结果：分散人们的注意力和精力、原子化人们的努力、抽空对社会现实的理论和观念的解释。因此，女性主义和当前在同性恋解放中居于主导地位的身份政治无法形成一场持久的运动。② 后结构主义承认身份会产生差异政治，因而它试图以一种多元的，且具有弹性的“差异”观念来代替“身份”，但激进的马克思主义者克劳德将这种所谓的差异政治斥为“尚未克服唯心主义的本质主义，将身份政治的逻辑碎片化”。③ 最后，关于同性恋的解放需要放在异性恋的统治结构中进行思考。无论是父权制还是强调核心家庭之首要性的意识形态话语，对同性恋的压制和管控都是异性恋社会强调、重申和再生产自身的重要方式。④ 恐同症是资本主义生产方式在社会生产关系中产生的结构性不平等关系，⑤ 它既是工资—劳动体系中不平等的结果，也是其合法化的方式之一。在莫顿看来，“只有结束资本主义制度才能最终消除同性恋恐慌”⑥。

① Bob Nowlan. “Post-Marxist Queer Theory and ‘The Politics of AIDS’.” In *Marxism*, *Queer Theory*, *Gender*, ed. Mas’ ud Zavarzadeh, et al. New York: The Red Factory, 2001, pp. 296-298.

② Sharon Smith. “Mistaken Identity: Or, Can Identity Politics Liberate the Oppressed?” *International Socialism*, Vol. 62, Spring, 1994, p. 17.

③ D. Cloud. “Queer Theory and ‘Family Values’: Capitalism’ s Utopias of Self-Invention.” In *Marxism*, *Queer Theory*, *Gender*, ed. Mas’ ud Zavarzadeh, et al. New York: The Red Factory, 2001, p. 91.

④ Ki Namaste. “The Politics of Inside/Out: Queer Theory, Poststructuralism, and a Sociological Approach to Sexuality.” *Sociological Theory*, Vol. 12, No. 2, 1994, pp. 220-231.

⑤ Bob Nowlan. “Post-Marxist Queer Theory and ‘The Politics of AIDS’.” In *Marxism*, *Queer Theory*, *Gender*, ed. Mas’ ud Zavarzadeh, et al. New York: The Red Factory, 2001, p. 137.

⑥ Donald Morton. “Pataphysics of the Closet: Queer Theory as the Art of Imaginary Solutions for Unimaginary Problems.” In *Marxism*, *Queer Theory*, *Gender*, ed. Mas’ ud Zavarzadeh, et al. New York: The Red Factory, 2001, p. 2.

## 五、结　语

本文论述了同性恋身份政治和“橱柜”政治神学，并借用红色酷儿理论批判了传统酷儿理论。我们简要梳理了同性恋政治学的发展历程，即从早期的道德神学到后来的医学规训再到后来的同性恋解放政治，其核心是解构性学领域二元对立的神话，这种二元论是建构同性恋类别的基础，也是传统身份政治的根基。橱柜政治与主体政治、同性恋解放运动之间存在密切的关联。本文亦探讨了红色酷儿理论的批判性话语以及未来同性恋解放的可能性。从这种意义上而言，本文既是对酷儿理论的批判，也是对当代西方同性恋政治学的反思。

20 世纪 80 年代末以来，酷儿理论逐渐成为同性恋研究的重要视角，它关注性身份中的差异政治，解构压制性的性政权及其话语生产体制，产生了大量颇具启示性的文本和解放性的实践。红色酷儿理论则是对传统酷儿理论的进一步批判性重构。在现代资本主义体系和强制性异性恋统治下，要获得真正的同性恋解放仍然任重而道远。

除了红色酷儿理论之外，艾伦·西尔斯（Alan Sears）还提出“酷儿马克思主义女性主义”（queer Marxist feminism），它结合了马克思主义、女性主义和酷儿理论。① 该理论试图重新检视 1969 年“石墙骚乱”以来的同性恋解放运动的局限性和突破性，并将它与种族化、性别化和性化的资本主义再生产的动力机制相结合。酷儿马克思主义女性主义认为，资本主义社会关系中同性恋生活和公共空间的商品化扭曲了同性恋共同体，大多数工人阶级酷儿遭市场排斥而很少能充分呈现在这种商业景观中，而专家、企业家和经理人阶层则成为其代言人。在酷儿马克思主义女性主义看来，新的酷儿激进议程应具有战斗性和远见卓识，它建立在年轻人、穷人、有色族群、女性、跨性别者、劳工阶层以及艾滋病患者等的需要、欲望和组织能力之基础上。

---

① Alan Sears. “Queer Anti-Capitalism: What's Left of Lesbian and Gay Liberation?” *Science & Society*, Vol. 69, No. 1, 2005, pp. 92-112.

# 参考文献


阿尔弗雷德·金赛：《金赛性学报告》，潘绥铭译，海口：海南出版社/三环出版社，2007 年。

霭理士：《性心理学》，潘光旦译注，上海：上海三联书店，2006 年。

安格斯·麦克拉伦：《二十世纪性史》，黄韬、王彦华译，上海：上海人民出版社，2007 年。

奥托·魏宁格：《性与性格》，肖聿译，北京：中国社会科学出版社，2006 年。

白璐、徐震雷、汤海明：《社会性别规范与男同性恋者性身份认同》，《中国性科学》2013 年第 3 期。

白相辉：《互联网对同性恋互动方式与身份认同的影响——以高学历青年同性恋为例》，吉林大学硕士学位论文，2008 年。

边防：《“酷儿地理学”视角下中国同性恋空间演化与变迁研究》，《中国性科学》2015 年第 3 期。

陈亚亚：《多元化女同性恋给我们带来的启迪》，载于《中国“性”研究的起点与使命》，潘绥铭编，高雄：万有出版社，2005 年。

程丽霞、寇芸：《基于语料库探究“同志”的历时演变》，《海南师范大学学报（社会科学版）》，2015 年第 4 期。

程宇昂：《明清士人与男旦》，上海：上海古籍出版社，2012 年。

褚宸舸：《自由与枷锁：性倾向和同性婚姻的法律问题研究》，北京：清华大学出版社，2014 年。

董晓莹、方刚：《同性恋伴侣分手暴力的质性研究》，《中国性科学》2015 年第 10 期。

菲利普·史密斯：《文化理论：导论》，张鲲译，北京：商务印书馆，2008年。

弗洛朗斯·塔玛涅：《欧洲同性恋史：柏林、伦敦、巴黎1919—1939》，周莽译，北京：商务印书馆，2009年。

富晓星：《男同性恋群体的城市空间分布及文化生产：以沈阳为例》，《工程研究》2010年第1期。

富晓星：《市场经济、空间演变与性：东北男同性恋群体的人类学观察（1980~2010）》，《开放时代》2012年第4期。

富晓星：《疾病、文化抑或其他？——同性恋研究的人类学视角》，《社会科学》2012年第2期。

富晓星：《空间-文化-表演：东北A市男同性恋群体的人类学观察》，北京：光明日报出版社，2012。

富晓星、张可诚：《在隐性"婚"与制度婚的边界游走：中国男同性恋群体的婚姻形态》，《华南师范大学学报（社会科学版）》2013年第6期。

郭晓飞：《中国法视野下的同性恋》，北京：知识产权出版社，2007年。

汉斯·利希特：《古希腊人的性与情》，刘岩等译，桂林：广西师范大学出版社，2008年。

何东平：《中国同性恋人权保障研究》，厦门：厦门大学出版社，2012年。

胡珍、吴银涛：《新世纪中国大学生同性恋状况的变化——基于他人认知和本人态度行为的比较研究》，《中国青年研究》2013年第3期。

黄君、周云水：《"基友"称谓认同与泛化：网络时代性别文化变迁研究》，《思想战线》2015年第4期。

黄兆群：《美国的民族、种族和同性恋——美国社会的历史透视》，北京：东方出版社，2007年。

贾谊诚：《如何看待同性恋问题》，《临床精神医学杂志》1998年第1期。

杰弗瑞·威克斯：《20世纪的性理论和性观念》，宋文伟、侯萍译，南京：江苏人民出版社，2002年。

金晔路：《上海拉拉：中国都市女同志社群与政治》，廖爱晚译，香港：香港大学出版社，2014 年。

景军、孙晓舒、周沛峰：《亲密的陌生人：中国三个城市的男同性恋交友格局》，《开放时代》2012 年第 8 期。

景军、王晨阳、张玉萍：《同性恋的出柜与家本位的纠结》，《青年研究》2014 年第 5 期。

理查德 · 波斯纳：《性与理性》，苏力译，北京：中国政法大学出版社，2002 年。

李放、邬俊芳、麦晓浩等：《同性恋者内化同性恋嫌恶与抑郁的关系：自我概念清晰度的中介及调节作用》，《中国临床心理学杂志》2016 年第 3 期。

李黎明、赵必华：《同性恋者的公众态度感知对孤独感的影响：出柜状况的调节作用》，《中国临床心理学杂志》2015 年第 5 期。

栗晓红：《女同性恋性别认同和身份认同研究》，《中国性科学》2007 年第 5 期。

李银河：《同性恋亚文化》，北京：中国友谊出版公司，2002 年。

李银河：《性文化研究报告》，南京：江苏人民出版社，2003 年。

李银河：《公众对同性恋的态度》，《社区》2008 年第 8 期。

李银河、王小波：《他们的世界——中国男同性恋群落透视》，太原：山西人民出版社，1992 年。

李玉玲：《同性恋合理性研究》，中国社会科学院研究生院硕士学位论文，2002 年。

李玉玲：《同性恋——不能生殖的亚异性恋》，《中国性科学》2004 年第 4 期

刘安真、程小苹、刘淑慧：《“我是双性恋，但选择做女同志”——两位非异性恋女性的性认同形成历程》，《中华辅导学报》2002 年第 21 期。

刘达临、鲁龙光：《中国同性恋研究》，北京：中国社会出版社，2005 年。

刘冬、唐魁玉：《同妻群体的虚拟互动实践研究》，《江汉学术》2014 年第 5 期。

刘禾：《跨语际实践》，宋伟杰等译，北京：三联书店，2002 年。

刘靖、王伊欢：《同性恋者身份认同研究综述》，《中国农业大学学报(社会科学版)》2011年第1期。

刘俊、张进辅：《同性恋认同发展的理论模型述评》，《心理科学进展》2009年第2期。

刘颋颋：《同性恋者性身份认同的影响因素研究》，华东师范大学硕士学位论文，2008年。

刘婉娜、马利军、罗嘉洁：《大学生对同性恋内隐及外显态度的比较研究》，《中国健康心理学杂志》2010年第12期。

M. Kit & B. Whitley：《女性与男性异性恋对同性恋的态度是否有差异？一个概念上和方法论上的分析》，载于《污名与性取向》，M. Herek编，江淑琳译，台北：韦伯文化，2000年。

玛丽亚姆·弗雷泽：《波伏瓦与双性气质》，崔树义译，北京：中华书局，2004年。

马凌诺斯基：《文化论》，费孝通译，北京：华夏出版社，2002年。

米歇尔·福柯：《性经验史》，佘碧平译，上海：上海人民出版社，2005年。

倪志敏、徐丹戈、蒋鸣孝等：《男男性接触者异性性行为特征及影响因素研究》，《浙江预防医学》2015年第1期。

欧文·戈夫曼：《污名——受损身份管理札记》，宋立宏译，北京：商务印书馆，2009年。

潘光旦：《陶刘妒杀案的心理背景》，载于《潘光旦文集（第8卷)》，潘乃穆、潘乃和编，北京：北京大学出版社，2000年。

潘国森：《从语源学和语义学看“Homosexuality”的中译谬误》，《中国性科学》2004年第2期。

潘绥铭：《中国性现状》，北京：光明日报出版社，1995年。

潘绥铭、黄盈盈：《“主体建构”：性社会学研究视角的革命及本土发展空间》，《社会学研究》2007年第3期。

潘绥铭、王爱丽、白维廉等：《当代中国人的性行为和性关系》，北京：社会科学文献出版社，2004年。

潘绥铭、杨蕊：《性爱十年：全国大学生性行为的追踪调查》，北京：社会科学文献出版社，2004年。

潘绥铭、曾静：《中国当代大学生的性观念与性行为：1991－1997》，北京：商务印书馆，2000年。

皮埃尔·布尔迪厄：《男性统治》，刘晖译，深圳：海天出版社，2002年。

皮埃尔·布尔迪厄、J. C. 帕斯隆：《再生产：一种教育系统理论的要点》，邢克超译，北京：商务印书馆，2002年。

曲书泉、张大鹏、吴玉华等：《东北某地男同性恋者艾滋病病毒/艾滋病的知识态度行为调查》，《中国性病艾滋病防治》2002年第6期。

任白涛：《性欲之颠倒》，《青年界》1934年第6卷第1期。

荣维毅：《同性恋歧视根源及对策——人权框架和社会性别视角分析》，载于《中国“性”研究的起点与使命》，潘绥铭编，高雄：万有出版社，2005年。

阮芳赋：《性的报告：21世纪版性知识手册》，北京：中医古籍出版社，2002年。

阮芳赋：《试论Sexuality的汉译》，《中国“性”研究的起点与使命》，潘绥铭编，高雄：万有出版社，2005年。

斯潘塞·拉瑟斯等：《性与生活：走近人类性科学》，甄宏丽等译，北京：中国轻工业出版社，2007年。

唐魁玉、张晔：《“同妻”社会适应问题的虚拟社会人类学分析》，《黑龙江社会科学》2013年第6期。

童戈：《男男性活动的俚语俗称：折映和分划社会解构的多元性文化状态的鲜活标本》，《中国“性”研究的起点与使命》，潘绥铭编，高雄：万有出版社，2005年。

童戈：《“同志”人群的消费活动和消费场所》，载于《中国“同志”人群生态报告（一）》，童戈等，北京纪安德咨询中心（内部资料），2008年。

童戈、郭雅琦：《同性恋人群的性状态》，《中国“性”研究的起点与使命》，潘绥铭编，高雄：万有出版社，2005年。

王静：《“壁橱”管窥——青年同性恋现象试探》，《当代青年研究》2002年第2期。

王乃信：《当前国内对同性恋问题的不同观点》，《医学与哲学》1998

年第6期。

王苹：《女同性恋非规范性世界研究》，华中师范大学硕士学位论文，2008年。

王晴锋：《认同而不“出柜”——同性恋者生存现状的调查研究》，《中国农业大学学报（社会科学版）》2011年第4期。

王群：《女同性恋者性身份的形成——基于女同性恋者T角色的生命自叙》，河海大学硕士学位论文，2007年。

王曙光：《男-男‘0’与‘1’的性实践对于当代性学构造主义的挑战》，载于《中国“性”研究的起点与使命》，潘绥铭编，高雄：万有出版社，2005年。

王颖怡：《合作婚姻初探：男女同志的婚姻动机研究》，《中国青年研究》2014年第11期。

王中杰、冯成亮、耿耀国：《男同性恋大学生性身份认同的定性研究》，《中国心理卫生杂志》2012年第8期。

维克多·特纳：《仪式过程》，黄剑波、柳博斌译，北京：中国人民大学出版社，2006年。

魏伟：《城里的“飘飘”：成都本地同性恋身份的形成和变迁》，《社会》2007年第1期。

魏伟：《圈内人如何看待同性婚姻？——内化的异性恋正统主义对“同志”的影响》，《华东理工大学学报（社会科学版）》2010年第4期。

魏伟、蔡思庆：《探索新的关系和生活模式：关于成都男同性恋伴侣关系和生活实践的研究》，《社会》2012年第6期。

魏伟、富晓星：《城市、空间和同性恋——中国本土经验以及区域差异》，《青年研究》2013年第1期。

吴存存：《明清社会性爱风气》，北京：人民文学出版社，2000年。

西格蒙德·弗洛伊德：《性欲三论》，赵蕾、宋景堂译，北京：国际文化出版公司，2000年。

小明雄：《同性爱问题三十讲》，香港：友禾制作事务所有限公司，1987年。

谢肇淛：《五杂组》，郭熙途校，沈阳：辽宁教育出版社，2001年。

邢飞：《中国“同妻”生存调查报告》，成都：成都时代出版社，

2012年。

徐静：《从儿童故事看中国人的亲子关系》，载于《中国人的性格》，李亦园、杨国枢主编，台北：桂冠图书公司，1988年。

杨国枢：《中国人的社会取向：社会互动的观点》，载于《中国人的心理与行为：理念及方法篇》，杨国枢、于安邦主编，台北：桂冠图书公司，1993年。

杨天华：《同性恋群体的媒介形象建构——中国内地传统媒体同性恋议题报道研究》，载于《中国性研究》，黄盈盈、潘绥铭主编，高雄：万有出版社，2007年。

杨忧天：《同性爱的问题》，《北新》1929年第3卷第2期。

杨志红：《女同性恋话语的社会性别分析——是超越，还是另一种回归》，《中国性科学》2013年第4期。

于茂河、王栩冬：《男性同性恋成因的研究进展》，《中国性科学》2015年第6期。

庚泳：《同性恋人群的生存状况研究——以长沙男同性恋人群为例》，中南大学硕士学位论文，2006年。

约翰·盖格农：《性社会学——人类性行为》，李银河译，呼和浩特：内蒙古大学出版社，2009年。

张北川：《同性爱相关理论与中国现实》，载于《同性恋健康干预》，高燕宁主编，上海：复旦大学出版社，2006年。

张北川、李秀芳、史同新等：《对中国男同/双性爱者人口数量与艾滋病病毒感染率的初步估测》，《中国性病艾滋病防治》2002年第4期。

章伯仲、习智明：《同性恋：常见问题解答》，载于《同性恋与法："性、政策与法国际学术研讨会"论文及资料》，周丹主编，桂林：广西师范大学出版社，2006年。

张根福、吴维：《交往方式与择偶标准——一项基于J市男同性恋者的实证研究》，《浙江师范大学学报（社会科学版）》2014年第6期。

张杰：《趣味考据：中国古代同性恋图考》，昆明：云南人民出版社，2008年。

张在舟：《暧昧的历程——中国古代同性恋史》，郑州：中州古籍出版社，2001年。

珍妮特·S. 海德、约翰·D. 德拉马特:《人类的性存在》, 贺岭峰、李强、高旭辰译, 上海: 上海社会科学院出版社, 2005 年。

中华医学会精神科分会:《中国精神障碍分类与诊断标准(第三版)》, 济南: 山东科学技术出版社, 2001 年。

朱迪斯·巴特勒:《权力的精神生活: 服从的理论》, 张生译, 南京: 江苏人民出版社, 2009 年。

Adam, Barry. *The Survival of Domination: Inferiorization and Everyday Life*. New York: Elsevier, 1978.

Ahmed, Sara. *Queer Phenomenology: Orientations, Objects, Others*. Durham and London: Duke University Press, 2006.

Alexander, Jeffrey. *Performance and Power*. New York: Polity, 2011.

Altman, Dennis. *The Homosexualization of American: The Americanization of the Homosexual*. New York: St. Martin's Press, 1982.

Altman, Dennis. "Taking Gay Studies Seriously." *The Australian Quarterly*, Vol. 58, No. 1, 1986.

Altman, Dennis. "Rupture or Continuity? The Internationalization of Gay Identities." *Social Text*, Vol. 14, No. 3, 1996.

Armstrong, Elizabeth and Suzanna Crage. "Movements and Memory: The Making of the Stonewall Myth." *American Sociological Review*, Vol. 71, No. 5, 2006.

Bader, Veit. "Culture and identity: Contesting constructivism." *Ethnicities*, Vol. 1, No. 2, 2001.

Bahns, Angela and Nyla Branscombe. "Effects of Legitimizing Discrimination Against Homosexuals on Gay Bashing." *European Journal of Social Psychology*, Vol. 41, No. 3, 2011.

Bartle, Chris. "Gay/Queer Dynamics and the Question of Sexual History and Identity." *Journal of Homosexuality*, Vol. 62, No. 4, 2015.

Beachy, Robert. "The German Invention of Homosexuality." *The Journal of Modern History*, Vol. 82, No. 4, 2010.

Berkowitz, Dana and William Marsiglio. "Negotiating Procreative, Father, and Family Identities." *Journal of Marriage and Family*, Vol. 69, No.

2, 2007.

Bernstein, Mary. "Celebration and Suppression: The Strategic Use of Identity by the Lesbian and Gay Movement." *The American Journal of Sociology*, Vol. 103, No. 3, 1997.

Bernstein, Mary. "Identities and Politics: Toward a Historical Understanding of the Lesbian and Gay Movement." *Social Science History*, Vol. 26, No. 3, 2002.

Blachford, Gregg. "Male Dominance and the Gay World." In K. Plummer, ed., *The Making of the Modern Homosexual*. London: Hutchinson, 1981.

Blasius, Mark. "An Ethos of Lesbian and Gay Existence." *Political Theory*, Vol. 20, No. 4, 1992.

Boellstorff, Tom. "Dubbing Culture: Indonesian 'Gay' and 'Lesbi' Subjectivities and Ethnography in an Already Globalized World." *American Ethnologis*, Vol. 30, No. 2, 2003.

Boellstorff, Tom. "Between Religion and Desire: Being Muslim and Gay in Indonesia." *American Anthropologist*, Vol. 107, No. 4, 2005.

Boswell, John. "Categories, Experience and Sexuality." In Edward Stein, ed., *Forms of Desire: Sexual Orientation and the Social Constructionist Controversy*. New York: Garland Publishing, 1990.

Bravmann, Scott. "Invented Traditions: Take One on the Lesbian and Gay Past." *NWSA Journal*, Vol. 3, No. 1, 1991.

Brewer, Paul. "The Shifting Foundations of Public Opinion about Gay Rights." *The Journal of Politics*, Vol. 65, No. 4, 2003.

Brickell, Chris. "The Sociological Construction of Gender and Sexuality." *The Sociological Review*, Vol. 54, No. 1, 2006.

Brickell, Chris. "Sexology, the Homo/Hetero Binary, and the Complexities of Male Sexual History." *Sexualities*, Vol. 9, No. 4, 2006.

Brown, Jacqueline Nassy. "Enslaving History: Narratives on Local Whiteness in a Black Atlantic Port." *American Ethnologist*, Vol. 27, No. 2, 2000.

Butler, Judith. "Imitation and Gender Insubordination." In H. Abelove, M. Barale and D. Halperin, eds., *The Lesbian and Gay Studies Reader*. New

York: Routlede, 1993.

Byne, William. "Why We Cannot Conclude That Sexual Orientation is Primarily a Biological Phenomenon." *Journal of Homosexuality*, Vol. 34, No. 1, 1997.

Cabezon, J. I. "Buddhism and Homosexuality." In W. Leyland, ed., *Queer Dharma: Voices of Gay Buddhists, Vol I.* San Francisco: Gay Sunshine Press, 2000.

Calhoun, Cheshire. "Denaturalizing and Desexualizing Lesbian and Gay Identity." *Virginia Law Review*, Vol. 79, No. 7, 1993.

Carlin, Nora. "The Roots of Gay Oppression." *International Socialism*, Vol. 42, Spring, 1989.

Carr, C. Lynn. "Tomboy Resistance and Conformity: Agency in Social Psychological Gender Theory." *Gender & Society*, Vo. 12, No. 5, 1998.

Carr, C. Lynn. "Cognitive Scripting and Sexual Identification: Essentialism, Anarchism, and Constructionism." *Symbolic Interaction*, Vol. 22, No. 1,1999.

Chan, Connie. "Issues of Identity Development among Asian-American Lesbians and Gay Men." *Journal of Counseling and Development*, Vol. 68, No. 1, 1989.

Chan, Phil. "Stonewalling through Schizophrenia: An Anti-Gay Rights Culture in Hong Kong." *Sexuality & Culture*, Vol. 12, No. 2, 2008.

Chasin, Alexandra. "Interpenetrations: A Cultural Study of the Relationship between the Gay/Lesbian Niche Market and the Gay/Lesbian Political Movement." *Cultural Critique*, Vol. 26, No. 44, 2000.

Chen, Li-fen. "Queering Taiwan: In Search of Nationalism's Other." *Modern China*, Vol. 37, No. 4, 2011.

Chou, Wah-shan. *Tongzhi: Politics of Same-Sex Eroticism in Chinese Societies*. New York: Haworth Press, 2000.

Chou, Wah-shan. "Homosexuality and the Cultural Politics of Tongzhi in Chinese Societies." In Gerard Sullivan and Peter Jackson, eds., *Gay and Lesbian Asia: Culture, Identity, Community.* New York: Harrington Park

Press, 2001.

Cloud, D. "Queer Theory and 'Family Values': Capitalism's Utopias of Self-Invention." In Mas'ud Zavarzadeh, et al., eds., *Marxism, Queer Theory, Gender*. New York: The Red Factory, 2001.

Cohen, Jean. "Strategy or Identity: New Theoretical Paradigms and Contemporary Social Movements." *Social Research*, Vol. 52, No. 4, 1985.

Cohen, K. and R. Savin-Williams. "Developmental Perspectives on Coming Out to Self and Other." In R. Savin-Williams and K. Cohen, eds., *The Lives of Lesbians, Gays, and Bisexual.* New York: Harcourt Brace, 1996.

Coleman, Eli. "Integration of Male Bisexuality and Marriage." *Journal of Homosexuality*, Vol. 11, No. 1/2, 1985.

Collins, Dana. "Identity, Mobility, and Urban Place-Making: Exploring Gay Life in Manila." *Gender & Society*. Vol. 19, No. 2, 2005.

Connell, R. W. "A Very Straight Gay: Masculinity, Homosexual Experience, and the Dynamics of Gender." *American Sociological Review*, Vol. 57, No. 6, 1992.

Dank, Barry. "Coming Out in the Gay World." *Psychiatry*, Vol. 34, No. 2, 1971.

Demerath, N. J. "The Varieties of Sacred Experience: Finding the Sacred in a Secular Grove." *Journal for the Scientific Study of Religion*, Vol. 39, No. 1, 2000.

D'Emilio, John. *Sexual Politics, Sexual Communities: The Making of a Homosexual Minority in the U. S.*, 1940-1970. Chicago: University of Chicago Press, 1983.

D'Emilio, John. *Making Trouble: Essays on Gay History, Politics, and the University*. New York: Routledge, 1992.

Dikötter, Frank. *Sex, Culture and Modernity in China: Medical Science and the Construction of Sexual Identities in the Early Republican Period*. Honolulu: University of Hawaii Press, 1995.

Dowsett, Gary. *Practicing Desire: Homosexual Sex in the Era of AIDS*. Stanford, CA: Stanford University Press, 1996.

Dubé, Eric. "The Role of Sexual Behavior in the Identification Process of Gay and Bisexual Males." *The Journal of Sex Research*, Vol. 37, No. 2, 2000.

Dykes, Benjamin. "Problems in Defining Cross-Cultural 'Kinds of Homosexuality' and a Solution." *Journal of Homosexuality*, Vol. 38, No. 3, 1999.

Dynes, Wayne. "Wrestling with the Social Boa Constructor." In Edward Stein, ed., *Forms of Desire: Sexual Orientation and the Social Constructionist Controversy*. New York: Garland Publishing, Inc, 1990.

Elliston, Deborah. "Erotic Anthropology: 'Ritualized homosexuality' in Melanesia and Beyond." *American Ethnologist*, Vol. 22, No. 4, 1995.

Engle, Michael, Joseph A. McFalls Jr., Bernard J. Gallagher III and Kristine Curtis. "The Attitudes of American Sociologists Toward Causal Theories of Male Homosexuality." *The American Sociologist*, Vol. 37, No. 1, 2006.

Epstein, Steven. "Gay Politics, Ethnic Identity: The Limits of Social Constructionism." In Edward Stein ed., *Forms of Desire: Sexual Orientation and the Social Constructionist Controversy*. New York: Garland Publishing, Inc, 1990.

Epstein, Steven. "Sexuality and Identity: The Contribution of Object Relations Theory to a Constructionist Sociology." *Theory and Society*, Vol. 20, No. 6, 1991.

Epstein, Steven. "A Queer Encounter: Sociology and the Study of Sexuality." *Sociological Theory*, Vol. 12, No. 2, 1994.

Fischer, Edward. "Cultural Logic and Maya Identity: Rethinking Constructivism and Essentialism." *Current Anthropology*, Vol. 40, No. 4, 1999.

Freud, Sigmund. "Historical Notes: A Letter from Freud." *American Journal of Psychiatry*, Vol. 107, No. 10, 1951.

Freud, Sigmund. "The Psychogenesis of a Case of Homosexuality in a Woman." In *The Complete Psychological Works of Sigmund Freud (The Standard Edition)*, Vol. 18, James Strachey, trans. London: Hogarth Press, 1955.

Gagnon, John and William Simon. *Sexual Conduct: The Social Sources of Human Sexuality*. Chicago: Aldine, 1973.

Gennep, Arnold Van. *The Rites of Passage*. Monika B. Vizedom and Gabrielle L. Caffes, trans. Chicago: The University of Chicago Press, 1960.

Ghaziani, Amin. "Post-Gay Collective Identity Construction." *Social Problems*, Vol, 58, No. 1, 2011.

Gleason, Philip. "Identifying Identity: A Semantic History." *Journal of American History*, Vol. 69, No. 4, 1983.

Gleig, Ann. "Queering Buddhism or Buddhist De-Queering?" *Theology & Sexuality*, Vol. 18, No. 3, 2012.

Gochros, Jean. "Wives' Reactions to Learning that Their Husbands are Bisexual." *Journal of Homosexuality*, Vol. 11, No. 1/2, 1985.

Goffman, Erving. *Stigma: Notes on the Management of Spoiled Identity*. Englewood Cliffs, N. J.: Prentice Hall, 1963.

Gordon, Liahna and Tony J. Silva. "Inhabiting the Sexual Landscape: Toward an Interpretive Theory of the Development of Sexual Orientation and Identity." *Journal of Homosexuality*, Vol. 62, No. 4, 2015.

Green, Adam. "Gay but Not Queer: Toward a Post-Queer Study of Sexuality." *Theory and Society*, Vol. 31, No. 4, 2002.

Greenberg, David. *The Construction of Homosexuality*. Chicago: University of Chicago Press, 1988.

Grierson, Jeffrey and Anthony Smith. "In From the Outer: Generational Differences in Coming Out and Gay Identity Formation." *Journal of Homosexuality*, Vol. 50, No. 1, 2005.

Grimes, L. "Ritual." In Willi Braun and Russell McCutcheon, eds., *Guide to the Study of Religion*. London: Cassell, 2000.

Halley, Janet. "Sexual Orientation and the Politics of Biology: A Critique of the Argument from Immutability." *Stanford Law Review*, Vol. 46, No. 3, 1994.

Hammack, Phillip. "The Life Course Development of Human Sexual Orientation: An Integrative Paradigm." *Human Development*, Vol. 48, No. 5, 2005.

Harris, Daniel. *The Rise and Fall of Gay Culture*. New York: Hyperion, 1997.

Heaven, Patrick and Lisa Oxman. "Human Values, Conservatism and Stereotypes of Homosexuals." *Personality and Individual Differences*, Vol. 27, No.

1, 1999.

Hennessy, Rosemary. "Queer Visibility in Commodity Culture." *Cultural Critique*, Vol. 29, No. 1, 1994.

Herdt, Gilbert. *Ritualized Homosexuality in Melanesia*. Berkeley: University of California Press, 1984.

Herdt, Gilbert. *Gay Culture in America: Essays from the Field*. Boston: Beacon Press, 1992.

Herdt, Gilbert and A. M. Boxer. *Children of Horizons: How Gay and Lesbian Youth are Leading a New Way Out of the Closet*. Boston: Beacon Press, 1993.

Herek, Gregory. "Gender Gaps in Public Opinion about Lesbians and Gay Men." *The Public Opinion Quarterly*, Vol. 66, No. 1, 2000.

Herring, Scott. "Out of the Closets, into the Woods: 'RED', 'Country Women', and the Post-Stonewall Emergence of Queer Anti-Urbanism." *American Quarterly*, Vol. 59, No. 2, 2007.

Herzer, Manfred. "Kertbeny and the Nameless Love." *Journal of Homosexuality*, Vol. 12, No. 1, 1986.

Ho, Wing Wah. "Speaking of Same-Sex Subjects in China." *Asian Studies Review*, Vol. 32, No. 4, 2008.

Horowitz, Janna and Michael Newcomb. "A Multidimensional Approach to Homosexual Identity." *Journal of Homosexuality*, Vol. 42, No. 2, 2001.

Hostetler, Andrew and Gilbert H. Herdt. "Culture, Sexual Lifeways, and Developmental Subjectivities: Rethinking Sexual Taxonomies." *Social Research*, Vol. 65, No. 2, 1998.

Howe, Cymene Alyssa. "Undressing the Universal Queer Subject: Nicaraguan Activism and Transnational Identity." *City and Society*, Vol. 14, No. 2, 2002.

Hubbard, Katherineand Peter Hegarty. "Why is the History of Heterosexuality Essential? Beliefs About the History of Sexuality and Their Relationship to Sexual Prejudice." *Journal of Homosexuality*, Vol. 61, No. 4, 2014.

Irvine, Janice. "A Place in the Rainbow: Theorizing Lesbian and Gay Culture." *Sociological Theory*, Vol. 12, No. 2, 1994.

Jackson, Peter. "Pre-Gay, Post-Queer: Thai Perspectives on Proliferating Gender/Sex Diversity in Asia." In Gerard Sullivan and Peter Jackson, eds., *Gay and Lesbian Asia: Culture, Identity, Community*. New York: Harrington Park Press, 2001.

Jenness, Valerie and Kendal Broad. "Antiviolence Activism and the (In) Visibility of Gender in the Gay/Lesbian and Women's Movements." *Gender and Society*, Vol. 8, No. 3, 1994.

Johnson, David. "Physique Pioneers: The Politics of 1960s Gay Consumer Culture." *Journal of Social History*, Vol. 43, No. 4, 2010.

Judith Butler. *Bodies that Matter: On the Discursive Limits of "Sex"*. London: Routledge, 1993.

Kapac, Jack. "Culture/Community/Race: Chinese Gay Men and the Politics of Identity." *Anthropologica*, Vol, 40, No. 2, 1998.

Kaplan, Morris. "Constructing Lesbian and Gay Rights and Liberation." *Virginia Law Review*, Vol. 79, No. 7, 1993.

Kimball, S. "Introduction." In Arnold Van Gennep, *The Rites of Passage*. Chicago: The University of Chicago Press, 1960.

Klein, Fritz. "Are You Sure You're Heterosexual? Or Homosexual? Or Even Bisexual?" *Journal of Bisexuality*, Vol. 14, No. 3/4, 2014.

Klesse, Christian. "Polyamory: Intimate Practice, Identity or Sexual Orientation?" *Sexualities*, Vol. 17, No. 1/2, 2014.

Knottnerus, J. David. *Ritual as a Missing Link: Sociology, Structural Ritualization Theory and Research*. Boulder & London: Paradigm Publishers, 2011.

Kong, Travls. *Chinese Male Homosexualities*. Oxon & New York: Routledge, 2011.

Kotarba, J. A. and N. G. Long. "Gay Lifestyle Change and AIDS." In F. Douglas and T. M. Johnson, eds., *The Social Dimensions of AIDS*. New York: Praeger, 1985

Kulick, Don. "Gay and Lesbian Language." *Annual Review of Anthropology*, Vol. 29, 2000.

Larsen, Sean. "Natural Law and the 'Sin Against Nature'." *Journal of Religious Ethics*, Vol. 43, No. 4, 2015.

Lewis, Gregory. "Black-White Differences in Attitudes toward Homosexuality and Gay Rights." *The Public Opinion Quarterly*, Vol. 67, No. 1, 2003.

Lim, Eng-Beng. "Glocalqueering in New Asia: The Politics of Performing Gay in Singapore." *Theatre Journal*, Vol. 57, No. 3, 2005.

Liu, Chien. "A Theory of Marital Sexual Life." *Journal of Marriage and the Family*, Vol. 62, No. 2, 2000.

Mager, Don. "Gay Theories of Gender Role Deviance." *SubStance*, Vol. 14, No. 1, 1985.

Manalansan, Martin. "In the Shadows of Stonewall: Examining Gay Transnational Politics and the Diasporic Dilemma." In L. Lowe and D. Lloyd, eds., *The Politics of Culture in the Shadow of Capital*. Durham, NC: Duke University Press, 1997.

Manalansan, Martin. *Global Divas: Filipino Gay Men in the Diaspora*. Durham, N. C.: Duke University Press, 2003.

Mao, Limin, John McCormick and Paul Van de Ven. "Ethnic and Gay Identification: Gay Asian Men Dealing with the Divide." *Culture, Health & Sexuality*, Vol. 4, No. 4, 2002.

Martin, Fran, Peter A. Jackson, Mark McLelland and Audrey Yue. *Asia-Pacific Queer: Rethinking Genders and Sexualities.* Urbana: University of Illinois Press, 2008.

Martin, John Levi and Matt George. "Theories of Sexual Stratification: Toward an Analyties of the Sexual Field and a Theory of Sexual Capital." *Sociological Theory*, Vol. 24, No. 2, 2006.

McCarn, S. R. and R. E. Fassinger. "Revisioning Sexual Minority Identity Formation: A New Model of Lesbian Identity and Its Implications for Counseling and Research." *The Counseling Psychologist*, Vol. 24, No. 3, 1996.

McDonald, Gary. "Individual Differences in the Coming out Process for Gay Men." *Journal of Homosexuality*, Vol. 8, No. 1, 1982.

McIntosh, Mary. "The Homosexual Role." *Social Problems*, Vol. 16, No.

2, 1968.

McKusick, L. , W. Horstman and T. J. Coates. "AIDS and Sexual Behavior Reported by Gay Men in San Francisco." *American Journal of Public Health*, Vol. 75, No. 5, 1985.

Meeks, Chet. "Civil Society and the Sexual Politics of Difference." *Sociological Theory*, Vol. 19, No. 3, 2001.

Middleton, David and Steven D. Brown. *The Social Psychology of Experience: Studies in Remembering and Forgetting*. London: Sage, 2005.

Morris, Rosalind. "Three Sexes and Four Sexualities: Redressing the Discourses on Gender and Sexuality in Contemporary Thailand." *Positions*, Vol. 2, No. 1, 1994.

Morrow, Ross. "Sexuality as Discourse: Beyond Foucault's Constructionism." *ANZJS*, Vol. 31, No. 1, 1995.

Morton, Donald. "Birth of the Cyberqueer." *PMLA*, Vol. 110, No. 3, 1995.

Morton, Donald. "Pataphysics of the Closet: Queer Theory as the Art of Imaginary Solutions for Unimaginary Problems." In Mas'ud Zavarzadeh, et al. , eds. , *Marxism, Queer Theory, Gender*. New York: The Red Factory, 2001.

Murray, Stephen. *Oceanic Homosexualities*. New York: Garland Publishing, 1992.

Namaste, Ki. "The Politics of Inside/Out: Queer Theory, Poststructuralism, and a Sociological Approach to Sexuality." *Sociological Theory*, Vol. 12, No. 2, 1994.

Nowlan, Bob. "Post-Marxist Queer Theory and 'The Politics of AIDS'." In Mas'ud Zavarzadeh, et al. , eds. , *Marxism, Queer Theory, Gender*. New York: The Red Factory, 2001.

Offord, B. and L. Cantrell. "Unfixed in a Fixated World: Identity, Sexuality, Race and Culture." *Journal of Homosexuality*, Vol. 36, No. 3-4, 1999.

Ortiz, Daniel R. "Creating Controversy: Essentialism and Constructivism and the Politics of Gay Identity." *Virginia Law Review*, Vol. 79, No. 7, 1993.

Oswald, Ramona. "Inclusion and Belonging in the Family Rituals of Gay and Lesbian People." *Journal of Family Psychology*, Vol. 16, No. 4, 2002.

Padgug, Robert. "Sexual Matters: On Conceptualizing Sexuality in History." *Radical History Review*, Vol. 20, Spring/Summer, 1979.

Page, Amy Dellinger and James R. Peacock. "Negotiating Identities in a Heteronormative Context." *Journal of Homosexuality*, Vol. 60, No. 4, 2013.

Patterson, Charlotte. "Family Relationships of Lesbians and Gay Men." *Journal of Marriage and Family*, Vol. 62, No. 4, 2000.

Plaks, A. "Towards a Critical Theory of Chinese Narrative." In A. H. Plaks, ed., *Chinese Narrative: Critical and Theoretical Essays*. Princeton: Princeton University Press, 1977.

Plummer, Kenneth. "Building s Sociology of Homosexuality." In Kenneth Plummer, ed., *The Making of the Modern Homosexual.* London: Hutchinson, 1981.

Plummer, Kenneth. "Homosexual Categories: Some Research Problems in the Labeling Perspective of Homosexuality." In Kenneth Plummer, ed., *The Making of the Modern Homosexual.* London: Hutchinson, 1981.

Ponticelli, Christy. "Crafting Stories of Sexual Identity Reconstruction." *Social Psychology Quarterly*, Vol. 62, No. 2, 1999.

Poulin-Deltour, William. "French Gay Activism and the American Referent in Contemporary France." *The French Review*, Vol. 78, No. 1, 2004.

Prentice, Deborah A. and Dale T. Miller. "Psychological Essentialism of Human Categories." *Current Directions in Psychological Science*, Vol. 16, No. 4, 2007.

Puar, Jasbir Kaur. "Mapping U. S. Homonormativities." *Gender, Place, and Culture*, Vol. 13, No. 1, 2006.

Reiss, Ira. "A Sociological Journey into Sexuality." *Journal of Marriage and the Family*, Vol. 48, No. 2, 1986.

Rich, Adrienne. "Compulsory Heterosexuality and Lesbian Existence." In Ann Snitow, Christine Stansell and Sharon Thompson, eds., *Powers of Desire: The Politics of Sexuality* New York: Monthly Review Press, 1983.

Ridge, Damien, David Plummer, David Peasley. "Remaking the Masculine

Self and Coping in the Liminal World of the Gay 'Scene'." *Culture, Health & Sexuality*, Vol. 8, No. 6, 2006.

Rios, Kimberly. "Right-Wing Authoritarianism Predicts Prejudice Against 'Homosexuals' but not 'Gay Men and Lesbians'." *Journal of Experimental Social Psychology*, Vol. 49, No. 6, 2013.

Risman, Barbara and Pepper Schwartz. "Sociological Research on Male and Female Homosexuality." *Annual Review of Sociology*, Vol. 14, No. 1, 1988.

Robertson, Jennifer. "Introduction: Sexualizing Anthropology's Fields." In Jennifer Robertson, ed., *Same-Sex Cultures and Sexualities*. Malden, MA: Blackwell Publishing, 2005.

Robinson, Bryan, Patsy Skeen, Carol Flake Hobson, Margaret Herrman. "Gay Men's and Women's Perceptions of Early Family Life and Their Relationships with Parents." *Family Relations*, Vol. 31, No. 1, 1982.

Rofel, Lisa. "Qualities of Desire: Imagining Gay Identities in China." *GLQ: A Journal of Lesbian & Gay Studies*, Vol. 5, No. 4, 1999.

Rofel, Lisa. *Desiring China: Experiments in Neoliberalism, Sexuality, and Public Culture*. Durham: Duke University Press, 2007.

Rotello, Gabriel. *Sexual Ecology: AIDS and the Destiny of Gay Men*. New York: Plume, 1998.

Rust, Paula. "'Coming out' in the Age of Social Constructionism: Sexual Identity Formation among Lesbian and Bisexual Women." *Gender and Society*, Vol. 7, No. 1. 1993.

Ryan, Paul. "Coming Out, Fitting In: The Personal Narratives of Some Irish Gay Men." *Irish Journal of Sociology*. Vol. 12, No. 2, 2003.

Saguy, Abigail and Anna Ward. "Coming Out as Fat: Rethinking Stigma." *Social Psychology Quarterly*, Vol. 74, No. 1, 2011.

Sang, Tze-lan. *The Emerging Lesbian: Female Same-Sex Desire in Modern China*. Chicago: The University of Chicago Press, 2003.

Savin-Williams, R. C. *Gay and Lesbian Youth: Expressions of Identity*. New York: Hemisphere Publishing, 1990.

Schmidtke, Sabine. "Homoeroticism and Homosexuality in Islam: A Review Article." *Bulletin of the School of Oriental and African Studies*, Vol. 62, No. 2, 1999.

Schneider, David. "The Power of Culture: Notes on Some Aspects of Gay and Lesbian Kinship in America Today." *Cultural Anthropology*, Vol. 12, No. 2, 1997.

Sears, Alan. "Queer Anti-Capitalism: What's Left of Lesbian and Gay Liberation?" *Science & Society*, Vol. 69, No. 1, 2005.

Seidman, Steven. "Transfiguring Sexual Identity: AIDS & the Contemporary Construction of Homosexuality." *Social Text*, Vol. 19/20, No. 3, 1988.

Seidman, Steven. "Identity and Politics in 'Postmodern' Gay Culture." In Michael Warner, ed., *Fear of a Queer Planet: Queer Politics and Social Theory*. Minneapolis: University of Minnesota Press, 1993.

Seidman, Steven. "Queer-Ing Sociology, Sociologizing Queer Theory: An Introduction." *Sociological Theory*, Vol. 12, No. 2, 1994.

Sinfield, Alan. "Lesbian and Gay Taxonomies." *Critical Inquiry*, Vol. 29, No. 1, 2002.

Siu, Helen F. "Where Were the Women? Rethinking Marriage Resistance and Regional Culture in South China." *Late Imperial China*, Vol. 11, No. 2, 1990.

Smith, Sharon. "Mistaken Identity: Or, Can Identity Politics Liberate the Oppressed?" *International Socialism*, Vol. 62, Spring, 1994.

Spanier, Bonnie. "Biological Determinism and Homosexuality." *NWSA Journal*, Vol. 7, No. 1, 1995.

Stein, Edward. "Sexual Orientations, Rights, and the Body: Immutability, Essentialism, and Nativism." *Social Research*, Vol. 78, No. 2, 2011.

Stein, Terry. "Deconstructing Sexual Orientation: Understanding the Phenomena of Sexual Orientation." *Journal of Homosexuality*, Vol. 34, No. 1, 1997.

Storms, Michael. "Theories of Sexual Orientation." *Journal of Personality and Social Psychology*, Vol. 38, No. 5, 1980.

Strommen, Erik. "'You're a What?': Family Member Reactions to the

Disclosure of Homosexuality." In Linda D. Garnets and Douglas C. Kimmel, eds., *Psychological Perspectives on Lesbian and Gay Male Experiences*. New York: Columbia University Press, 1993.

Sullivan, Gerard. "Variations on a Common Theme? Gay and Lesbian Identity and Community in Asia." In Gerard Sullivan and Peter Jackson, eds., *Gay and Lesbian Asia: Culture, Identity, Community*. New York: Harrington Park Press, 2001.

Sullivan, Gerard and Laurence Wai Teng Leong. *Gays and Lesbians in Asia and the Pacific: Social and Human Services*. New York: The Haworth Press, 1995.

Sun, Lung-kee. "Contemporary Chinese Culture: Structure and Emotionality." *The Australian Journal of Chinese Affairs*, Vol. 26, No. 1, 1991.

Tiefer, Leonore. "Social Constructionism and the Study of Human Sexuality." In Edward Stein, ed., *Forms of Desire: Sexual Orientation and the Social Constructionist Controversy*. New York: Garland Publishing, Inc, 1990.

Tilcsik, András. "Pride and Prejudice: Employment Discrimination Against Openly Gay Men in the United States." *American Journal of Sociology*, Vol. 117, No. 2, 2011.

Tsing, Anna. *Friction: An Ethnography of Global Connection*. Princeton, N.J.: Princeton University Press, 2005.

Turner, Terence S. "Transformation, Hierarchy and Transcendence." In S. Moore and B. Myerhoff, eds., *Secular Ritual*. Assen/Amsterdam: Van Gorcum, 1977.

Turner, Victor. *Dramas, Fields, and Metaphors: Symbolic Action in Human Society*. New York: Cornell University, 1974.

Turner, Victor. "Variation on a Theme of Liminality." In S. Moore and B. Myerhoff, eds., *Secular Ritual*. Assen/Amsterdam: Van Gorcum, 1977.

Vaid, Urvashi. *Virtual Equality: The Mainstreaming of Gay and Lesbian Liberation*. New York: Anchor Books, 1995.

Vance, Carole. "Anthropology Rediscovers Sexuality: A Theoretical Comment." *Social Science and Medicine*, Vol. 33, No. 8, 1991.